KB209526

미스터 사이언스

미스터 사이언스

중국 대중과학 프리즘

한성구 지음

궁리
KungRee

프롤로그

백만 번의 일몰도 문명의 진보를 가져오지는 않는다.

— 화이트헤드(A. N. Whitehead)

　과학은 인간의 얼굴을 하고 있다. 일몰과 일몰 직전의 노을은 웅장하고 위대한 우주 현상의 펼쳐짐이지만, 그 안에 담긴 질서와 원리를 찾아 공식과 법칙으로 체계화하는 것은 인간이다. 일몰과 노을은 과학이 아니며, 우주의 모든 현상은 인간에게 인식됨으로써 비로소 과학이 된다. 그렇지만 인류가 과학을 이용해 문명을 발전시킨다 한들 우주가 함께 진보하는 것은 아니다. 과학이란 바늘구멍 같은 틈을 통해 간신히 우주의 비밀을 엿본 결과일 뿐, 인간은 우주의 운행에 티끌만큼의 영향도 미치지 못한다. 이런 사실은 우리를 한없이 겸허하게 만든다. 물론 과학자들의 노력과 성과가 별 볼일 없다는 것은 아니다. 그들은 광활한 우주에서 인간이 차지하는 위치와 지위를 깨닫게 해줌과 동시에 시공간의 한계를 뛰어넘어 우주에서 노닐 수 있게 해주었다.

인류의 가장 뛰어난 발명품이라 할 수 있는 과학이지만, 인류사회에 뿌리내리기까지는 수많은 곡절이 있었다. 과학의 개념과 본질, 방법을 규정하는 과정에서 적지 않은 오류와 오독, 견강부회가 있었으며, 적용범위를 둘러싸고 격렬한 논쟁이 벌어지기도 했다. 동아시아에서는 더욱 그러했다. 서구에서 이식된 동아시아의 '과학'은 19세기 말, 근대화 및 계몽 운동의 수단으로 개혁 사상가들에게 채택되었다. 그들은 대부분 과학자가 아닌 인문학자들로 과학 소양이 없지는 않았지만 과학에 관한 전문 교육을 받은 적이 없는 사람들이었다. 그들은 자신들이 습득한 과학 이론이나 원리 등을 엄밀한 검증 없이 신문의 칼럼이나 강연, 문학작품 등을 통해 통속적 방식으로 대중에게 전달했다. 그들이 강조한 것은 보편적이고 객관적 진리 체계로서의 과학이라기보다는 신앙과 세계관, 이데올로기로서의 과학이었다.

비과학자의 과학 선전은 과학 보급 초기에 대중의 과학관을 형성했다. 그것은 시간이 흐르면서 공적인 과학 이론이 되어 도리어 과학계에 영향을 미치기도 했는데, 이처럼 비과학자나 대중의 주도로 만들어진 과학을 '대중과학(popular science)'이라 한다. 대중과학은 전문가에 의해 탐구되고 실험을 통해 진리성이 검증되는 '정통과학'과는 달리, 객관성·공정성·엄밀성과는 거리가 있다. 대중과학이 유행함에 따라 유사과학이나 비과학적 사실도 과학의 이름으로 수용되었고, 과학과 관련이 없는 것에까지 '과학'의 잣대를 들이대며 과학에 대한 맹신을 강요하는 '과학주의(scientism)'를 유행시켰다. 그렇지만 부정적 측

면만 있는 것은 아니었다. '신기한 이야기'나 '가공할 발명품', '기괴한 마술' 등 통속적 방식과 뒤섞여 소개된 과학은 대중의 호기심을 자극하며 근대 동아시아 사회가 과학 이념을 내면화하는 데 중요한 역할을 했다.

중국은 명 중엽, 선교사들을 통해 서양 과학을 접하기 시작했다. 그렇지만 당시 과학의 영향력은 극히 제한적이었고, 일반 대중들이 과학의 가치를 알게 된 것은 1919년 5.4 신문화운동을 전후해서이다. 전면적인 서구화를 표방한 이 운동의 리더들은 서양으로부터 '과학'과 '민주'를 들여와 중국을 개혁하고 대중을 계몽시켜야 한다고 주장했다. 특히 서양 부강의 핵심 수단인 '과학'은 '미스터 사이언스[賽先生]', 즉 '과학 선생'으로 불리며, 수천 년간 존숭받아 온 '공자 선생[孔先生]'의 숭고한 지위를 대체했다. '미스터 사이언스'는 정치·문화운동과 결합해 사회개혁의 최전선에서 중국 사회의 체질을 바꾸기 시작했으며, '과학 사회주의'를 표방한 공산주의에 수렴됨으로써 이념적·정치적 결실을 보게 되었다.

현대 중국에서 '미스터 사이언스'가 순수과학의 모습으로 등장한 경우는 드물었다. 때로는 철학의 주인으로, 때로는 종교의 회자수로, 때로는 정치의 조타수로, 다양한 배역을 맡아 연기하며 마음대로 여의봉을 휘둘렀다. 그러다보니 중국에서 과학을 통한 근대적 라이프코스(life course)가 만들어지는 과정은 정상성이 만들어지는 과정임과 동시에 비정상성이 만들어지는 과정일 수밖에 없었다. '과학에 대한 무한한 신뢰'가 과학의 본질과는 정반대되는 비합리적 태도를 낳은 것이다. 특히 중화인민공화국 건국과 함께 벌어졌던 여러 차례의 정치적 동란은 과학의 발전에 치명적이었다. 사회주의 이념에 종속된 과학은 그것이 지닌 비합리성에도 불구하고 과학계를 휘저었으며, 객관적이고 독립적 연구를 갈망하던 과학자들을 도태시켰다.

그렇지만 겨울이 가면 봄이 오듯, 움츠려 있던 과학계에도 해빙의 계절이 왔다. 개혁개방노선에 따라 시장경제체제가 도입되자 외국 제품을 모방하는 단계를 거쳐 서구와의 직접 교류를 통한 기술 개발이 시작되었다. 여기에 더해 인터넷과 스마트폰을 중심으로 한 산업환경의 재편은 중국 기업들이 내수를 통해 자본을 축적하고 이를 기초로 세계 시장에서 약진할 수 있는 기회를 제공해 주었다. '대륙의 실수'라는 말로 세계를 깜짝 놀라게 한 샤오미의 가전제품, 과감한 R&D 투자와 기술 혁신으로 세계를 긴장하게 만든 화웨이의 스마트폰, 태양광과 풍력 발전 등 재생 에너지 분야에서의 폭발적인 성장, 달 탐사와 핵 미사일 개발 등 항공우주 분야에서의 굴기, 순수 중국 학자의 노벨 상 수상 등은 한편으로 부러우면서도 다른 한편으로는 우리가 중국의 과학에 대해 얼마나 무지했는지를 깨닫게 해주었다.

오늘날 우리가 목도하고 있는 중국 과학 굴기는 파격적인 깜짝 정책이나 천재적인 능력의 몇몇 과학자에 의해 이루어진것이 아니다. 비록 중국 전통 사회 속의 자연탐구 활동이 서구의 '과학'과 다르다 해도 오랜 시간 둘 사이의 긴장과 충돌을 조정하고 융합하면서 과학에 대한 자신들만의 관점을 만들어 온 역사가 있다. 이러한 역사를 통해 현대 중국은 심리적 열등 의식을 극복하고 외래의 것을 자신의 것으로 만드는 방법을 터득하게 되었다. 따라서 중국 과학 발전의 동력과 근원을 찾기 위해서는 근대부터 이어진 과학기술에 대한 탐구 과정을 냉철하게 검토해볼 필요가 있다. 기술 국수주의나 기술 독점 등 현재 중국의 과학기술 발전에 대한 우려의 소리가 있는 것은 사실이다. 아울러 중국 젊은이들 사이에서 보이는 강한 민족주의적 성향으로 인해 중국에 대한 혐오 정서도 커지고 있다. 하지만 이를 핑계로 중국의 저력과 그 안에 담긴 역사의 무게를 외면해서는 안 된다. 이 책을 쓰게 된 것도 이런 점을 우려했기 때문이다.

이 책은 'NAVER 프리미엄콘텐츠'에 일년여 동안 연재했던 글을 수정·보완한 것이다. 네이버 '열린연단'으로 인연을 맺은 주훈 차장님의 도움으로 좋은 기회를 얻어 글을 쓸 수 있었다. 이 자리를 빌려 감사드린다. 아울러 댓글로 응원해주신 독자분들께도 감사의 마음을 전한다. 글의 시작에서부터 마무리까지 많은 영감과 에너지를 얻을 수 있었다. 마지막으로 항상 나의 길을 지지해주는 가족과 기꺼이 책을 출간해주신 궁리출판 이갑수 대표님, 졸고를 맡아 편집에 애써주신 김현숙 편집주간님께도 감사드린다. 여러분의 도움과 응원 덕분에 책을 완성할 수 있었다.

차례

3부   사이언스 익스프레스

4부   이데올로기와 과학

1부
격치에서 과학으로

01

동아시아에 '과학'은 존재했을까

언어는 사상을 대표한다. 새로운 사상의 수입은 새로운 언어의 수입을 의미한다.
— 왕궈웨이(王國維)

번역어와 동아시아 근대

언젠가부터 타임슬립 드라마가 큰 인기를 끌고 있다. 우연한 계기
나 초자연적 현상으로 인해 지금 사는 곳과 다른 시공간으로 옮겨간
다는 설정은 시청자들의 호기심을 자극하기에 충분하다. 타임슬립이
란 소재가 워낙 비현실적이긴 하다. 그렇지만, 타임슬립이 실제로 일
어나게 된다면 어떤 어려움에 부딪히게 될까? 상상할 수 없는 수많은
난관이 있겠지만, 언어적 소통에 관한 것도 빼놓을 수 없을 것이다.

만약 당신이 우연한 기회에 200년 전의 조선 시대로 타임슬립했다
고 가정해보자. 그 시대는 유교적 속박이 강해 자유연애가 허락되지

타임터널

않던 때이다. 거기서 사랑하는 이성과 사귀지 못해 괴로워하는 사람을 만난다면 당신은 이렇게 말할 것이다.

"개인은 누구든 자유롭게 연애할 권리가 있어요."

지금이라면 이 말을 듣고 이해하지 못하는 사람은 없을 것이다. 그렇지만 조선 시대라면 상황이 다르다. 이 말을 들은 사람은 당신이 무슨 말을 하는지 알아듣지 못할 확률이 높다. 왜냐하면, 이 문장에 사용된 '개인', '자유', '연애', '권리' 등은 그 당시에는 존재하지 않았고, 있었더라도 의미가 다른 단어였기 때문이다. 여기서 우리는 오늘날 일상적으로 사용하는 단어 가운데 근대에 만들어진 신조어가 상당히 많다는 것을 알 수 있다.

사람은 생각할 때 개념을 사용한다. 개념은 '말'의 옷을 입고 있어서 사람이 쓰는 말을 살펴보면 그가 어떤 생각을 하는지 알 수 있다. 같은 논리로 특정 사회에서 통용되는 말을 살펴보면 그 사회의 문화와 사상을 알 수 있다. 하나님께서 로고스(Logos, 말)로 천지를 창조하셨다면, 동아시아 근대는 말(번역어)과 함께 탄생했다. 우리가 현재 쓰고 있는 단어 가운데 자유, 민주, 권리, 의무, 사회, 경제, 인기, 사진, 매장, 요리, 직장, 방송 등 수많은 일상·학술 용어는 19세기 말에 만들어진 신조어이면서 일본인이 만든 번역어이다.

계몽사상가와 근대 번역어

메이지 시대의 계몽사상가들은 서양 서적을 일본에 소개하는 과정에서 수많은 번역어를 만들었다. 프랑스 민권 사상을 수입해 '동양의 루소'라고 불렸던 나카에 조민(中江兆民, 1847~1901)은 상징(象徵), 예술(藝術), 미학(美學), 전형(典型), 자유(自由), 민권(民權) 등의 말을 만들었고, 『문명론 개략』이라는 저서를 통해 일본 근대화의 방향을 제시하고 조선의 개화사상가들에게 큰 영향을 미친 후쿠자와 유키치(福澤諭吉, 1835~1901)는 권리(權利), 의무(義務), 사회(社會), 경제(經濟), 연설(演說) 등의 말을, 일본 근대 교육자이자 서양철학 보급에 지대한 공헌을 한 니시 아마네(西周, 1829~1897)는 지각(知覺), 의식(意識), 철학

| 나카에 조민 | 후쿠자와 유키치 | 니시 아마네 |

다양한 번역어들을 만든 일본 계몽사상가들

(哲學), 과학(科學), 감성(感性), 주관(主觀), 객관(客觀), 귀납(歸納), 연역(演繹), 학술(學術) 등의 말을 만들어 냈다.

여기서 의문이 하나 생긴다. 일본에서 만든 말이라 해도 대부분 한자어인데, 그렇다면 중국에서 만든 번역어는 없는 것일까? 당연히 중국도 번역어를 만들었다. 중국은 한자 종주국이고 명나라 때부터 서양 선교사들이 중국에 들어와 선교 활동을 했으므로 서양어 번역의 역사가 일본보다 더 오래되었다. 명대(明代)에 나온 번역어로는 '천주(天主, Deus)', '영혼(靈魂, anima)', '기하(幾何, magnitudo · geometria)' 등이 있고, 19세기의 것으로는 '문학(literature)', '화학(chemistry)', '공기(air)', '전기(electricity)', '민주(republic)', '국회(parliament)' 등이 있다. 이 용어들은 현재까지도 동아시아 사회에서 널리 사용되고 있다. 그렇지만 주목할 만한 것은 중국의 근대 초기의 번역어들은 대부분 서양 선교사들이 주도해 만들었으며, 중국인이 본격적으로 번역어를 만들기 시작

18

옌푸의 번역서	출판 연도	원제(한국어 제목)	저자(중국명)	원저작 출판 연도
天演論	1897	Evolution and Ethics (진화와 윤리)	Thomas Henry Huxley(赫黎)	1893
原富	1901	An Inquiry into the Nature and Causes of the Wealth of Nations(국부론)	Adam Smith (亞當·斯密)	1776
社會通詮	1904	A History of Politics (정치학사)	Edward Jenks (甄克斯)	1900
群學肄言	1903	The Study of Sociology (사회학 연구)	Herbert Spencer (斯賓塞)	1873
群己權界論	1903	On Liberty(자유론)	John Stuart Mill (約翰·穆勒)	1859
穆勒名學	1905	A System of Logic (논리학 체계)	John Stuart Mill (約翰·穆勒)	1843
法意	1904	The Study of Sociology (법의 정신)	Montesquieu (孟德斯鳩)	1748
名學淺說	1909	Primer of Logic (논리학 입문)	William Stanley Jevons(耶方斯)	1876

옌푸가 번역한 대표적 서양 명저

한 것은 19세기 후반에 들어와서부터라는 점이다.

중국의 근대 번역사를 말하면서 빼놓을 수 없는 인물은 옌푸(嚴復, 1854~1921)다. 그는 중국 최초의 관비 영국 유학생으로 왕립 그리니치 해군대학(The Royal Naval Academy)에서 수학하며 해양학과 항해술 등을 배웠다. 또한 정치, 경제, 사회, 법률에도 관심을 가져 아담 스미스의 『국부론』, 밀의 『자유론』, 몽테스키외의 『법의 정신』, 스펜스의 『사회학 연구』 등을 번역했다. 그렇지만 그의 가장 큰 공헌은 토머스 헉슬리의 『진화와 윤리(Evolution and Ethics)』(1894)를 『천연론(天演論)』이라는 제목으로 번역해 진화론을 소개했다는 점이다. 그는 신

(信, 원문에 대한 신뢰성), 달(達, 문장의 유창함과 자연스러움), 아(雅, 우아한 문체)라는 번역 원칙을 세우고 서양 명저 번역에 힘썼으며, 번역 과정에서 수많은 근대 번역어를 만들어 냈다. 그가 만든 번역어로는 군(群, society), 계학(計學, economics), 현학(玄學, metaphysics), 모재(母財, capital), 천연(天演, evolution), 명학(名學, logic), 내주(內籀, induction), 외주(外籀, deduction) 등이 있다. 그렇지만 이 말들은 얼마 지나지 않아 일본에서 번역된 사회, 경제학, 형이상학, 자본, 진화, 논리학, 귀납, 연역으로 대체되고 만다.

엔푸는 약 480개의 번역어를 만들었다고 하는데 현재까지 쓰이는 것은 채 10%가 안 된다. 중국인이 만든 번역어는 왜 중국에서조차 자리 잡지 못하고 일본어 번역어로 대체된 것일까? 첫째, 19세기 말에 일본의 잡지와 서적들이 중국어로 대량 번역되고, 일본에서 유학한 중국 유학생들이 늘어나면서 중국으로 유입된 일본어 번역어들이 크게 유행하였기 때문이다. 둘째, 20세기 초 일어난 구어체 문학 운동(백화운동)이 동성파(桐城派) 고문체를 즐겨쓰던 엔푸의 번역어를 도태시켰다. 셋째, 받침이 없어 소리가 분명하고, 다음절이라 발음하기 편하다는 점도 일본어 번역어가 대중에게 쉽게 받아들여지는 계기가 되었다. 그렇지만 무엇보다도 동아시아 국가 중에 가장 먼저 근대화에 성공한 일본을 모방해 중국도 근대화의 길로 들어서야 한다는 정치적·심리적 동기가 큰 영향을 미쳤을 것이다.

科學, かがく, kexue, science

일본 지식인들은 한자를 다룰 때 한 글자 한 글자의 의미에 크게 구애받지 않았기 때문에 의미의 차이를 뛰어넘을 수 있었다. 이는 서양의 개념들을 빠른 속도로 번역할 수 있는 토대가 되었다. 게다가 복잡하지 않은 한자로 만들어진 것이라 의미를 파악하기도 쉽다. 그렇지만 모두가 그런 것은 아니다. 대표적인 예 가운데 하나가 '과학'이다. '科學'은 복잡한 한자가 아니다. 그렇지만, 숫자(數)를 다루는 학문인 '수학', 아름다움(美)의 본질을 연구하는 '미학', 언어(文)를 다루는 예술인 '문학' 등과는 달리 글자만 보고서는 '과학'이 어떤 학문인지 추측하기 쉽지 않다.

'과학'은 니시 아마네가 science를 번역해 만든 신조어다. 그는 막부가 파견한 첫 번째 문과 유학생 중 한 명이다. 1862년 출국해서 네덜란드의 레이덴 대학에서 공부했으며, 돌아와서는 도쿄 가이세이쇼(開成所)의 교수가 되었다. 또한 훗날 문부장관이 된 모리 아리노리(森有礼)와 함께 근대적 계몽 학술단체인 메이로쿠샤(明六社)를 조직했다. 영국의 경험론 철학에 관심이 많았던 그는 콩트의 학술 분류법의 영향을 받아 1874년 메이로쿠샤의 기관지 《명육잡지(明六雜誌)》에서 처음으로 science를 '科學'이라고 번역했다. 이후 이토 히로부미(伊藤博文)가 일본 천황에게 올린 교육 제안서(1879)에서 "고등학생은 반드시 과학교육을 받아야 한다"고 적시함으로써 '과학'은 전문적 학문으로 인정받게 되었다.

가카쿠かがく로 발음되는 일본어 '科學'은, 중국과 한국에서 모두 근대어이자 번역어이다. 너무 익숙한 나머지 '과학'이란 단어가 우리 말이거나 중국에서 만든 것으로 생각하고 있었다면 잘못 안 것이다. 근대 이전에 동아시아에 '과학'에 해당하는 활동이 존재했었는지는 더 살펴봐야 할 문제이지만, '과학'이라는 말은 존재하지 않았으며, 한국과 중국에서는 외래어이자 번역어라는 것은 분명한 사실이다. 그렇다면, 서양의 science와 일본의 かがく, 중국의 kēxué, 한국의 '과학'은 모두 같은 것일까? 비록 오늘날 동아시아에서 '科學'이라는 용어는 science를 번역한 말로 받아들여지고 있다 해도 그 말이 가리키는 것은 다를 수 있다. 그 다름을 추적하여 의미의 변화 및 수용과정을 살펴보는 것은 현대 중국의 대중과학을 이해하기 위한 첫걸음이 될 것이다.

02

'과학' 이전에는 무엇이 있었을까

우리는 어떤 사건이 일어나리라고 기대할 이유가 없는 한 왜 그것이 일어나지 않았는가를 묻지 않는 법이다. 우리는 보통 별다른 근거가 없는 한 어떤 집에 왜 불이 났는가를 설명하지, 다른 모든 집들에 대해 차례로 왜 불이 나지 않았는가를 설명하지 않는다. 이 같은 차이는 비슷한 결과가 서로 다른 원인들을 가질 수 있다는 사실에 기인한다. 따라서 우리는 어떤 사건이 실제 발생하는 경우 가능한 여러 원인들로부터 그 원인을 찾아낼 수는 있지만, 그것이 일어나지 않는 경우에 모든 실현되지 않은 가능성들을 일일이 검토할 수는 없을 것이다.

―'중국에서는 왜 근대과학이 발전되지 않았나?'라는 질문의 부조리함에 대한
A. C. 그레이엄의 반박, 김영식, 『歷史 속의 科學』

　　"'중화인민공화국'의 2/3는 일본이 만들었다."는 말을 중국인들이 듣는다면 불같이 화를 낼 것이다. 1949년에 세워진 중화인민공화국은 19세기 말부터 이어진 서구 열강과 일본의 침략을 물리치는 과정에서 세력을 키운 중국공산당이 국민당과의 내전에서 최종 승리하고 쟁취한 결과물이기 때문이다. 그렇지만, 명칭만 놓고 본다면 틀린 말도 아니다. 왜냐하면 '중화인민공화국'에서 '인민'과 '공화국'은 일본에서 만든 번역어이기 때문이다.

　　나의 언어의 한계들은 나의 세계의 한계들을 의미한다.

　　― 비트겐슈타인

1949년 10월 1일 천안문 성루에서 '중화인민공화국 성립'을 선포하는 마오쩌둥(상)과 '중화인민공화국만세'라는 표어가 적힌 천안문 성벽(하)

비트겐슈타인은 언어와 세계가 밀접한 관계가 있으며, 특정 조건과 환경에서 만들어진 언어는 그 세계를 반영한다고 주장했다. 따라서 특정 언어가 없다면 그에 해당하는 세계도 없다는 것이다. 이 말에 따르자면, '인민'과 '공화국'이라는 말이 없던 시기, 중국에는 그 말에 부합하는 '인민'과 '공화국'이 없었다고 할 수 있다. '과학'은 어떨까? '과학'이라는 말이 없었던 때에 동아시아에 '과학'에 해당하는 세계가 존재할 수 있었을까?

장영실은 과학자인가?

2019년 말에 개봉한 허진호 감독의 영화 〈천문: 하늘에 묻는다〉는 역사상 가장 위대한 왕인 세종대왕과 조선 최고의 과학자 장영실 사이의 신분을 뛰어넘은 인간적 끌림을, 위대한 발명의 과정과 함께 스크린에 펼쳐놓고 있다. 그런데 영화 속 대사를 자세히 보면, 재미있는 사실을 발견할 수 있다.

오른쪽 위 사진은 장영실이 어명을 받드는 장면인데 세종의 명을 전하는 신하가 이렇게 전한다.

> "서운관 궁노 장영실을 오늘부로 면천하며 정5품 행사직을 하사하노라."

영미권에 소개되었을 당시의 번역 자막은 다음과 같다.

"He is now a fifth-class scientist."

오른쪽 아래 사진은 세종과 대사헌의 대화 장면. 백성들의 불편을 해소하기 위해 명나라의 도움 없이 조선만의 천문 기기를 만들자는 세종에게 대사헌이 이렇게 답한다.

"명은 절대 천문 기술을 넘겨주지 않을 것입니다."

첫 번째 대사에서 '정5품 행사직'을 'fifth-class scientist'라고 번역하고 있는데, 과연 장영실을 'scientist', 즉 '과학자'라고 할 수 있을까?

두 번째 대사를 보자. '기술'이라는 용어는 근대 시기 일본에서 나온 번역어로 조선 시대에는 없었을 텐데 대사헌이 실제 그렇게 말했을까?

결론부터 말하자면, 장영실은 '과학자'가 아닌 '장공(匠工)'이었고, '기술'이라는 말도 '과학'과 마찬가지로 근대에 나온 말이기 때문에 대사헌의 대사는 옥에 티라 할 수 있다.

'과학'이라는 말은 중국에 언제, 어떻게 등장했을까?

외국어가 수입되어 번역 · 정착하는 과정을 보면 대개 음역어가 먼저 만들어지고 그런 다음에 의역어가 등장한다. 1877년 영국에 외교 사절로 갔던 곽숭도(郭嵩燾)의 일기를 보면 "실제적 학문을 중시하는 것을 서양에서는 새막사라고 한다"는 말이 나온다. 여기서 '새막사(賽莫斯)'는 science를 음역한 말로 중국어로 발음하면 '싸이모스(sàimòsī)'이다.

중국에서 최초로 '과학'이란 용어를 사용한 사람은 캉유웨이(康有爲, 1858~1927)일 가능성이 크다. 그가 1897년쯤에 펴낸 『일본서목지(日本書目志)』에는 『과학입문(科學入門)』과 『과학의 원리(科學之原理)』라는 책 이름이 나오고, 1898년 6월 광서(光緒) 황제에게 올린 상소문에도 "밖으로는 각 나라의 과학을 배워야" 한다는 말이 나오기 때문이다. 그렇지만, 그가 사용한 '과학'이라는 말은 '분과지학(分科之學)', 즉

캉유웨이와 『일본서목지』

'전문적인 개별 학문'이라는 의미로 오늘날 우리가 생각하는 '자연과학'과는 거리가 있다.

'과학'을 '자연과학'의 의미로 사용하고 있는 최초의 글은 1897년 11월 15일자 《실학보(實學報)》에 실린 〈타이완 식물의 풍부함(臺灣植物之盛)〉일 것이다. 정기붕(程起鵬)은 글에서 타이완의 풍부한 식물 자원에 관한 과학적 연구가 제대로 이루어지지 않고 있다며, 그 이유가 "과학 지식을 결여하고 있기 때문"이라고 적었는데, 여기서 '과학'은 '자연과학'을 말한다.

'과학'에 대한 중국 근대 지식인들의 이해는 한동안 통일되지 않았다. 베이징대학 교장을 역임한 차이위안페이(蔡元培)는 과학을 자연과학으로 이해했으며, 옌푸와 량치차오(梁啓超) 등은 자연과학과 사회과학을 모두 아우르는 것으로 보았다. 이처럼 용어의 정확한 의미를 알지 못하거나 학계의 보편적 동의가 없는 상태에서 '과학'이라는 말을 자의적으로 사용했기 때문에 과학의 효용과 적용 범위를 둘러싼 소모적인 논쟁은 20세기 중반까지 계속될 수밖에 없었다.

'과학'에 대한 상이한 이해는 비단 번역어를 수용하는 동아시아만의 문제는 아니었다. 처음 서구에서도 science에 대한 해석은 명확하지 않았다. 영어 science의 어원은 라틴어 스키엔티아(scientia)인데, 중세기까지 '지식'을 의미했다. 프랜시스 베이컨은 이 말을 sciences라고 번역했지만, 그 외에도 knowledge(知識), learning(學問)이라고 번역하기도 했다. 당시에 모든 지식은 철학에 포함된 것으로 생각했기 때문에, scientia와 '지혜에 대한 사랑'을 뜻하는 philosophia는 영어 science와 philosophy로 번역되고 나서도 오랫동안 혼용되었다. 영국과 미국의 일부 대학에서 이과(理科) 출신에게 철학박사(Ph. D) 학위를 수여하는 것도 바로 이런 영향 때문이다.

"사물이나 사회의 현상에 관한 보편적 원리 및 법칙을 알아내고 해명하는 것을 목적으로 하는 지식 체계나 학문"이라는 '과학'에 관한 근대적 개념 규정은 19세기 중반에 와서야 이루어졌다. 따라서, 중국에서 '과학'이라는 용어를 둘러싼 의미의 혼란은 어찌 보면 처음부터 예견된 것이었다.

'과학' 이전에는 어떤 말이 있었을까?

그렇다면, 동아시아에서 '과학'이라는 말이 있기 전에 자연을 관찰하고 이치를 탐구하는 활동은 무엇이라 불렀을까? '과학'이라는 말은

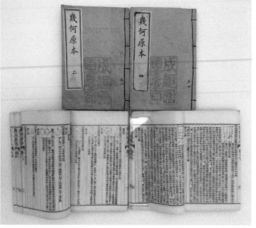

마테오 리치와 서광계(좌)가 함께 번역한 『기하원본』(우). 서소문 성지역사박물관 소장 판본이다. 영국의 시인 워즈워스는 "만약 대홍수가 들이닥친다면 가장 먼저 챙겨야 할 두 권의 책이 있다. 그것은 『성경』과 유클리드의 『기하학』이다"라고 말했다.

없었지만, 자연계를 대상으로 그 이치를 궁구하고 원리를 탐구하는 활동은 분명히 있었을 테니 말이다.

명말청초(明末淸初)의 철학자 방이지(方以智)는 학문을 '질측(質測)'과 '통기(通幾)'로 구분했다. '질측'은 각종 구체 사물과 변화의 원인을 실제로 연구하는 것이고, '통기'는 우주 만물의 보편 규율을 연구하는 것이다. 오늘날의 시각에서 보자면 질측은 자연과학, 통기는 철학에 해당한다. 따라서, '질측학'이라는 용어를 서양의 science에 대응하는 말로 제시했을 가능성도 있다. 그렇지만, 방이지는 망국[明]의 백성으로 평생을 유랑하다 승려로 생을 마감했으니, 그의 사상적 영향력은 한계가 있을 수밖에 없었다.

중국에 서양의 과학 지식을 전한 인물 가운데 규모나 영향력 측

미스터 사이언스

면에서 타의 추종을 불허하는 사람으로 마테오 리치(Matteo Ricci, 1552~1610, 중국명 利瑪竇)가 있다. 그는 이탈리아 예수회 선교사로 중국에 최초로 천주교를 전파했으며, 『천주실의(天主實義)』를 지었다. 특히, 1606년 서광계(徐光啓)와 함께 유클리드의 『기하원본(幾何原本)』을 번역했는데, 이는 중국 전통 수학의 토대를 뒤흔들 정도의 일대 사건이었다. 이 밖에도 그는 『교우론(交友論)』, 『동문산지(同文算指)』, 『측량법의(測量法義)』, 『건곤체의(乾坤體義)』 등 윤리학, 수학, 기하학, 천문학 서적을 번역했고, 근대적 세계지도인 〈곤여만국전도(坤輿萬國全圖)〉를 제작했으며, 중국 전통 경전인 『사서(四書)』를 라틴어로 번역하기도 했다.

중국 전통 학문에 조예가 깊고 천문, 역법, 수학, 과학, 기계 제작에도 능했던 마테오 리치는 '격치(格致)' 또는 '격물(格物)'이라는 말로 서양의 science를 지칭했다. 그는 『기하원본』 서론에서 다음과 같이 말했다.

> "유가(儒家)의 학문은 앎을 지극히 하는 것이고, 앎을 지극히 하려면 물리에 통달해야 한다. 물리란 것은 희미하게 감추어져 있는 데 반해, 사람의 재능은 둔하고 어두우니 이미 밝혀진 것으로 아직 밝혀지지 않은 것을 유추하는 것이야말로 앎에 이르는 방법이다. 서양의 내 나라는 비록 작으나 학교에서 가르치는 격물궁리(格物窮理)의 방법은 여러 나라 가운데에서도 독보적이며 물리를 탐구하는 서적도 매우 풍부하다. 학자라면 오로지 이치가 근거하는 바에 따라 이론을 세워야지 남의 생각을 그대로 취해서는 안 된다."

마테오 리치는 서양 과학을 '격치학(格致學)'이라고 규정한 후, "자연의 물리를 대상으로 삼아 존재의 다양한 근거를 전문적으로 탐구하는 학문"인 서양 '격치학'과 자연물의 명칭과 종류, 성질, 분포 따위를 연구하는 중국의 박물학(博物學)은 같은 것이 아니라고 주장했다.

마테오 리치가 서양 과학을 '격치학'이라고 부르자, 이후 중국의 많은 지식인도 중국의 전통 과학을 '격치학'(또는 격물학)으로 지칭하기 시작했다. 즉, 서양 과학은 서양 격치학으로, 중국 과학은 중국 격치학으로 부르면서 중국에도 서양 과학에 필적할 만한 학문이 있다고 주장한 것이다.

그렇다면, 중국인들은 서양 격치학과 중국 격치학이 같다고 생각했을까, 다르다고 생각했을까? 둘 가운데 어느 것이 우월하다고 생각했을까? 그 둘이 같지 않다면 그 사실은 언제, 어떤 계기로 깨닫게 된 것일까? 여기에 바로 중국 현대 과학의 특징을 이해할 수 있는 열쇠가 들어있다.

03

중국은 과학의 원조일까

서양 오랑캐의 책들을 번역하다 보니 …… 서양의 학술이 모두 중국의 학술임을 알게 되었다.
…… 서양 오랑캐는 우리의 나침반을 얻고 나서 항해를 알게 되었고, 화약을 얻고 나서 총포를
쓸 줄 알게 되었다. 그러니 중국이 서양 문명 창조에 크게 공헌하였다는 것은 분명한 사실이다.
— 청(淸)·류악운(劉岳云), 「격물중법서(格物中法序)」

《월스트리트 저널(WSJ)》은 중국이 2022년 베이징 동계올림픽을 앞
두고 신장 알타이 지역 해발 9,800피트에서 발견된 암각화 등을 근거
로 스키가 1만 년 전 중국에서 시작됐다는 '중국 기원설'을 주장하고
있다고 보도했다. 암각화에는 스키로 보이는 판자 위에 서 있는 사람
10여 명, 야크와 무스로 보이는 동물 22마리가 그려져 있다.

중국의 4대 발명

중국의 4대 발명이라는 것이 있다. 현재 우리의 생활뿐만 아니라,

신장 알타이 지역에서 발견된 암각화와 스키 타는 사람 상상 복원도

인류 문명의 발전에 크게 이바지한 네 가지 발명인 종이, 화약, 나침반, 인쇄술을 가리킨다. 중국의 4대 발명은 아라비아를 통해 유럽으로 전파되어 서구 문명의 발전에 중요한 공헌을 했다고 알려져 있다.

중국 후한 때인 서기 105년, 채륜(蔡倫)이 발명한 종이는 12세기 유럽에 전해져 지식 보급과 계몽 교육의 주요 수단이 되었으며, 11세기 초에 만들어져 14세기 유럽으로 전해진 화약은 기사 계급을 몰락시켜 봉건제도의 붕괴를 앞당겼다. 1세기경부터 사용된 것으로 추정되는 나침반은 14세기 유럽으로 전해져 지리상의 발견을 촉진했으며, 11세기 발명된 활판 인쇄술은 유럽의 르네상스와 종교개혁에 큰 영향을 미쳐 시민계급 등장의 발판을 마련했다.

이처럼 중국의 발명품과 발명 기술이 유럽으로 건너가 계몽주의를 확산하고 과학혁명을 촉발하고 자본주의와 제국주의의 등장에 결정적 역할을 하는 동안, 중국은 그것을 더 이상 발전시키지 못하고 오랜 시간 동안 기술적 정체를 겪을 수밖에 없었다. 그것은 아마 외향(外向)

중국 4대 발명

보다는 내향(內向)을, 교류보다는 자족(自足)을, 창조보다는 전승을 중시하는 중국 문화의 특징과 관련이 깊을 것이다.

　명대 중엽 중국에 온 서양 선교사들은 중국의 과학기술 수준이 유럽에 크게 뒤떨어져 있다는 것을 인식하고 천주교를 전하는 데 유리한 환경을 만들기 위해 천문, 지리, 기계 등 서양의 과학기술 성과를 소개했다. 그러자 이에 자극받은 중국 전통 사대부들 사이에서는 서양 과학[西學]을 배워야 한다는 주장이 터져 나오기 시작했다. 그렇지만, 서양 과학을 배우기 위해서는 두 가지 문제를 해결해야 했다. 첫째, 서양이 중국보다 낫다는 생각에 빠져 학문의 주도권을 서양에 뺏겨서는 안 된다. 둘째, 서양 과학 무용론을 주장하는 수구파의 반대를 극복해야 한다. 그렇다면 중국 학문의 주도권을 잃지 않고 수구파의 반대를 무마시키면서 서양 과학을 배우는 방법에는 어떤 것이 있을까? 이때 중국 지식인들이 생각해낸 것이 '서학중원설(西學中源說)'이다.

서학중원설

'서학중원설'은 간단히 말해 '서양 과학이 중국에서 기원했다'는 것이다. 즉, 서양 과학의 놀랄만한 성취는 4대 발명으로 대표되는 중국의 과학과 기술이 서양으로 건너가 발전한 것으로, 선교사들이 서양 과학이라고 소개한 것도 알고 보면 먼 옛날 중국에서 건너간 것이라는 주장이다. 이런 생각은 명대 중엽 보수적인 사대부부터 명말 실증주의와 경세치용을 강조한 황종희(黃宗羲), 방이지, 청말 '서양 근대 기술의 도입'을 추진한 양무파(洋務派) 지식인에 이르기까지 굳건하게 견지되었다.

'서학중원설'에는 옛것을 숭상하는 숭고(崇古)의 심리와 중국의 격치학(과학)과 서양 과학이 본질적으로 차이가 없으며, 심지어 중국 격치학이 더 우수하다는 '중화주의(中華主義)'적 인식이 깔려있다. 중국의 문화와 학술은 덕과 지혜를 갖춘 완전한 인격자인 고대의 성인(聖人)이 창조하였기 때문에 보태거나 뺄 것이 없으며, 그러한 완벽한 문화가 서양으로 전해져 서양 학술을 이룬 것이기 때문에 당연히 중국의 문화와 학술이 우월하다고 생각할 수밖에 없다. 여기에 더해, 중국 4대 발명이 없었다면 서구의 근대 과학혁명도 불가능했을 테니 어찌 중국이 유럽의 근대를 만들었다고 생각하지 않을 수 있겠는가.

그런데 정말 중국의 격치학과 서양의 격치학(과학)은 같다고 말할 수 있을까?

『대학』과 격물치지

중국의 사대부들 사이에서 중국에도 서양 과학에 버금가는 격치학이 존재한다는 주장이 나오기 시작한 것은 마테오 리치가 서양 과학을 '격치학'이라 지칭하고 나서부터다. 격치학을 서양 과학과 연결해 생각하게 된 것은 유가(儒家) 경전인『예기(禮記)』「대학(大學)」편에 나오는 '격물치지' 구절 때문이다.

> 옛날에 밝은 덕을 천하에 밝히고자 하는 자는 먼저 그 나라를 다스리고[治國], 그 나라를 다스리고자 하는 자는 먼저 그 집안을 가지런히 하고[齊家], 그 집안을 가지런히 하고자 하는 자는 먼저 그 몸을 닦고[修身], 그 몸을 닦고자 하는 자는 먼저 그 마음을 바르게 하고[正心], 그 마음을 바르게 하고자 하는 자는 먼저 그 뜻을 성실히 하고[誠意], 그 뜻을 성실히 하고자 하는 자는 먼저 그 아는 것을 지극히 하였으니[致知], 아는 것을 지극히 함은 사물의 이치를 궁구함에 있다[格物].
> ─『대학』1장

『대학』은 큰 학문의 목표와 거기 도달하기 위한 공부의 순서 및 방법을 정리해놓은 책이다. 그 가운데 팔조목(八條目)이라고 불리는 '격물', '치지', '성의', '정심', '수신', '제가', '치국', '평천하'는 개인의 수신(修身)에서 시작해 나라를 다스리고 천하를 평안케 하는 치국평천하

(治國平天下)를 실현하는 과정을 순서대로 나열한 것이다.

그런데, 북송의 성리학자 주희(朱熹)가 특별히 '격물치지'라는 말에 해설을 덧붙여 보충 설명한 것이 후대 학자들의 격한 논쟁을 야기하게 되었다. 그는 학문에 들어가는 첫 단계인 '격물'에 대해 '만사 만물에 나아가 이치를 탐구한다'고 풀이하였다. 원래 '격(格)'과 '물(物)'은 '오다[來]'와 '일[事]'의 뜻으로, 즉 '격물치지'란 인간관계에서 부딪히게 되는 여러 가지 일[효제충신 등 윤리적 사건]의 이치와 원리를 깨달아 마음을 바로잡는 것을 의미했다. 그런데, 주자(주희)에게 오면 '격물'의 의미가 '만물에 나아가 궁리하다'라는 의미로 확장된다. 즉, 자연계에 존재하는 개별 사물을 하나하나 탐구하고 이치를 탐구함으로써 인간의 마음뿐만 아니라 만물에 내재한 하늘의 이치(天理)를 이해하는 것이 '격물치지'라는 것이다.

구체적 사물의 개별적 이치를 연구하고 그것이 쌓임으로써 만물이 갖추고 있는 도리를 깨닫게 된다는 주자의 격물치지 사상은 후대의 지식인들에게 '격물'(또는 격치)을 과학과 연결할 수 있는 단초를 제공해 준 측면이 있다. 그렇지만 다른 한편으로는 모호한 개념 해석으로 후대에 많은 오해와 논쟁을 낳게 되었다. 왜냐하면 주자가 말한 '물'은 오늘날 우리가 말하는 물질이 아니며, '격물치지'의 활동도 물질의 운동과 규율에 대한 정밀한 고찰과는 거리가 먼데, 후대의 학자들이 '격물치지'를 객관 사물에 관한 지식 탐구로 여기는 일이 많아졌기 때문이다.

중국 전통 사상가들이 생각하는 학문의 목적은 객관적으로 존재하는 사물의 원리를 알아내는 데에 있는 것이 아니다. 객관 세계를 탐구한다고 할지라도 그것은 어디까지나 마음에 내재한 하늘의 이치를 깨닫기 위한 초기의 단계일 뿐이다. 궁극적으로는 마음 수양을 통해 도덕의식을 고양하고 이를 통해 하늘의 도(道)를 깨닫는 것이 참된 학문의 목적이므로 객관 세계에 대한 탐구가 도덕 수양에 장애가 된다면 언제든지 그것을 배제할 수 있다. 따라서 중국 전통 격치학의 범위와 목표는 본질적으로 윤리적인 테두리를 벗어날 수 없으며, 이는 중국 격치학과 서양 과학이 분명히 다르다는 것을 나타내 주는 근거가 된다.

원조 콤플렉스

명대의 사대부와 청말의 지식인들은 '서학중원'의 논리를 내세워 서학을 배우고 서양 과학기술을 들여올 수 있는 유리한 여건을 만들었으며, 보수파와 서양을 반대하는 무리의 반발도 무마할 수 있었다. 또한, 중국과 서양의 격치학을 동일시함으로써 서양의 발전된 과학기술 앞에서도 한동안 심리적으로 위축되지 않고 평형을 유지하였다.

그렇지만 고대 중국의 발명과 발견의 성과가 서양으로 건너갔다는 직접적인 증거는 없으며, 서양 근대 과학이 중국 전통 격치학과 방법과 원리상에서 같다고 볼 수 있는 논리도 부족하다. 그렇다면, 중국 고유의 사상과 문화가 가장 우월하며 아무리 우수한 것이라도 외래의 것은 말류(末流)에 해당할 뿐이라는 생각은 왜 이처럼 오랫동안 이어져 온 것일까? 개념에 대한 자의적 해석을 통해 본뜻과 다르게 이해하는 한이 있더라도 그들이 지키고자 한 것은 무엇이었을까?

문명(文明)은 빛이다. 야만(野蠻)은 빛이 닿지 않는 어둠의 들판이자 오랑캐들이 거주하는 곳이다. 중국이 온 세상에 빛[文明]을 전하는 광원(光源)이 되어야 한다는 당위적 바람은 자신들을 '천하의 중앙에 있는 나라', 즉 '중국(中國)'이라고 지칭했을 때 함께 생겨났다. 기독교에서 하나님이 빛으로 세상을 흑암에서 구한 것처럼 중국은 문화와 윤리의 빛으로 세상을 깨우치고[啓蒙] 싶어한다. 사마천(司馬遷)이 중국 최초의 정사(正史)인 『사기(史記)』에서 중국 역사의 시작을 삼황오제(三皇五帝)의 신화시대로 끌어올려 서술한 것이나, 중국 문명의 기원을 이집트, 메소포타미아보다 위로 조정하기 위해 '하상주단대공정(夏商周斷代工程)'이라는 역사 프로젝트를 추진한 것 등은 중국 문명이 인류 문명의 시원(始原)이어야 한다는 원조 콤플렉스의 또 다른 표현이다.

인류 전체의 문화가 단일한 특정 민족이나 특정 문명에서 비롯되었다는 생각은 상당한 위험성을 내포하고 있다. 인류문화는 다양한 민족과 국가의 문화적 상호작용으로 형성되었고, 문명 또한 다원적 뿌리를 가지고 있다. 이런 생각은 공존과 공영을 중요한 가치로 여기는 21세기에 우리가 우주의 일원으로 살아가기 위해 가져야 하는 기본적 관점이다. 이를 받아들이지 않고 자기중심적이고 자아도취적 사고에 매몰된다면 문화 전제주의의 굴레에 갇혀 도리어 쇠퇴의 길을 가게 되리라는 것은 명약관화하다. 동서양 과학을 제대로 이해하기 위해 객관적 시각으로 '과학'을 인식하기까지 겪어온 수많은 곡절을 다시 한번 되새겨 볼 필요가 있다.

04

서양 태엽 시계와 중국의 시간 경험

시간은 존재하지 않는 것 같습니다.
여러 여자들에게 물어봤는데 다 시간이 없다고 합니다.
— 김상욱 교수 KAOS 강연 '도대체' 시간이란 무엇인가?' 댓글 중에서

자명종의 전래

로마에서 출발해 1582년 중국 광동성 조경(肇慶)에 첫발을 내디딘 지 19년 만인 1601년, 이탈리아 선교사 마테오 리치는 마침내 중국의 수도 북경에 들어올 수 있었다. 북경에 도착한 다음 달, 그는 자신이 유럽에서 가져온 진상품을 황궁으로 들여보냈다. 여기에는 예수 도상(圖像)과 성모상, 천주경전, 십자가, 〈만국도지(萬國圖志)〉, 서양금(西洋琴) 등이 포함되어 있었는데, 특히 각양각색의 자명종이 황제와 귀비들의 흥미를 끌었다.

당시 중국에서는 시간을 측정하기 위해 물시계〔水漏〕나 모래시계

〔沙漏〕, 해시계〔日晷〕 등을 이용했으며, 일반 백성들은 야경꾼〔更夫〕이 딱따기를 쳐서 알려주지 않으면 시간을 알 도리가 없었다. 따라서 정해진 시각이 되면 장치 안에서 뻐꾸기 한 마리가 튀어나와 시간을 알려주는 서양 기계장치는 시간의 맞고 틀림과는 상관없이 그 자체로 놀랍고 신기한 것이었다.

> "서양 승려 마테오 리치가 가져온 자명종은 안에 기계장치가 있어 매 시각 소리를 내는데 해가 지나도 조금의 오차가 없으니 신기할 따름이다."
> — 명(明)·사조제(謝肇淛)『오잡저(五雜俎)』

마테오 리치는 천주교 선교를 위해 서양의 과학 지식을 이용했다. 그 결과 황제의 관심을 끄는 데 성공하여 17세기 중반에 이르면 전도소 42곳과 교회당 160여 개, 신도 15만 명을 확보할 정도로 교세가 확장된다.

명청 시기 황제들은 서양에서 들어온 자동 기계장치에 매우 큰 관심을 보였다.『재중예수회 선교사 열전(入華耶蘇會士列傳)』에 보면 건륭제 때 중국에 온 테볼트(Ir. Gilles Thebault, 중국명 楊自新)란 수도사는 일찍이 100보를 걸을 수 있는 자동 사자〔自動獅〕 하나를 만들었고, 방타봉(Jean-Mathieu de Ventavon, 중국명 汪達洪)은 화병을 쥐고 움직일 수 있는 기계인형을 만들었는데 황제가 매우 기뻐했다는 기록이 나온다. 그렇지만 무엇보다 황제들이 특히 좋아한 것은 자명종이다. 청나라 강

서양에서 전래한 자명종(위)과 중국 전통 해시계 · 물시계(아래)

희제는 자명종을 노래한 시를 여러 편 남기기도 했다.

> 밤낮없이 순환하는 것이 물시계보다 낫구나.
> 견고하게 움직여 한 치의 오차 없이 시간을 알려주네.
> 밤이나 낮이나 멈추지 않으니
> 만 리 타지에서 온 지 이백 년이라네.
> ―「희제자명종(戲題自鳴鐘)」

자동 기계인형 태업 시계

건륭제 때에 들어오면 이전과 비교해 훨씬 더 많은 시계가 제작된다. 이 시기에 나온 조설근(曹雪芹)의 소설 『홍루몽(紅樓夢)』에도 서양에서 수입된 시계에 관한 이야기가 적지 않게 등장한다. 또 건륭제의 사돈으로 무소불위의 권력을 휘둘렀던 청나라 최고의 탐관 화신(和珅)이 파직될 때 몰수된 재산 목록에 각양각색의 자명종 555개가 들어 있었다는 일화도 유명하다.

건륭 35년(1770) 영국 런던의 저명한 시계 제조장인 티모시 윌리엄슨(Timothy Williamson)이 청나라 황제에게 바친 '동도금사자인종(銅鍍金寫字人鍾)'은 건륭제가 제위에서 물러난 후에도 애지중지했던 시계이다. 시계는 높이 2m 31cm, 4층 누각 형태로 완전히 독립된 두 개의 기계장치로 구성되어 있다. 꼭대기에는 원통을 맞잡고 있는 두 사람의 인형이 세워져 있는데, 기계가 작동해 원통을 펼치면 '만수무강(萬壽無疆)'이라는 네 글자가 나온다. 바로 아래층에는 인형 하나가 세워져 있어 3, 6, 9시가 되면 종을 치고 음악을 연주한다. 그 아래층에는 시계가 있고, 가장 아랫부분에 글씨 쓰는 기계인형이 있다. 시계에서 가장 뛰어난 부분인 자동 기계인형은 스위스 피에르 자케 드로(Pierre Jaquet Droz) 공방에서 만든 것이다. '기계인(機械人)'으로 기록된 이 부분의 정확한 이름은 '자동으로 동작하는 기계인형'을 뜻하는 오토마타(Automata)이다.

『홍루몽』 장면을 묘사한 그림. 탁자와 벽에 자명종이 보인다. 淸 · 孫溫繪全本 〈紅樓夢〉 1800년대 작품

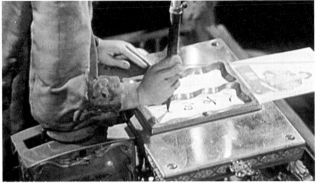

동도금사자인종(좌)과 글을 쓰는 모습(우)

붓을 들고 글씨를 쓰는 기계인형의 부속품은 지름이 서로 다른 세 개의 원판이다. 원판 둘레는 톱니바퀴처럼 홈이 파여 있어 회전하면서 두께와 모양이 다른 글씨를 쓴다. 상하판은 가로와 세로의 움직임을 만들어 내며, 가운데 판은 붓이 위아래로 움직이도록 한다. 기계인형은 유럽 신사의 모습을 하고 있는데, 한쪽 무릎을 바닥에 꿇고 한 손은 책상을 짚은 채 다른 한 손으로 붓을 잡고 있다. 기계를 작동시키기 전에는 먼저 붓에 먹물에 묻혀야 한다. 기계가 작동하면 기계인형은 머리를 흔들며 앞에 놓인 종이에 생기 있고 깔끔한 글씨체로 "八方向化, 九土來王"라는 여덟 글자를 쓴다.

"팔방향화, 구토래왕"은 "팔방의 국가들이 중국의 문명을 동경해 닮고자 하니, 세계 각국에서 앞다투어 와 복종하고 공물을 바친다"는 뜻이다. 명청 시기 중국의 황제나 황족들은 시간을 측정하고 정확히 알려주는 기술력에 관심을 두기보다, 서양 선교사들이 신기한 기계를 이용해 중국과 황제의 위대함을 칭송하는 것에 도취하였으며, 그런 진귀한 물건을 권력의 상징으로 삼았다.

근대적 시간 경험? 근대적 시계 경험

이처럼 명청 시기에 서양 시계가 중국인들의 큰 인기를 끌었다면, 당시 중국인이 만든 시계는 없었을까? 청나라 3대 황제인 순치 때부터 궁 안에 서양식 시계를 만드는 곳을 두었고, 강희 때에는 '자명종처(自鳴鐘處)', 옹정 때에는 '주종처(做鐘處)'를 설치해 전문적으로 시계를 만들었다. 이곳에 있던 기술자들은 많을 때는 그 수가 100여 명에 달했는데, 상당수가 유럽에서 초빙해 온 시계 장인들이었다.

중국인들이 서양 것을 베껴 만든 짝퉁 시계가 나오기 시작한 것은 18세기 이후부터이다. 물론 시계의 핵심부품인 태엽은 여전히 만들지 못했다. 시계는 주로 영국의 것을 모방해 만들었으며, 가격은 진품의 1/3 정도지만 그다지 인기가 있지는 않았다. 만약 시간이 정확한 중국 시계와 시간이 맞지는 않지만, 화려한 세공의 서양 시계가 있다면 신분 높은 사람들은 당연히 후자를 택했다. 왜냐하면, 그들에게 서양 시계는 자신들의 신분과 권력을 과시할 수 있는 진귀한 노리개였을 뿐, 시간의 맞고 틀림은 중요한 것이 아니었기 때문이다.

또한, 대다수 지식인은 서양의 높은 기술력에 감탄하면서도 기이한 기술과 비실용적인 기교에 대해 경계의 눈초리를 거두지 않았다. 명대

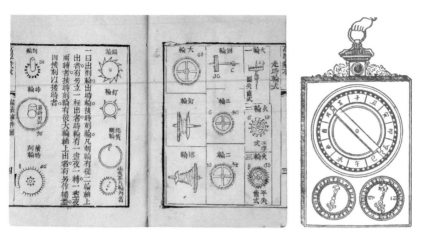

서조준, 『자명종표도법』(좌)과 『고금도서집성』에 실린 〈자명종도(自鳴鐘圖)〉(우)

의 탁월한 농학자이자 천문학자, 수학자인 서광계(徐光啓)의 5대손으로 실험정신이 투철했던 서조준(徐朝俊)은 『자명종표도법(自鳴鐘表圖法)』을 지어 톱니바퀴와 용수철, 태엽 만드는 법에 대해 구체적으로 분석했지만, 다음과 같은 말도 잊지 않았다.

"기교함을 자랑하고 다투는 여러 기기는 …… 단지 미관만 꾸미고 실용과 무관할 뿐 아니라 기기음교(奇技淫巧)에 가까운 혐의가 있다."

'기기음교'란 '기이한 기술과 음험한 기교' 또는 '하찮은 재주나 물건'이라는 뜻으로 전통 사대부가 경계하는 것이다.

동양의 시간관

시간과 공간은 과학 연구의 직접 대상이면서, 과학을 가능하게 하는 조건이다. 과학자들은 시간과 공간을 틀로 삼아 운동과 변화를 관찰하고 법칙들을 도출했다. 과학혁명을 촉발한 뉴턴 역학은 기계론적 우주관을 정립하면서 시간과 공간에 관한 기본 개념을 확립해 과학적 연구의 기초를 세웠다. 특히 뉴턴이 제시한 '절대적이고 참되고 수학적인 시간', 즉 '절대 시간'은 20세기 아인슈타인이 나오기 전까지 과학계를 지배했으며, 시간이 같은 속도로, 일직선으로 흐른다는 '수학적 시간'이라는 축을 통해 지상과 천상을 관통하는 단일한 우주를 만들어 냈다.

그렇지만, 철학과 과학 영역에서 시간과 공간은 오랫동안 논란의 중심에 있었다. 시간과 공간이 객관적으로 존재하는지, 주관적인 인식의 형식인지, 시작과 끝은 어디인지, 상대적인지 절대적인지, 연속적인지 단절적인지, 시간과 공간은 서로 연관되어 있는지 등의 문제를 두고 동서양의 수많은 철학자와 과학자들이 자신들의 관점을 제시했다. 시간과 공간에 대한 서로 다른 해석은 시간과 공간 자체에 대한 여러 가지 입장을 반영하는 동시에, 시간과 공간 속에서 살아갈 수밖에 없는 인간의 운명적 삶과 문화에 영향을 미쳐왔다.

> "중국은 공간만 있고 시간은 없는 나라로 중국 역사는 왕조만 바꾸어 왔을 뿐, 변화와 진전이 없는 지루한 산문과 같다."
> ─ 헤겔, 『역사철학강의』

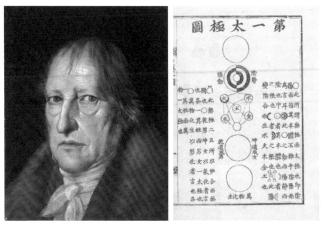

역사를 절대정신의 자기 전개 과정으로 본 헤겔(좌)과 우주 만물의 변화를 음양오행으로 설명한 태극도(우)

역사적으로 보자면, 중국에서 시간이란 어디까지나 하늘〔天〕에 속한 것이니 하늘의 직계인 천자(天子)가 시간을 독점하고 관할하는 것은 당연했다. 황제가 친히 역법(曆法)을 제정하고 월령(月令)을 반포하던 것만 봐도 이런 사실을 잘 알 수 있다.

고대 중국에서는 왕조의 교체를 오행(五行)의 상극관계에 빗대어 설명했고, 시간의 흐름도 "해가 지면 달이 뜨고, 추위가 가면 더위가 오는"(『周易』) 것이나 "되돌아가는 것이 도의 움직임"(『道德經』)이라는 말처럼 음양(陰陽)의 무한한 반복 교체로 생각했다. 또한, 한단지몽(邯鄲之夢)과 같은 고사를 통해 시간이란 주관적인 것으로 마음이 만들어 낸 환상일 뿐이라는 불교 · 도교적 시간관도 중국인들에게 큰 영향을 미쳤다.

시간은 객관적으로 존재하는가? 이 물음에 대한 대답은 여전히 힘들지도 모른다. 그렇지만 근대적 시간 경험이 과학의 발전과 인류 사회의 문명화를 촉진했다는 것은 부인할 수 없다. '시간' 자체에 관한 관심이 아닌 '시간 없는 시계'에 대한 경험만 존재했던 명청 시기의 중국은 서양 선교사들의 과학적 공헌에도 불구하고 합리적 세계로 전환할 수 없었다.

지도 위의 축지법

> 하늘은 위에 있고 땅은 아래에 있듯이, 천지의 중앙에 있는 것을 중국이라 하며 천지의 주변에 있
> 는 것을 오랑캐(四夷)라 한다. 오랑캐는 바깥이며 중국은 안쪽이다.
>
> ─ 송(宋)·석개(石介), 『중국론(中國論)』

CHINA, 중국, 중화

니콜라스 트리고(Nicolas Trigault, 1577~1628)가 1615년 독일에서 펴
낸 『마테오 리치의 중국 견문록(De Christiana expeditione apud Sinas)』에
보면 마테오 리치가 유럽 사람들에게 중국의 명칭을 크게 세 가지로
설명하는 대목이 나온다.

첫 번째는 유럽이나 다른 문화권에서 중국을 부르던 명칭이다. 여
기에는 프톨레마이오스 때부터 사용되어 온 Sina, 마르코 폴로가 사용
한 Cathay, 포르투갈 사람들이 사용한 China등이 포함되는데, 모두 비
단(silk)을 뜻하는 '사(絲)'의 중국어 발음 'sī'와 관련된 것으로 보인다.

1부. 격치에서 과학으로   55

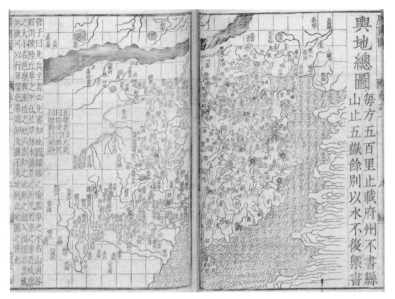

명의 나홍선(羅洪先, 1504~1564)이 그린 〈광여도(廣輿圖)〉. 주변국은 작고 부정확하게 그린 반면 중국은 상당히 확대되어 있다.

두 번째는 새로운 나라가 세워졌을 때 지어진 왕조명이다. "당(唐) 은 광활하다는 뜻이고, 우(虞)는 평온하다는 뜻이다. 하(夏)는 위대하 다는 뜻이고, 상(商)은 웅장하고 아름답다는 뜻이다. 주(周)는 완벽하 다는 뜻이고, 한(漢)은 은하수를 뜻한다. …… 명(明)은 밝음을 뜻하는 데, 앞에 대(大)자를 붙여 대명(大明)이라 부르니 크게 빛을 발한다는 뜻이다."

세 번째는 여러 왕조를 거치면서도 변함없이 사용하던 이름으로 중 국(Ciumquo) 또는 중화(Ciumhoa)가 있다. 마테오 리치는 중국(中國)은 왕국, 중화(中華)는 화원(花園)을 뜻하지만, 모두 "중앙에 있다(位于中 央)"는 의미로 해석된다고 설명했다.

미스터 사이언스

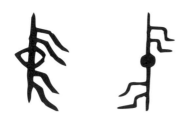

갑골문(좌)과 금문(우)에 보이는 '中'자는 깃발을 꽂아 중앙을 표시한 것을 형상화한 것이다.

금문(좌)과 초간(楚簡, 우)에 보이는 '國'자는 창(戈)을 들고 지키는 일정한 구역을 형상화한 것이다.

바깥에서 부르는 명칭이나 왕조의 이름은 바뀌어도 자신들이 거주하는 곳이 '세상의 중앙'이라는 생각은 오랜 시간 변하지 않았다. '세상의 중앙'이라는 뜻의 '중국'은 천자나 황제의 통치권이 미치는 곳을 의미하며, 처음에는 황허(黃河) 중하류 일대를 가리켰지만, 시간이 지나면서 그 범위는 계속해서 확장되었다.

천원지방의 우주관

중국인이 자신들을 '중국'이라고 부를 수 있었던 까닭의 이면에는 '천원지방(天圓地方)' 또는 '천원지평(天圓地平)'이라는 우주관이 놓여 있다. '천원지방'은 고대 동아시아인의 공간관과 우주관을 담고 있는 말로 '하늘은 둥글고 땅은 네모'라는 뜻이다. '천원지방'은 변변한 관측 기구 하나 없었던 먼 옛날, 사람들이 직접 몸으로 경험한 사실에서 비롯한 관념이다. 즉, 머리 들어 올려다본 하늘은 반구의 형태이고, 발을 디뎌 밟아본 땅은 편평하게 느껴진다는 것이다.

天圓地方

"하늘은 둥글고 땅은 네모"라는 뜻으로

고대 중국인의 세계관과 공간관을 담은 말

'천원지방'에 관한 기록은 멀게는 주(周) 나라(BC 1046~BC 256) 때 나온『주례(周禮)』나『주비산경(周髀算經)』등에서부터 가깝게는 19세기에 편찬된『주인전(疇人傳)』등에서도 어렵지 않게 찾아볼 수 있다. 그뿐만 아니라, 엽전이나 악기(거문고), 건축물의 배치, 궁전 기둥과 창문, 제단(중국은 천단(天壇)과 지단(地壇), 한국은 원구단(圜丘壇)과 사직단(社稷壇)) 등에서도 '천원지방'의 우주관을 엿볼 수 있다. 그만큼 '천원지방'이라는 관념의 뿌리는 깊고 유구하다. 그렇지만 '천원지방'의 우주관은 관측과 측량을 통해 하늘과 땅의 실제 형태를 반영한 실증적 지식이 아니었기 때문에 상당히 오랜 시간 동안 중국인의 '우주관'과 '지리관'을 신화적 수준에 머물러 있게 만들었다.

명대 중엽 중국에 들어온 서양 선교사들은 중국 전통 우주관의 낙후성을 접하고 선교의 목적으로 서구의 근대 지리학과 천문 관념을 소개해 주었다.

"지구는 둥글며 중심이 아닌 곳이 없다."

— 명(明)·알레니(Giulio Aleni, 중국명 艾儒略),『직방외기(職方外紀)』

하늘에 제사를 지내던 천단(좌)과 땅에 제사를 지내던 지단(우), 중국 베이징 소재. '천원지방'에 따라 천단은 원형, 지단은 사각형으로 만들었다.

페르비스트(Ferdinand Verbiest, 1623~1688, 중국명 南懷仁)는 『곤여도설(坤輿圖說)』에서 일출 시각의 지역적 차이와 일식 때 볼 수 있는 달 표면의 지구 그림자 등을 근거로 '지원설(地圓說, 지구구체설)'을 증명함으로써 '천원지방'의 불합리성을 드러냈다. 이로 인해 중국의 사대부들 가운데에도 이에 호응하는 사람이 나오기 시작했다. 서광계는 "천지원체(天地圓體)라는 마테오 리치의 말은 2 곱하기 5가 10인 것처럼 명백한 것이다"라고 했으며, 양정균(楊廷筠)은 "하늘과 땅은 끝이 있다고 하지만 사실은 무궁하며 그 형태는 크고 둥글다. 따라서 시작도 없고 끝도 없으며 가운데도 없고 가장자리도 없다"고 지적했다.

그렇지만 이런 깨달음은 일부 지식인들에게만 해당하는 것이었을 뿐, 사대부 대부분은 알고도 모른 척하거나 알려고 하지 않았다. 왜냐하면, 서양 천문학과 지리학 지식을 받아들이게 되면 수천 년을 이어온 '천원지방'의 관념이 무너지게 되고, 세상의 중앙, 즉 '중국'이라는 정체성도 유지될 수 없기 때문이다. 가운데[中]라는 관념은 땅이 사각

형일 때는 가능하지만 구형일 경우 성립 불가능하다. 다시 말하자면, 지원설을 받아들이는 것은 이론 하나를 인정하는 것으로 끝나는 것이 아니라, 쩌우전환(鄒振環)의 말처럼 "물질과 기술에서부터 사회적 규범에 이르기까지 일련의 인식을 하게 되는 것이고, 나아가 중국의 전통적 인식에 체계적인 도전을 초래하는 일이었기 때문"이다.

곤여만국전도

근대적 의미의 지원설과 지구경위선 지도를 중국에 최초로 도입한 사람은 마테오 리치이다. 그는 1602년 유럽 플랑드르 학파의 지도 자료를 응용해 이지조(李之藻)와 함께 원추투영 방식으로 〈곤여만국전도〉를 제작했다. 〈곤여만국전도〉에는 적도 북부와 남반구가 그려져 있고, 지구는 둥글다는 것, 남북극과 적도 남북의 밤낮의 길이에 관한 상세한 주석이 달려있다. 또한, 오대주(五大洲)의 명칭과 유럽 30여 개 국가의 이름도 기재되어 있다.

오대주의 관념과 지원설, 지역 분류법 등을 담고 있는 〈곤여만국전도〉는 중국 전통 사회에 큰 충격을 가져올 수 있는 것이었다. 왜냐하면, 역대 중국에서 제작된 지도를 보면 중국은 항상 중앙에 크게 확대되어 그려진 데 반해, 주변 국가의 위치는 모호하고 부정확할 뿐만 아니라 매우 작게 그려져 있기 때문이다. 〈곤여만국전도〉는 1584년 만들어진 세계지도의 경도와 위도를 기준으로 본초자오선(本初子午線)

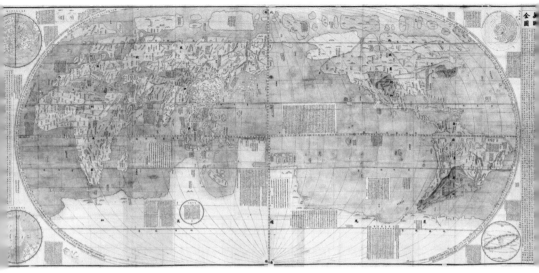

마테오 리치, 〈곤여만국전도〉

을 획정했기 때문에 중국은 세계의 중앙에서 주변부로 밀려날 수밖에 없었다.

"중국인들은 그들의 나라가 세계의 중앙에 있다는 것을 추호도 의심하지 않는다. 따라서 중국을 동방의 한구석에 배치한 우리의 지리 관념은 그들을 매우 불쾌하게 만들 수 있다. 그들은 육지가 구형이고 천하가 육지와 바다로 구성되어 있다는 것을 알지 못하며 둥글기 때문에 시작도 끝도 없다는 것을 이해하지 못한다."
― 마테오 리치

마테오 리치가 지도를 제작한 목적은 중국인에게 최신 과학 지식을 전파하는 것이 아니라 기이한 물건을 이용해 중국인의 환심을 사서 복음을 전하는 데 있었다. 따라서 그는 과학적 입장에서 중국과 세계의 관계를 논증하는 것을 그다지 중요하게 생각하지 않았다. 마테오 리치는 중국인의 심기를 거스르지 않으려고 지도에 약간의 수정을 가하였다.

우선 본초자오선을 세계지도의 중앙에서 170도나 좌측으로 이동시켜 중국을 지도의 중앙에 오도록 만들었다. 또한, 생각보다 가까운 거리로 인해 생길지도 모르는 중국인들의 두려움을 감소시키기 위해 중국과 유럽 간의 거리를 '6만 리'에서 '8만 리'로 벌려 놓았다. 이런 임기응변식 수정에도 불구하고 많은 보수파 사대부들은 마테오 리치의 지도에 대해 황당하고 혹세무민하는 것이라고 비난을 퍼부었다.

심지어 '대서양(大西洋)'이라는 번역어가 중국의 존엄을 침해했다고 주장한 사람도 있었는데, 이런 경향은 19세기 중엽까지 이어져 마테오 리치가 중국이 속한 지역을 '아세아(亞細亞)'라고 명명한 것도 중국을 얕보았기 때문이라고 주장했다. 왜냐하면, '亞'와 '細'는 '두 번째', '작다'라는 뜻이 있어서 '아세아'는 '두 번째로 작은 두 번째 대륙'을 의미하기 때문이다.

마테오 리치가 지도를 고쳐 그린 것은 중국인들의 자존심을 건드리지 않기 위한 고육책이었지만 지도상의 부정확한 정보로 인해 중국인들은 과학적 '세계의식'을 접할 수 없었으며, 실증적 과학지식을 경시하는 전통적 학문 풍토는 별다른 장애 없이 19세기 후반까지 명맥을 이어가게 되었다.

지도 위의 축지법

『삼국지연의(三國志演義)』에 보면 제갈량이 사마의와의 농상(隴上) 전투에서 축지법을 써서 승리를 거두는 이야기가 나온다. 어찌해도 쫓아가지 못하는 제갈량을 보며 사마의는 이렇게 한탄한다.

"방금 수레 위에 앉아 있던 공명을 50리를 추격해도 잡지 못했는데, 어떻게 또 공명이 있단 말인가? 괴이하도다! 괴이하도다!"

축지법(縮地法)은 '땅을 줄인다'는 뜻으로 물리적 공간을 왜곡시키는 것이다. 어디까지나 판타지에 속하는 것으로 생각할 수 있지만, 마테오 리치는 중국인의 '천조(天朝)' 관념에 해를 끼치지 않기 위해서 〈곤여만

제갈공명(좌)과 사마의(우)

국전도)에서 마음대로 땅을 줄이고 늘였다.

'중국'이라는 국호는 1912년 근대 국가인 '중화민국(中華民國)'이 세워진 후 약칭으로 사용되다가 1949년 '중화인민공화국(中華人民共和國)'이 건국된 이래 국가의 정식 명칭이 되어 계속해서 쓰이고 있다. 대략 3,000년 전에 만들어진 명칭이 지금까지 쓰이고 있는 것이다.

물론 현재의 '중국'이라는 명칭은 겉으로는 '천원지방'과 관계가 없어 보인다. 그렇지만 정치적 · 문화적 정통성을 상징하고 천하 문명의 중심이라는 자부심이 담긴 '중국'이라는 명칭이 가진 이데올로기적 요소는 역사나 영토 문제에서 언제든 주변국과 마찰을 빚을 가능성을 내포하고 있다. 우려되는 점은 그럴 때마다 자신들이 '중앙의 나라'임을 앞세워 축지법과 같은 허황한 논리로 현실에 대한 의도적이고 자의적인 왜곡을 시도하지 않을까 하는 것이다.

명 말, 구식곡(瞿式穀)은 '천하의 중심이 중국'이라는 '중국 중심관'을 비판하며 다음과 같이 말했다.

> "중국은 아시아의 10분의 1을 차지하고 있고, 아시아는 단지 천하의 5분의 1을 차지하고 있을 뿐이다. …… 이처럼 작은 지역을 차지하고 있으면서 모든 천하를 오랑캐라고 애써 배척하니 우물 안 개구리가 아니겠는가! …… 오랑캐와 중화의 나뉨이 어찌 처음부터 정해진 것이겠는가? 사람들이 충실하고 믿을 만하며 사리에 밝고 한결같다면 비록 먼 곳에 있다 해도 중화라 할 수 있을 것이며, 사람들이 분명치 않고 어지러우며 뻔뻔스러워 부끄러움을 모른다면 비록 지척

에 있더라도 오랑캐일 것이다. 그러니 어찌 중화와 오랑캐의 땅으로 구분하여 업신여기고 헐뜯을 수 있겠는가!"

— 명·구식곡, 「직방외기소언(職方外紀小言)」

400여 년 전 구식곡이 한 말을 마음에 새긴다면 중국과 주변국의 공생적 선린관계는 그리 어렵지 않을 것이다.

2부
대중과학의 탄생

06

청말 과학 영재학교, 격치서원

먼 옛날, 서양에서 시모니데라는 귀족 시인이 친척과 친구와 함께 궁전에서 개최된 주연에 초대받았다. 그곳은 수많은 사람들로 북적거렸는데, 시모니데가 잠시 자리를 비우고 바깥으로 나간 사이 갑자기 불어닥친 강풍으로 큰 홀이 무너져 내렸다. 홍청대던 사람들은 모두 깔려 죽었고, 그들의 시체는 절단나고 서로 뒤섞여 가족들조차 알아볼 수 없었다. 그런데 시모니데는 그의 친척과 친구들이 앉아 있던 순서를 정확히 생각해 내서, 한사람 한 사람의 위치를 지적했기 때문에 어떤 시체가 누구인지를 확인할 수 있었다. 이 사건으로 기억술이 탄생했고 후세에 전해지게 된 것이다.

— 마테오 리치, 『기억법[記法]』

과거(科擧), 전통 인재 선발 제도

마테오 리치는 과거 시험을 준비하는 중국인들이 경전 암송 때문에 힘들어하는 것을 보고 서구의 기억 훈련법을 기초로 『기억법』이라는 책을 펴냈다. 책에서 그는 기억하고 싶은 대상을 이미지로 만든 후 머릿속에 지은 기억의 궁전에 이미지들을 각각 저장하는 방식으로 기억력을 극대화할 수 있다고 주장했다. 실제로 그는 과거 시험을 준비하는 강서성(江西省) 순무(巡撫) 육만해(陸萬垓)의 세 아들에게 기억 배치법을 가르침으로써 그들이 과거에 급제할 수 있도록 돕기도 했다. 과거에 합격하게 되면 기억술을 가르친 보답으로 그들의 사회적 위신을

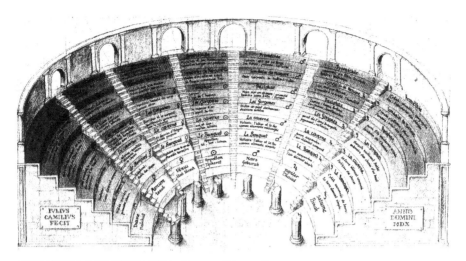
줄리오 카밀로가 구상한 '기억의 궁전(The Theatre of Memory)'

이용해 선교 활동을 지원해 줄 것이라 기대하면서 말이다.

암송과 기억력의 싸움이라 할 수 있는 과거제는 지금으로부터 약 1,400년 전인 수(隋) 문제(文帝) 때 시작되었다. 처음에는 누구든 계층에 상관없이 과거에 급제하기만 하면 나라의 관리가 될 수 있다는 점에서 계층 이동의 사다리 역할을 겸한 훌륭한 인재 선발 제도로 여겨졌다. 그렇지만 과거에 급제하면 부와 명예, 그리고 온갖 특권을 누릴 수 있었기 때문에 시간이 흐를수록 부정행위가 끊이지 않았고, 과거 시험은 온갖 부패의 온상이 되었다.

"과거급제하면 관리가 될 수 있고 고관이 되면 돈을 벌 수 있다. 또 대청에 앉아 사람을 부릴 수 있을 뿐만 아니라 문을 나서면 모두가 길을 비켜서서 머리를 조아린다. 공부해서 과거에 급제하지 않는다

미스터 사이언스

뤼핀(呂品)의 연작그림 『유림외사(儒林外史)』 중 과거 시험 장면

면 어찌 이런 부귀영화를 누릴 수 있겠느냐?"

— 청(淸)·이보가(李寶嘉), 『관장현형기(官場現形記)』

   과거에 응시하는 것은 자유였지만, 과거 급제는 극도로 어려웠다. 시험의 단계도 매우 많았고, 준비하는 과정에도 각고의 노력이 필요했다. 예를 들면, 시험 준비는 주요 텍스트인 '사서오경(四書五經)'을 암송하는 것에서부터 시작되었는데, 사서오경은 글자 수만 해도 43만여 자로 하루에 200자씩 외운다면 6년쯤 걸린다. 범위를 '십삼경(十三經)' 과 시문집(詩文集)으로까지 넓히면 학습량은 더 늘어나게 된다. 여기에 경전을 해석한 역대 주석(注)과 다시 그 주석을 해석한 해설(疏)까지 포함하면 외워야 할 분량은 상상을 초월하니 마테오 리치의 기억법 전수도 이해할 만하다.

1905년, 북경 회문대학당(匯文大學堂) 학생이 변발을 이용해 기하도형을 그리고 있다.

중국은 아편전쟁의 패배를 통해 서구 열강의 부강함을 몸소 체험함과 동시에 과거 시험만을 위한 팔고문(八股文) 위주의 전통 경전 교육이 쓸모없다는 것을 깨닫게 되었다. 위기를 벗어나려면 서구의 신기술과 신지식이 필요했고, 이를 위해서는 구식 학교와 구별되는 학당(學堂)의 설립이 시급했다. 따라서, 양무운동(洋務運動)을 주도한 양무파 대신들은 1860년대부터 35년 동안 30여 곳의 신식 학당을 세웠는데, 여기에는 외국어 학당 7곳, 군사학당 14곳, 과학기술학당 11곳이 포함되어 있다. 그렇지만 과거제가 여전히 시행되고 있었고 기존의 학제 또한 유지되고 있었기 때문에 신교육은 제대로 뿌리내리지 못했다.

청일전쟁과 의화단 사건으로 다시 한번 큰 위기에 직면한 청조는 1901년 신교육제도를 반포함과 동시에 과거제 폐지도 추진한다. 보수파 인사들의 격렬한 반대에 부딪히기도 했지만, 개혁파의 의견에 따라 1904년 5월의 과거 시험을 끝으로 1천여 년 이상을 이어온 과거제는 역사의 뒤안길로 사라지게 되었다.

"나는 과거 오랫동안 팔고문에 예속되어 있었다. 과거제가 폐지되고 학당이 세워졌다는 소식을 듣자 날아갈 듯 기뻤다. 집에 있던 사서오경과 시문집을 꺼내 단숨에 불살라 버렸다."

— 청(淸)·이종오(李宗吾),『후흑총화(厚黑叢話)』

근대식 과학 영재학교, 격치서원

과거제의 폐지는 과거 시험을 준비하던 이들에게는 청천벽력과도 같은 일이었다. 평생 경서만 공부했기 때문에 신학문을 받아들일 준비가 되어 있지 않았고, 장사나 육체노동을 할 능력도 없었다. 그렇지만 중국의 사회 환경과 교육 환경은 급속도로 변하고 있었다. 과거 시험에 필요한 교양이나 학문은 시대에 뒤처지고 쓸모없으니 실용적인 학문과 서양의 선진적 학술을 배워야 한다는 주장은 정치 제도의 변화를 통해 나라를 개혁하고자 했던 지식인들의 공통된 주장이었다.

교육 개혁에 대한 개혁파 지식인들의 지속적인 상소와 요구와는 별도로 서양 선교사들이 세운 근대식 학교도 과거제 폐지와 근대식 학제 도입에 큰 공헌을 했다. 동치(同治) 13년(1874), 상해 주재 영국 영사 매드허스트(Walter Henry Medhurst, 중국명 麦都思)는 북경광학회(北京廣學會)가 서양 학문 전파에 큰 성과를 거둔 것에 고무되어 과학 원리와 실용 지식을 가르치는 '격치서원(格致書院)'의 창설을 건의했다. 북경동문관(北京同文館) 교습(教習)과 상해영화학당(上海英華學堂) 교장을 역임한 영국 성공회 선교사 존 프라이어(John Fryer, 중국명 傅蘭雅)와 강남제조국(江南製造局)을 이끌며 중국 근대 화학의 아버지라는

상해격치서원(좌)과《격치휘편》(우)

명성을 얻은 서수(徐壽)의 주도로 광서(光緒) 2년 5월 1일(1876년 6월 22일), 상해의 영국 조계지에 격치서원이 정식으로 개원했다. 북양대신(北洋大臣) 이홍장(李鴻章)이 편액을 쓰고, 중국과 서양의 저명인사 백여 명이 참석한 개원식은 신지식과 신교육에 대한 조정과 지식인들의 관심이 어떠한지를 알 수 있는 장면이었다.

격치서원은 박물관과 장서루(藏書樓)도 겸비하고 있는데, 이곳에 전시된 서양 기계장치와 설계도, 과학 서적과 잡지 등은 일반인들도 언제든지 자유롭게 관람할 수 있었다. 특히, 격치서원의 기관지로 창간된《격치휘편(格致彙編)》은 상해 최초의 근대 과학잡지로 수학, 물리, 화학, 생물, 의학 방면의 최신 지식을 소개하고 '격물잡설(格物雜說)', '박물신문(博物新聞)'과 같은 과학 소품 칼럼을 통해 과학의 대중화에 크게 공헌하게 된다.

격치서원은 예과 1년, 초급 3년, 고급 6년의 10년 과정으로 오늘날로 치자면 '과학 영재학교'에 해당한다. 존 프라이어는 학생들이 "서양 과학과 기술, 제조의 원리를 연구"하고 "과학 기기와 천문 지도, 건축과 제작, 전기 화학" 등에 통달하는 것을 목표로 삼아 격치서원을 명실 상부한 중국 최초의 과학 전문 교육 기관으로 만들고자 했다. 따라서 그는 격치서원에서는 종교 교육이나 선교는 금지할 것을 건의하기도 했다.

격치서원의 교육과정은 크게 광업〔礦務〕, 전기학〔電學〕, 측량〔測繪〕, 공사〔工程〕, 증기기관〔汽機〕, 제조(制造)의 여섯 가지로 구성되어 있는데, 주목할 만한 점은 기하(幾何)와 대수(代數), 삼각 등이 포함된 수학 과목을 필수과정으로 두고 있다는 점이다. 이는 과학이론과 원리보다는 번역과 실용 기술 습득에 치중하던 양무학당이나 전통 학문과 기독교 사상을 융합하고자 했던 기독교 학교의 교육과정과는 크게 다른 것이다.

격치서원과예

격치서원에서는 1886년부터 시작해 분기마다 시험을 쳐서 우수 학생을 표창하고 뛰어난 답안을 골라 『격치서원과예(格致書院課藝)』라는 책으로 펴냈다. 존 프라이어가 'Chinese Prize Essay Scheme', 또는 'Essay Contest'라고 이름 붙인 정기 고사는 전통 과거 시험과는 달리 과학(格致)와 시무(時務), 정치경제(富强治術) 등 서양 신지식에 대한 학생들의 이해도를 평가했으며, 양무파 관료와 개혁 사상가들이 출제를 담당했다. 이 가운데 중국과 서양의 과학을 비교 서술하는 격치총론(格致總論) 문항이 눈길을 끈다.

제1교시

光緒十五年格致書院課藝

格致總論

성명

다음 문제를 읽고 논술하시오.

1. 중국 과학(格致)과 서양 과학의 같은점과 차이점에 대해 논하시오.
2. 사서(四書) 가운데 하나인 『대학(大學)』에 나오는 '격치(格致)'라는 말을 두고 역사적으로 많은 논쟁이 있었는데, 그 가운데 서양의 과학 개념에 부합하는 것이 있는가? 서양 과학은 그리스의 아리스토텔레스에서 시작해 영국의 베이컨을 거쳐 크게 발전하였다. 최근 다윈과 스펜서의 이론이 유행하면서 과학이 더욱 견고해졌는데, 서양 과학의 발전 과정과 원류에 관해 서술하시오.

시험에서 네 차례 수상한 광동 출신의 종천위(鍾天緯)는 첫 번째 문제에 대해 다음과 같이 답했다.

> "중국은 윤리가 중심인 전통문화의 영향으로 과학이 경시됐지만, 서양은 과학 전통을 지속해서 전승하여 객관 세계에 관한 탐구를 게을리하지 않았다. 이로 인해 서양에서는 새로운 이론들이 끊임없이 창조되어 나왔으며, 이를 바탕으로 부국의 기초를 다질 수 있었다."

두 번째 문제에 대해서는 시험에서 여섯 차례나 수상한 절강 출신의 왕좌재(王佐才)의 답안이 우수 답안으로 뽑혔다.

> "유가에서 말하는 격치는 윤리적[義理的] 격치이지 물리적 격치가 아니다. …… 중국과 서양이 서로 비슷한 부분이 있는 것은 우연일 뿐이고, 서로 다른 부분이 있는 것은 학문의 방향이 다르기 때문이다. 중국은 성인들이 이룬 것이 완벽하다고 여겨 그것을 고수할 뿐 변통을 모른다. 따라서 무조건 옛것을 숭상하고 오늘의 것은 소홀히 여긴다. 서양 사람들은 새것을 좋아하고 옛것을 싫어하며, 학문은 나중에 나온 것일수록 더 낫다고 생각한다. 그러므로 조상들의 업적을 극복해 새로운 원리를 찾으려 한다. 이것이 바로 중국과 서양의 과학[格致學]이 다른 점이다."

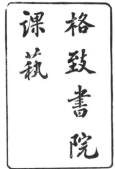

『격치서원과예』(좌)와 격치서원 출신의 과학자 종천위(우)

상해 출신의 주증서(朱澄敍)는 이렇게 썼다.

"선대 학자들은 이치를 궁리하는 데에만 몰두했을 뿐, 직접 사물에 다가가 연구하지 않았다. 서양 학술은 만물의 형질을 대상으로 삼아 내부를 고찰하고 차이를 분석하며 조화와 교감의 방법으로 순수한 본질을 도출하고 결과를 종합해서 변화의 원인을 밝혀내니 천지만물의 원리가 드러나지 않는 것이 없다. …… 예를 들어 물[水]을 탐구할 때는 먼저 그것이 산소와 수소로 이루어졌다는 것을 알아야 하고, 불[火]을 탐구할 때는 먼저 그것이 산소와 탄소로 이루어졌다는 것을 알아야 하며, 나무[木]를 탐구할 때는 그것이 산소와 수소, 그리고 탄소로 이루어졌다는 것을 알아야 한다. 사물이 무엇으로 구성되어 있는지 알아야지 합하여진 바를 알 수 있으니 원리와 법칙을 알기 위해서는 사물에 대한 분석이 선행되어야 한다."

근대 과학이론과 원리를 중심으로 서양 학술을 탐구하려는 격치서원의 다양한 시도는 전통과 근대의 경계에서 출로를 모색하던 중국의 신흥 지식인들에게 학문의 새로운 방향을 제시해 주었다. 또한, 이런 흐름은 과거제 폐지와 학제 개편 등 교육 근대화로 이어져 중국 사회가 개혁의 길로 들어서는 데 중요한 계기가 되었다.

07

중국 근대 조기유학 프로젝트

어쨌거나 이곳에는 만사에 기회가 얼마든지 있습니다. 물론 기회라고는 하지만 이를테면 이용하기에는 너무 큰 기회가 있을 따름입니다. 그리고 바로 자기 자신의 벽에 부딪혀서 엉망이 되어버리는 일도 있답니다.

— 프란츠 카프카, 『성』

청조의 침몰

[천진, 이홍장 관저]

하인1: "중당(中堂) 어른, 정여창(丁汝昌)이 또 은자(銀子)를 재촉하고 있습니다. 북양해군의 주력함 정원(定遠), 진원(鎭遠)에 탑재된 함포는 모두 구식이고, 경원(經遠), 내원(來遠)에는 함미포만 있으니, 위원(威遠)함은 반드시 크루버 신식 불랑기자포로 바꿔야 한답니다. …… 해군이 보내온 또 다른 소식은, 일본이 이미 영국 암스트롱 조선창에 사람을 보내 우리가 사려고 하는 철갑순양함을 구매하려고 담판을 벌이고 있는데 심지어 이미 요시노호(吉野號)라는 이름까지

북양대신 이홍장(좌)과 북양함대의 경원함(우)

붙여놓았다고 합니다.”

이홍장: “음. ……”

하인2: “마님, 태후님 생신 때 진상할 앵무새가 온종일 먹지도 마시지도 않고 있습니다. 변 색깔도 좋지 않고요. ……”

이홍장의 눈이 갑자기 커졌다.

이홍장: “엉?”

[위해위(威海衛) 앞바다]

포탄 한 발이 요시노호 엔진실 안으로 떨어졌다. 일본 함대 사령 이토 스케유키(伊東佑亨)는 순간 머릿속이 하얘졌다. 저게 폭발하면 끝이겠구나! 하지만 떨어진 포탄에는 화약이 장착되어 있지 않았다. 마지막 포탄이 터지지 않은 것을 안 등세창(鄧世昌)은 치원함을 요시노호에 충돌시켜 함께 침몰하려 했다. 하지만 그 순간 요시노호에서 쏜 어뢰 한 발이 치원함에 명중했다.

북양함대의 궤멸 소식을 들은 이홍장은 눈물범벅이 되어 탄식한다.

이홍장: "하늘이 날 버리는구나! 하늘이 날 버리는구나! 하늘이시여! 대청제국의 운명도 이것으로 끝이구나"

— 2004년 CCTV 연속극 〈공화국으로 가는 길(走向共和)〉 장면 각색

유미유동

1872년 8월 11일, 평균 연령 12세의 어린아이들이 상해에서 배를 타고 태평양을 건너 30일 만에 미국 샌프란시스코에 도착했다. 여기서 다시 북미대륙을 관통하는 증기기관차로 갈아타고 미국 동북부의 뉴잉글랜드로 향했다. 청 정부가 어린아이를 대상으로 계획한 15년 기한의 미국 유학 프로젝트가 첫발을 내딛는 순간이었다. 중국 최초의 국비 유학생, 역사에서는 이들을 '유미유동(留美幼童)'이라고 부른다.

중국 최초로 미국으로 파견하는 국비 유학생을 조직하고 유학 프로젝트를 총괄한 인물은 '중국 유학생의 대부'라고 불리는 용굉(容宏, 1828~1912)이다. 용굉은 중국 최초의 미국 유학생으로 예일대학교에서 유학한 경험을 바탕으로 어린아이들을 미국으로 보내 서양의 실용 학문을 배우게 하자고 주장했다. 이 건의는 몇 번의 좌절을 겪은 후, 양강총독 증국번(曾國藩)과 북양대신 이홍장(李鴻章)의 지지를 얻어 본격적으로 궤도에 오르게 되었다.

용굉(좌)과 유미유동(우)

두 사람은 일찍이 아편전쟁을 몸소 겪으면서 서양 군사력의 막강함〔船堅砲利〕과 중국의 허약함을 뼈저리게 느꼈다. 그들은 국가의 성쇠는 자강(自强)에 달려 있으며, 튼튼한 선박과 좋은 총을 만들 수 있는 서양의 선진 기술을 배우는 것이야말로 자강을 위한 급선무라 생각했다. 따라서 총명한 인재를 선발해 외국으로 보내 '기예'를 익히도록 하자는 용굉의 건의는 타당한 것이었고, 결국 그들은 황제와 태후의 재가를 얻게 된다.

미국 유학 생활

이홍장이 올린 상소문에는 다음과 같은 내용이 나온다. 외국으로

미스터 사이언스

선발, 파견하는 어린아이는 매년 30명을 정원으로 하고, 4년 동안 총 120명을 보낸다. 외국에 나간 지 15년이 되면 해마다 30명씩 중국으로 돌아오는데, 외국에 주재한 관리위원은 학생들의 장단점을 기록하여 임용에 대비한다. 귀국 후에는 이들에게 관직을 주고 임무를 안배한다. 국비 유학생은 외국에서 국적을 취득하거나 개인적으로 귀국하는 것이 금지되며, 유학 기간에는 다른 일을 할 수 없다.

1872년부터 모두 120명의 어린아이가 4개 그룹으로 나뉘어 미국으로 유학을 떠났다. 미국에 도착한 아이들은 두세 명씩 짝을 지어 미국인 가정에서 언어와 소학(小學), 미국의 관습과 문화에 관한 기본적인 교육을 받았다. 1880년까지 이들 가운데 50여 명이 대학에 입학했는데, 예일대학이 22명으로 가장 많고, 매사추세츠공과대학이 8명, 컬럼비아대학 3명, 하버드대학 1명 등이다.

유학을 떠날 때 청 정부에서는 유학생들이 지켜야 할 것들을 구체적으로 규정해 유학생 기구에서 관리·감독하도록 했다. 규정에 따르면, 유학 생활에 제대로 적응하지 못하거나 학업 태도가 불성실할 경우 언제든지 소환될 수 있었으며, 유학사무국은 유학생이 학교에서 무엇을 배우는지 기록하고 평가해 종합보고서를 작성해야 했다. 심지어 국제결혼에 관한 규정도 있었다. 청 정부는 학업에 지장을 초래하고, 학비를 낭비하고, 귀국해서 나라에 봉사하고자 하는 결심이 느슨해질 것을 우려해 유학생들이 외국 여자와 교제하는 것을 엄격하게 통제했다.

또한 「미국 유학생 선발 파견에 관한 규정」에 따르면 유학생들은 일주일이나 보름에 한 차례씩 사람됨의 도리와 사람으로서 마땅히 지켜

1872년 미국 샌프란시스코에 도착한 유미유동(좌)과 1878년 미국 대학에서 그들이 조직한 야구팀(우)

야 할 덕목이 담겨 있는 『성유광훈(聖諭廣訓)』을 배워야 했다. 이 책은 강희제가 펴낸 것으로 과거 시험의 필독서이기도 했다. 이런 전통 교육은 '중국 학문은 몸체이고, 서양 학문은 쓰임일 뿐(中學爲體, 西學爲用)'이라는 원칙을 유학생들에게 주지시키는 데 목적이 있는 것이었다.

소환령

유학 생활을 시작한 지 9년, 갑자기 중국으로부터 유학을 중단하고 모두 귀국하라는 청천벽력 같은 소식이 들려왔다. 미국식 생활에 젖은 유학생들이 중국 전통 의상인 장포(長袍)를 벗어 던지고 변발을 잘랐을 뿐만 아니라, 서구의 과학 지식과 계몽사상을 접한 후 전통 경전 공부를 멀리하고 삼강오륜 등 전통 예교에 거부감을 보이는 등 청 정부의 정책에 반하는 행동을 했다는 것이 소환의 이유였다.

청 정부 초대 주미 공사이자 유학사무국〔出洋肄業局〕정 위원인 병부시랑 진란빈(陳蘭彬)은 여러 차례 상소를 올려 유학생들을 불러들여야 한다고 주장했다. 그는 유미유동 정책에 처음부터 반기를 들었던 인물이다.

"외국의 풍속은 못된 것이 아주 많습니다. 학생들은 유가의 서적을 배우지 않고 품성 또한 견실하지 못합니다. 더구나 필요한 기능을 익히기는커녕 나쁜 습속에 차츰 물들고 있습니다. 제가 전력을 다해 바로잡으려 했지만 역부족이었습니다. 당장 사무국을 철폐하기를 주청드립니다."

이런 내용은 중국에서 온 유학생들이 각자의 전공에서 뛰어난 성취를 거두고 있으며, 도덕적으로도 우수하고 신중한 언행으로 중국의 영예를 높여주고 있다는 예일대학 총장 포터(Noah Porter)의 평가와 상반되는 것이다.

당시 주미 부공사였던 용굉도 학생들을 중도에 귀국시키는 것에 반대했지만, 1881년 6월 8일 유학생 업무를 총괄하던 총리아문은 상소를 올려 결국 서태후의 동의를 받아낸다. 이로써 유학 중에 병사한 3명과 중도에 그만둔 23명을 제외한 나머지 94명은 세 그룹으로 나누어 처량한 귀국길에 오르게 된다.

1881년 7월 23일자 《뉴욕타임스》에는 다음과 같은 사설이 실렸다.

참으로 이해할 수 없는 것은 청 정부다. 그들은 학생들이 정부의 돈으로 공부했으니 만큼, 공학·수학 및 기타 자연과학만을 배워야지, 주위의 정치나 사회적 분위기에 결코 마음이 흔들려서는 안 된다고 생각한다. 이처럼 황당무계하고 유치한 생각이 어디 있는가? …… 중국이 우리에게서 지식과 기술, 공업자원모델을 배워가면서 저 정치적 개혁을 감행하지 않을 수 없으리라. 그렇게 하지 않는다면, 중국은 아무런 성취도 거둘 수 없을 것이다.

귀국 후

"우리는 속으로 뜨거운 환영이 기다리리라 생각했습니다. 낯익은 얼굴들이 구름같이 모여 있고, 조국이 따스한 팔을 뻗어 품어주는 행복한 상상을! …… 아, 그런데 상상은 상상일 뿐이었습니다. …… 우리는 …… 신기한 구경거리가 되었습니다. 사람들은 우리를 따라오면서 낯선 옷차림에 손가락질까지 했습니다. …… 중국 해군들이 우리를 …… 압송했습니다. 알고 보니 우리가 도망갈까 봐 수용했다는 겁니다. …… "
─ 황개갑(黃開甲)이 미국의 버틀러 부인에게 쓴 편지

증국번과 이홍장이 유학생을 파견한 동기는 "지리, 산술, 천문, 측량, 조선, 기계제조 등 서양이 뛰어난 부분을 배워 자강을 도모하기 위함"이었다. 그들은 이러한 분야가 "어느 하나 병사 운용과 연관되지 않은 것이 없다"면서 "유학을 마치고 오면 군정(軍政)과 선정(船政) 두 분야의 서원에 배치해 가르치고 배우도록" 해야 한다는 규정까지 마련했다.

따라서 미국에서 대학 생활 중에 중도 귀환한 100여 명의 유학생은 이홍장의 주도로 복주(福州)의 마미선정학당(馬尾船政學堂), 천진(天津)의 북양수사학당(北洋水師學堂), 대고구(大沽口)의 포대어뢰정부대(砲臺魚雷艇隊), 천진 해군의학교(海軍醫學校) 등 해군과 관련된 곳이나 선정국(船政局), 기기국(機器局), 전보국(電報局) 등 기술 관련 부서에 배치되었다.

그들이 미국에서 선택한 전공은 공업, 전신, 법률, 기계, 광산 등이었다. 청 정부에 의해 소환되었을 당시 이미 60명이 대학이나 기술학교에서 공부하고 있었는데, 대부분 전공 심화 과정에 들어가지 못한 상태였으므로 실용 지식 외의 과학 이론과 원리에 대한 학습은 부족한 실정이었다. 그렇지만 미국에서 기초 이론 교육을 잘 받았기 때문에 이들은 귀국 후 관련 분야에서 일하면서 서서히 두각을 나타내기 시작했다.

그들은 1883년 발발한 청불전쟁〔中法戰爭〕과 10년 후의 청일전쟁〔甲午戰爭〕에서도 중요한 역할을 했다. 청불전쟁 때 참전한 중국의 군함 가운데 6척에 미국 유학생 출신이 간부로 탑승해 외국인 군사 고문들에게 강렬한 인상을 남겼으며, 청일전쟁 때에는 어뢰순양함 제원호(濟遠號), 방호순양함 치원호(致遠號), 순양함 광갑호(廣甲號)에 각 한

갑오해전의 승리를 묘사한 일본의 만화. 고바야시 기요치카(小林淸親), 〈황해해전(黃海海戰)의 위대한 승리〉, 1894년, 보스턴미술관 소장

명씩 탑승해 전력 열세 상황에서도 적잖은 전과를 올렸다.

그러나 그들만으로 전쟁의 양상을 바꿀 수는 없었다. 함선과 총포는 서양으로부터 들여와 구비하고 있었지만, 그것을 실질적으로 운용할 수 있는 인력은 턱없이 부족했고, 과학적 원리에 밝은 미국 유학생들은 상위 계급이 아닌 중간 간부였기 때문에 실력 발휘에 한계가 있었다. 또한, 대다수 장교나 병사들은 기술 원리에 대한 이해가 얕아서 무기나 기계가 고장이 나도 수리가 힘들었다.

그렇지만 무엇보다 청일전쟁 때, 순양함과 포탄을 사야 할 돈을 서태후의 생일 축하 비용으로 전용한 일은 자강과 자주의 길에서 정치 권력자의 부패와 몰지각한 행위가 나라의 운명에 얼마나 결정적 영향을 미치는지 잘 보여주는 사례다.

결국, 일본이 구매해 간 요시노호에 의해 북양해군의 치원함은 246

명의 관병과 함께 바다에 수장됨으로써 대청제국이라는 거대한 함선도 침몰의 위기에 놓이게 되었다. 아울러 북양해군의 핵심 간부 역할을 맡았던 미국 유학 출신들마저 순국하게 되어 실용적 군사기술 습득을 목표로 했던 양무 유학은 비극적인 실패로 끝맺게 되었다.

08

신비한 잡지 서프라이즈

무엇이 인간을 도와 그에게 진정한 지식에 이르도록 했는가?
그것은 실제적인 것도 아니요, 지각할 수 있는 것도 아니요,
바로 이상이다.
— 랑케

서양 사람들은 격치(과학)를 숭상한다. 썩는 것을 처리하는 것도 신기하다. 세상에 버릴 것 하나 없다. …… 시체를 가져다 푹 끓여 얻은 기름에서 소다(soda)를 만들 수 있다. 뼈는 잘게 부수어 비료로 쓸수 있다. 이런 학설은 영국 스코틀랜드의 화학자가 주장했다. 이것이 사실이라면 중국의 격치학은 너무 소박하다. 죽은 사람의 시신과 혼백을 편안하게 하는 것만 중시하여 관에 넣고 장사 지내지 않으면 죄를 짓는 것으로 여긴다. …… 서양 사람들의 격치도 나라를 다스리는 것과 관련이 있다. 시신을 태워 형태가 없어지면 장례도 폐지할 수 있다. 노는 땅도 없어지고 씨를 뿌릴 곳이 넓어진다. 형편이 어려운 집에서는 가족이 죽으면 시신을 매매할 수도 있다. 장례

오우여, 《점석재화보(點石齋畵報)》, '과학적 유골 처리(格致遺骸)'

용품에 돈을 낭비하지 않아도 된다. 소다 장수가 값을 잘 쳐주면 농부에게도 이익이다. 나라와 백성이 부유해지니 이것이 나라를 다스리는 방법(治國之一端)이며, 이것이 서양의 격치이다.('과학적 유골 처리')

근대 중국의 과학잡지

중국에서 발간된 최초의 근대 잡지는 1815년에 서양 선교사 밀른

(William Milne, 1785~1822, 중국명 米憐)이 펴낸 《찰세속매월통기전(察世俗每月統記傳)》이다. 그렇지만, 최초로 '잡지(雜誌)'라는 이름이 붙은 것은 존 맥고완(John Macgowan, 1835~1922, 중국명 麥高溫)이 1862년 중국 상해에서 창간한 《중외잡지(中外雜誌)》이다. 일본의 야나가와 슌산(柳河春三)은 이를 참고해 서양어 magazine〔馬卡仙〕을 雜誌(ざっし)라고 번역하고 1867년 일본 최초의 월간지 《서양잡지(西洋雜誌)》를 창간했다. 일본에서 잡지가 크게 유행하자 중국에서도 잡지가 널리 발행되기 시작했다. 원래 중국에도 '잡지'라는 단어가 있었지만, 그것은 독서찰기(讀書札記) 등을 가리키는 것으로 매거진과는 다르다.

개항이 본격화하면서 서양 상인이나 외교관, 선교사들이 중국으로 밀려들었다. 그들은 진귀한 상품이나 아편, 성경뿐만 아니라 근대 잡지도 갖고 들어왔다. 선교사들은 기독교를 전하기 위해 학교를 세우고 교회당을 짓는 것보다 잡지를 발행하는 것이 비용도 덜 들고 더 효과적이라는 것을 깨달았다. 잡지는 장소와 시간의 제약을 받지 않고 반복해서 읽을 수 있고, 다른 사람과 돌려가며 읽을 수 있기 때문에 선교에 큰 도움이 되었다. 또한, 잡지는 삽화를 실어 시각적 효과를 극대화할 수 있어 대중의 호응도를 더욱 높일 수 있었다.

전쟁에서의 연이은 패배로 부국강병을 위해 서양의 과학기술을 알아야 한다는 여론이 형성되면서 서양 과학기술 성과를 소개하는 과기(科技) 잡지도 속속 창간되었다. 통계에 따르면 1911년 이전까지 발행된 과학기술 관련 잡지는 대략 130여 종에 이른다. 중국 최초의 종합성 과학 잡지는 1876년 영국인 존 프라이어가 상해에서 창간한 《격치

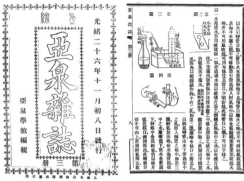

두야첸과《아천잡지》

휘편(格致彙編)》이지만, 중국인이 발간한 최초의 과학신문은 1900년 상해에서 창간된《아천잡지(亞泉雜誌)》이다. 발행인은 두야첸(杜亞泉)인데, 그는 자신의 이름을 새로 발견된 화학원소 '아르곤(氬)'과 기하학의 점선면 가운데 '선(線)'이라는 글자의 한 부분씩을 조합해서 만들 정도로 과학에 열정적이었다. 잡지에서는 물리, 화학, 박물 등 자연과학지식을 다루었는데, 원소 주기율 등 화학 기본 이론과 새롭게 발견된 원소인 헬륨(氦), 아르곤(氬), 라듐(鐳), 폴로늄(釙) 등도 중국 최초로 소개했다.

19세기 말에 오면《산학보(算學報)》(1897),《농학보(農學報)》(1897),《신학보(新學報)》(1898),《격치신보(格致新報)》(1898) 등 수학, 물리, 생물, 농업 등 과학 전문 잡지가 속속 발간된다. 또한,《육합총담(六合叢談)》(1857),《중서문견록(中西聞見錄)》(1872),《만국공보(萬國公報)》(1897),《경세보(經世報)》(1897),《국문휘편(國聞彙編)》(1897) 등 국내외

오우여가 그린 풍속 광고화(좌)와 인물화(우)

정치 상황과 사회 정세를 알려주는 종합 신문이나 잡지에서도 일부 편
폭을 할애해 서양 과학 성과를 소개했다. 그렇지만 이런 잡지들은 주로
지식인들을 대상으로 하는 것이어서 대중적 영향력은 제한적이었다.

비록 과학 전문 잡지는 아니었지만, 근대 시기에 대중에게 서양 과
학의 성과를 알리는 데 크게 기여한 것으로《점석재화보(點石齋畫報)》
를 들 수 있다. 열흘에 한 번씩 발간한《점석재화보》는 1884년 5월에
창간해 1898년 정간될 때까지 4,000여 폭 이상의 그림을 게재했다. 시
사성 높은 그림에 설명과 해설을 덧붙이는 형식은 가독성이 높아 대
중에게 큰 인기를 끌었으며, 당시 중국에서 가장 영향력이 큰 신문 중
하나인《신보(申報)》(1872)와 함께 배달되어 지명도를 더 높일 수 있었
다. 화보 그림과 편집은 당시 저명한 화가이자 중국 시사 풍속화의 창
시자로 알려진 오우여(吳友如, 1840~1893)가 전담했다. 화보는 정치,

시사, 과학, 사회생활 전반을 다루었는데, 청조의 부패상을 고발하고 서양 열강의 침략 정책을 비판하는 등 사회의 공기(公器)로서의 역할에 충실한 작품도 많았다.

특히, 서양의 과학기술 발명과 발견 성과에 관해 생동감 있게 묘사한 그림은 독자들의 열렬한 반응을 이끌어 냈다. 다만 작가가 직접 경험한 것이 아니라 전해 들은 것에 상상을 보태 표현한 것이 많다 보니 대중의 흥미를 끄는 데에는 성공했지만, 과학에 대한 환상과 왜곡된 생각을 심어주기도 했다.

실용과 무기

동양이 지나온 과거를 되돌아보고 근대화의 길로 들어서게 된 것은 서구의 충격이 있었기 때문이다. 비록 서구식 근대화 논리인 페어뱅크(John King Fairbank)의 '충격-반응' 모델이 마음에 들지 않는다 해도 서양의 영향을 빼고 동아시아 근대를 논하는 것은 불가능에 가깝다. 서양이 동양에 가한 가장 큰 충격은 선견포리(船堅砲利)라고 불리는 신식 무기체계와 이론과 원리를 적극적으로 적용해 실제 효용을 산출해 내는 실용 학술이다. 따라서 서양 무기의 위력과 도입 상황, 기술의 실제적 활용에 대한 소식은 관심의 대상일 수밖에 없었다.

아래 기사를 보면, 중국이 도입한 서양 대포와 철갑선의 크기가 과장되어 있다는 것과 인공강우 및 수력발전을 신기하게 여기면서 그

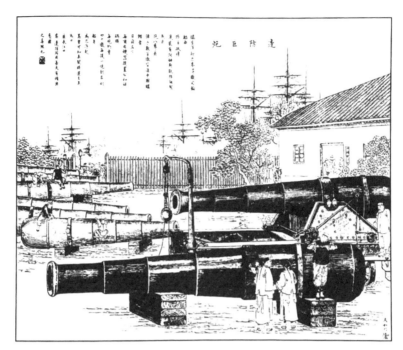

오우여,《점석재화보》, '변방의 거포(邊防巨炮)'

실용성에 놀라워하고 있다는 것을 알 수 있다.

서생양행(瑞生洋行, J. J. Buchheister&Co.)이 대리 구매한 전함이 암스
트롱(Armstrong) 군수공장에서 제작한 함포 8문을 장착하고 수백
톤의 포탄을 싣고 상해항에 들어왔다. 중국이 구매한 것이다. 함포
의 무게는 약 40톤으로 배에서 부두로 들어 옮길 때마다 함선이 크
게 요동쳤으니 그 무게를 짐작하고도 남는다. (변방의 거포)

철갑선은 근래 10여 년 사이에 만들어진 것으로 과거에는 이름조

오우여,《점석재화보》, '철갑선 제조(鐵甲巨工)'

차 없었다. 최근 서양 각국에서는 나라가 크건 작건, 잘 살건 못 살건 간에 모두 철갑선을 제조하지 않는 곳이 없다. 비록 성능에는 차이가 있지만, 함포와 어뢰를 설치하고 철옹성처럼 거센 파도에도 침몰하지 않는다. 원하는 방향이면 마음대로 움직여 별 피해 없이 적을 쳐부수니 참으로 뛰어난 무기이다. ('철갑선 제조')

서양 신문에서 미국의 장군 하나가 하늘에서 비가 내리게 할 수 있다고 말한 기사를 읽었다. 가뭄이 심할 때 하늘에 대고 총포를 여러 차례 쏘는 것과 동시에 사람이 기구에 폭약을 싣고 하늘로 올라가

오우여,《점석재화보》, '총포를 쏴서 비를 오게 하다(槍砲致雨)'

공중에 뿌리면 먹구름이 몰려와 큰비가 온다는 것이다. 사람들이 그 말을 믿지 않자, 하루는 모처에 있는 포대에서 시험해 봤다. 포성과 총성이 천지를 흔들고 기구에서 뿌린 화약 소리가 요란하다. ……('총포를 쏴서 비를 오게 하다')

시원하게 떨어지는 폭포는 원래 명산의 경치일 뿐, 거기서 전기를 만든다는 것은 금시초문이다. …… 미국 남부에 높고 험한 고개가 하나 있는데 그곳의 폭포는 높이가 백 리나 될 정도로 대단히 웅장하다. 격치가(과학자)가 그 장관에 감탄하는 한편, 폭포의 맹렬한 힘

오우여, 《점석재화보》, '폭포로 전기를 만들다(借瀑生電)'

을 이용할 방법을 궁리했다. 그는 고개 아래에 물을 저장할 작은 호
수를 파고, 강어귀에는 축바퀴[輪軸]을 설치했다. 떨어지는 물의 힘
을 이용해 전기를 만들어 내니 20만 마력이나 되었다. 실험이 성공
하자 강가에 제조공장을 세워 폭포에서 나오는 전기로 기계를 돌리
니 석탄값을 크게 아끼게 되었다. …… 서양 사람들의 창의적 기교
와 제작의 정교함은 인류를 한 단계 더 발전시켜 주는구나! (폭포로
전기를 만들다)

미스터 사이언스

하늘 관념의 변화

전통적으로 중국인에게 하늘[天]은 자연적이고 물질적인 존재가 아니라 인격적이고 윤리적 절대자였다. "하늘의 뜻을 따르는 사람은 흥하고, 하늘의 뜻을 거스르는 사람은 망한다"는 맹자(孟子)의 말처럼 하늘의 운행[天理]에 거역해서는 안 되었고, 황제, 즉 천자(天子)를 하늘의 대리자로 세우고 하늘의 권위에 침범하는 자는 '역적'으로 처벌했다.

그 하늘에 올라 자유롭게 날아다닌다는 것은 하늘이 더 이상 인간이 복종하고 우러러봐야 하는 존재가 아니라는 것을 의미한다. 사람이 하늘에 오르는 것은 하늘의 자리에 서는 것이고, 하늘과 같은 지위를 갖고 세상을 내려다볼 수 있는 권위를 획득했다는 것이다. 이제 인간은 할 수 있는 일을 다 하고 하늘의 처분만을 기다리는 '진인사대천명(盡人事待天命)'의 충실한 노복이 아니라 창공을 유영(遊泳)하고 이용할 수 있는 자연[天]의 주재자가 된 것이다.

아래 기사에서는 전통 사회에서 경계가 엄격했던 하늘과 인간이 과학기술을 이용해 통할 수 있다는 것을 보여주고 있다. 과거 철학적 깨달음과 문학적 상상력의 근원이자 최고의 보편자였던 하늘이 현상계로 내려오게 된 것이다.

"형상 위의 것을 도(道)라 하고 형상 아래의 것은 기(器)라 한다." 배나 자동차는 기물(器物)이니 형상 위의 것과 통할 수 없다. 따라서

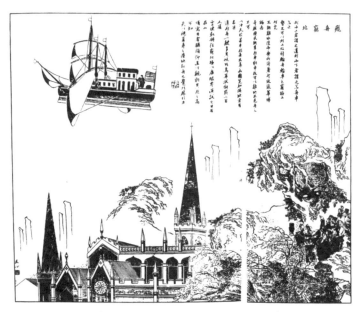

오우여, 《점석재화보》, '하늘을 나는 배로 북극을 여행하다(飛舟窮北)'

비록 배나 자동차가 아무리 정교하게 발달한다 해도 바다나 땅을 떠나면 움직일 수 없다. 장화(張華)가 쓴 『박물지(博物誌)』에 보면 기 굉국(奇肱國)에는 하늘을 나는 차가 있다고 했으니, 어찌 배라고 하 늘을 날 수 없겠는가? …… 미국 시카고 지역에 저명한 기술자가 하 늘을 나는 배 한 척을 만들었는데 새가 날개를 활짝 펴고 나는 형상 이다. 배는 이백 명의 사람을 태우고 하늘 높이 날아 북극까지 갈 수 있다고 한다. 시범을 보이는 날 산꼭대기에 구경꾼이 모여 머리를 들어 바라보았다 하니 얼마나 높이 날았는지 알 만하다. 하(夏)나라 때 오(昦)라는 사람은 힘이 어마어마하게 세서 육지에서 배를 밀어 움직일 수 있었다고 하는데, 하늘을 나는 배는 날아오르는 힘이 그

미스터 사이언스

보다 더 센 듯하다. (하늘을 나는 배로 북극을 여행하다)

옛날 묵자(墨子)는 연을 만들어 타고 날아서 사람들이 매우 놀라워했다. 사람의 마음은 날이 갈수록 교묘하게 변한다고 하지만, 기계 역시 나날이 기이해진다. 프랑스의 기술자가 하늘을 나는 새를 보고 깨달은 바가 있어서 몇 년 동안 두문불출하며 기계 하나를 만들었다. 그 기계를 겨드랑이에 끼고 날면 하늘 끝까지 올라 원하는 방향으로 갈 수 있다고 한다. 열자(列子)가 바람을 타고 난 것보다 훨씬 더 교묘하다. 언젠가 사방을 날아다닐 수 있게 된다면 아침에 날아올라 저녁이면 창오산(蒼梧山)에서 잘 수 있을 테니 "낭랑한 소리로 시를 읊으며 동정호를 나는(朗吟飛過洞庭湖)" 일이 어찌 불가능하겠는가!

(사람 몸에 날개를 달다)

오우여,《점석재화보》, '사람 몸에 날개를 달다(人身傅翼)'

보이지 않는 세계

전통 지식인들은 인간의 감각을 크게 신뢰하지 않았으며 심지어 그 능력을 폄훼하기까지 했다. 맹자는 "귀와 눈의 기능은 생각하지 못하기 때문에 물건에 가려지니 감각기관과 사물이 접촉하면 거기에 끌려갈 뿐이다"라고 했고, 노자(老子)도 "오색(五色)은 사람의 눈을 멀게 하고, 오음(五音)은 사람의 귀를 먹게 하며, 오미(五味)는 사람의 입맛을 버려 놓는다"고 말했다. 완전하지 못한 인간의 감각 능력 대신 생각할 수 있는 '마음(心)'의 힘을 더 크게 믿은 까닭이다. 하지만 다른 한 편으로 생각해 보면 당시에는 인간의 감각 능력을 확장해줄 수 있는 기구나 기물이 없었기 때문이기도 하다. 그러므로 인식 영역은 딱 거기까지였고, 나머지 영역은 모두 미지(未知)의 세계로 남겨졌다.

과학기술의 발전은 인간의 인식 능력과 범위를 크게 확장해 주었다. 망원경의 발명으로 천 리 밖을 볼 수 있게 되었고, 현미경의 발명으로 마이크로세계에 진입할 수 있었다. 잠수함의 발명으로 바닷속 세계를 탐험할 수 있게 되었고, 사진기의 발명으로 과거를 살려둘 수 있게 되었다. 엑스선의 발명은 신체와 질병에 대한 관점을 크게 바꿔 놓았다. 세계에 대한 이해의 폭이 형하계(形下界)에서 형상계(形上界)까지 넓어지게 된 것이다. 이제 더 이상 바닷속은 용왕님이 사는 곳이 아니고 달은 항아(姮娥)가 숨은 곳이 아니다. 역병은 바이러스가 일으키는 것이고, 살기 위해서는 인간의 몸도 적당히 훼상(毁傷)할 필요가 있다. 삼강오상(三綱五常)과 인부천수(人副天數, 인간은 하늘의 닮은 꼴)의

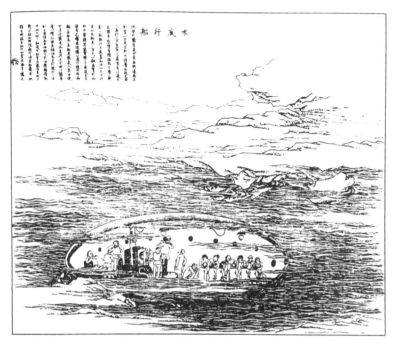

오우여,《점석재화보》,'물속을 다니는 배(水底行船)'

근거가 되는 형이상(形而上)의 영역이 과학기술과 기물의 형이하(形而
下)의 세계에 의해 침범당하기 시작한 것이다. 대중은 의미와 체득의
시대에서 사실과 설명의 시대로 들어섰다.

...... 미국의 과학자가 물속을 다닐 수 있는 배 한 척을 만들어 알아
보니 빙산 아래에도 물이었다. 배는 길이가 200척이고 동(銅)으로
만들었다. 타원형으로 중앙에 기계가 있고 전등을 설치했다. 상하
와 전후좌우로 구멍을 내고 유리를 끼워 밖을 볼 수 있게 하였다. 외
부에는 두 개의 프로펠러가 있는데 하나는 배 아랫부분, 다른 하나

오우여,《점석재화보》, '귀하고 신기한 거울(렌즈)(寶鏡新奇)'

는 배 뒷부분에 있다. 그 안에 공기를 불어 넣으면 뜨고 가라앉기를 마음대로 할 수 있다. …… 배는 석탄이 아닌 기름을 연료로 사용해 프로펠러를 돌린다. 이로부터 천지간의 비밀이 분명하게 드러났다. 풍랑을 두려워하지 않고 암초도 피할 수 있으며 마치 평지를 걷는 것처럼 움직인다. 옛날에 땅을 나는 것처럼 걷는 신선인 '지행선(地行仙)'이 있었다고 하지만, 여기에는 못 미칠 것이다. ('물 속을 다니는 배')

서양 격치술(과학)이 나날이 정교해지니 렌즈의 쓰임도 커지게 되었다. 망원경으로 천 리 밖을 보고 현미경으로 아주 미세한 것도 관찰할 수 있게 되었다. 사람을 비추어 미추를 드러낼 수 있는 것이 어찌 고대의 거울뿐이겠는가. 날이 갈수록 신기해지다 못해 감추어진 것까지 비출 수 있게 되었다. 소주(蘇州) 천석장(天賜莊) 박습의원(博習醫院)의 서양 의사가 미국에서 귀한 거울(렌즈)이 출시되었다는 소식을 들었다. 거울이 사람의 장기를 비출 수 있다는 소식을 듣자 의사는 천금을 주고 구매해서 소주로 들여왔다. 거울은 길이가 한 척(尺) 가량인 원통형으로 누구를 비추건 배 속의 심장과 창자, 신장 등을 분명하게 보여준다니 호기심 많은 소주 사람들이 몰려가 구경했다고 한다. 의사가 이 거울로 병의 소재를 알아내 약을 쓰니 아무리 위중한 환자라도 회복되지 않는 경우가 없었다. …… 옛말에 "일을 잘하려면 먼저 좋은 도구를 써야 한다(欲善其事, 先利其器)"하였는데, 서양 의사들은 나날이 실력을 갈고닦을 뿐만 아니라 자만하지 않으니, 의술이 나날이 진보할 뿐이다. ('귀하고 신기한 거울')

대중과학의 탄생

위에서 소개한 그림과 기사는 엄밀한 의미에서 보면 '과학적'이지 않다. 때로는 황당하고(신체 보조 원리), 때로는 과장되고(변방의 거포), 때로는 검증되지 않은(귀하고 신기한 거울) 기사들이 대중의 말초적 호기심을 낚아채기 위해 자극적으로 나열되어 있다. 또한, 서구의 '오리

엔탈리즘'(서구인들이 동양에 대해 갖고 있는 왜곡된 이미지)적 경향을 비웃듯이 '옥시덴탈리즘'(비서양권이 날조하거나 왜곡한 서양의 이미지)적 경향을 띠고 있는 기사〔과학적 유골 처리〕도 있다. 이런 기사는 "전 세계의 각종 소문에 대한 호기심과 진위를 소개"하는 우리나라 TV 방영물 〈신비한 TV 서프라이즈〉에나 나올 법한 내용이다.

그렇다면 이처럼 신기하고 기묘한 기사를 읽고 과학에 대한 대중의 인식은 추락했을까? 과학이라는 새로운 가치체계의 신뢰도가 떨어졌을까? 결과는 정반대였다. 대중은 기사의 진위와는 상관없이 이제껏 듣거나 경험해 보지 못한 서양의 발견과 발명을 다룬 기사에 열광했고, 과학의 위력에 환호를 보냈다.

'과학'은 우리가 생각하는 것처럼 중립적이고 공정한(disinterested) 것이 아니다. 특히 사회적 격변기에 놓여 있던 동아시아에서는 더욱 그러하다. 근대 계몽 지식인들은 '과학'의 가치를 긍정하고 과학 습득의 필요성과 당위성을 강조했지만, '과학'의 세례는 위에서 아래가 아닌, 아래에서 위로 몰아치게 된다. 동아시아 대중과학(popular science)[1]은 이렇게 탄생했다.

---

1 '대중과학'이란 학자적·정통적 이해 방식이 아닌 대중적·통속적 이해 방식을 통해 형성된 과학에 대한 특정한 관점 및 입장, 조류를 가리킨다. 특정 시대 조건에서 기성 권위에 반하고 현실적 영향력을 산출하는 것이라면 진위와 상관없이 과학적 진리로 간주하며, 과학과 관련이 없는 것까지 '과학'의 잣대를 들이대 규정하려는 경향을 보인다. 그렇지만 동아시아 근대에서 '대중과학'은 근대 과학이 보급되는 데 중요한 역할을 했다.

09

멋진 신세계, 유스토피아

오 놀라워라!
이 많은 훌륭한 피조물이라니!
인간은 참으로 아름다워라! 오 멋진 신세계일까요?
이런 사람들이 사는 곳이 과연 '멋진'이라는 말이 붙는 신세계일까요?
— 윌리엄 셰익스피어, 『템페스트』 제5막 1장

유토피아

"모든 시대는 다음 시대를 꿈꾼다."

쥘 미슐레(Jules Michelet)의 이 말은 언제나 유효하다. 다음 시대에 대한 꿈이 있기에 인류는 과거를 회상하거나 미래를 상상하며 유토피아를 그려왔다. 유토피아를 향한 인류의 여정은 한 번도 멈춘 적이 없으며, 앞으로도 계속 그러할 것이다.

유토피아(Utopia)는 영국의 토머스 모어(Thomas More)가 그리스어 가운데 '복된 땅'을 뜻하는 유토포스(eutopos)와 '어디에도 없는 곳'이라는 '우토포스(outopos)'의 의미를 결합해 만든 말로 1516년 라틴어로

러시아 10월 혁명을 그린 콘스탄틴 유온, 〈새로운 행성〉(1921)

쓴 동명 제목의 저작에 처음으로 등장했다. 혹자는 유토피아의 뿌리가 우생학(eugenics)의 '유(eu)'에 있다고 주장하며 '건강할 수 있는 곳', '좋은 곳'을 의미한다고 말하기도 한다.

어원에서 알 수 있듯이, 유토피아라는 말에는 두 가지 의미가 들어 있다. 하나는 완전무결함이고, 다른 하나는 실현 불가능성이다. 유토피아가 가진 이런 양면성은 역사상 수많은 사람이 유토피아 건설의 대열에 합류했지만, 한 번도 실현하지 못한 이유이기도 하다. 토머스 모어도 이 두 가지 역설적 의미를 알고 있었다. 따라서, 그는 「유토피아 섬나라에 바치는 시」에서 유토피아를 '누구도 가지 않은 곳'이라는 뜻의 '노플라키아(NOPLACIA)'와 '현명한 사람이라면 누구나 가는 곳'이

토머스 모어와 『유토피아』의 삽화

라는 뜻의 '고플라키아(GOPLACIA)'라는 두 가지 이름으로 노래했다.

고전적 유토피아, 근대적 유토피아

고전적 유토피아의 원류를 플라톤『국가』의 이상국(理想國), 『성경』
요한계시록과 아우구스티누스『신국론』의 하나님의 나라, 아틀란티
스의 전설 등에서 찾을 수 있다면, 근대적 유토피아의 원천으로는 토
머스 모어의 『유토피아』, 조너선 스위프트의『걸리버 여행기』, H. G.
웰스의『타임머신』, 올더스 헉슬리의『멋진 신세계』등을 들 수 있다.

근대적 유토피아는 중세기가 끝나고 인본주의 사조가 부흥하면서 출현했다. 사람들은 '하나님의 나라'를 찾는 대신, 신이 아닌 인간이 창조하는 이상향을 그리기 시작했다. 서재에 깊숙이 박혀 정신적 자유에 만족하는 것이 아니라, 자신 바깥에 놓인 세계로 관심을 돌려 현실의 속박을 깨버리고 자유를 쟁취하고자 한 것이다. 이러한 전환을 처음 시도한 작품이 토머스 모어의 『유토피아』이다. 토머스 모어가 묘사한 유토피아는 완전한 자유가 보장되고 갖가지 속박이 사라져 행복이 충만한 곳이지만 조화로운 공동체를 지향한다는 점에서 무인도에 갇혀 홀로 생활하는 로빈소네이드(Robinsonade)나 속세와 인연을 끊고 자연 속에서 혼자 살아가는 '나는 자연인이다'류의 이상향과 다르다.

17세기 과학혁명으로 과학이 종교에 승리를 거두면서 과학은 유토피아 영역 안으로 들어왔다. 이로 인해 인류가 이상사회에 도달하기 위해서는 제도 개혁이나 사회 혁명이 아닌 과학기술의 진보와 과학의 보급을 통해 가능하다는 생각이 자리 잡았다. 따라서 인간의 각성과 도덕적 실천으로 모두가 평등하고 자유로운 생활을 영위할 수 있다는 인본주의적 유토피아는 과학기술에 대한 무한한 신뢰와 진보에 대한 낙관적 전망에 기댄 과학적 유토피아에 자리를 내주게 되었다. 아울러 유토피아는 지역적 개념이 아닌 시간적 개념으로 확장되어, 미지의 공간에 존재하는 고립된 곳이 아니라 과학기술이 극도로 발전한 미래의 어느 한 시점을 의미하게 된 것이다.

우퉈방(烏托邦)

중국에 유토피아라는 말이 처음 등장한 것은 1898년이다. 사회진화론을 중국에 소개한 옌푸(嚴復)가 『천연론』에서 'Utopia'를 '烏托邦'이라 번역했다. '烏托邦(우퉈방)'은 영어 utopia나 라틴어 vtopia와 발음상에서도 흡사할 뿐만 아니라 의미상으로도 절묘하다. 한자 '烏'는 '없다', '托'는 '의탁하다', '邦'은 '나라'이니 합치면 '의탁하는 바가 없는 나라', 즉 '어디에도 없는 곳(烏有之鄕)'이라는 뜻이 된다.

중국인들이 본격적으로 근대 유토피아 사상에 관심 두기 시작한 것은 미국의 작가 에드워드 벨러미(Edward Bellamy)가 1888년에 보스턴에서 발표해 백만 부 이상의 판매고를 올린 유토피아 소설 『뒤돌아보며(Looking Backward, 2000~1887)』가 번역·소개된 후부터이다.

소설은 1887년 불면증을 앓던 한 청년이 최면술 치료 중에 혼수상태에 빠졌다가 서기 2000년에 다시 깨어나면서 시작한다. 113년 후인 미래 사회에서 인류는 과학기술을 이용해 자연을 정복하고 높은 지적 능력으로 거대한 경제 체제를 만들어 냈다. 디지털화, 자동화된 세계에서 사람들은 평등하게 대우받고 누구나 편리하고 윤택한 삶을 누린다. 기술과 과학 문명에 대한 무한한 신뢰, 진보에 대한 낙관과 희망을 바탕으로 한 베이컨(Francis Bacon)의 『새로운 아틀란티스(The New Atlantis)』(1627)를 계승해 이상적 사회주의 유토피아를 그린 이 소설은 '과학기술 구원론'의 전형을 보여준다 해도 과언이 아닐 정도로 과학기술이 빚어낸 장밋빛 미래의 모습을 그리고 있다. 특히, 신용카드

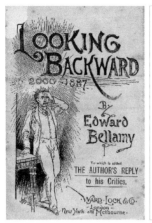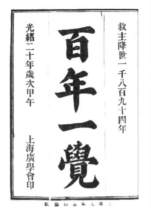

『Looking Backward, 2000~1887』의 미국, 중국, 한국어판

(credit card)와 홈쇼핑, 대형마트에 대한 묘사에서는 작가의 탁월한 상
상력을 엿볼 수 있다.

중국에서는 1891년 석진(析津)이 《만국공보(萬國公報)》에 번역 ·
연재하였고, 1894년 영국 선교사 티모시 리처드(Timothy Richard,
1845~1919, 중국명 李提摩太)가 다시 소설의 일부 내용을 발췌 · 번역하
여『백년일각(百年一覺)』이라는 단행본으로 펴내면서 크게 인기를 끌
었다.

이 책은 무술변법을 주도한 청말 사상가 캉유웨이가 펴낸『대동서
(大同書)』에도 큰 영향을 미쳤다. 100년 후의 중국을 상상해서 쓴 책에
서 캉유웨이는 '대동'이라는 용어를 유토피아와 같은 뜻으로 사용했
다. 그가 그리고 있는 대동 사회에는 전통 사상뿐만 아니라, 진화론과
천문학 등 서양 근대 과학적 요소가 충실하게 체현되어 있다. 그는 인

116

간의 역사가 낮은 단계에서 높은 단계로 진보한다고 보았다. 대동세 (大同世)가 되면 과학이 크게 발달하여 고된 일은 기계나 훈련된 짐승이 대신하고, 하늘을 나는 기계로 빠르게 이동하며, 사람들은 하늘에 떠 있는 천상의 집에 산다. 또한, 성별과 계급, 민족과 국가에 따른 온갖 차별이 사라져 모두가 평등하고 천지 만물이 하나가 되는 '지극히 선하고 어진' 사회가 되는 것이다.

중국 전통 이상향으로는 도연명의 '무릉도원', 노자의 '소국과민(小國寡民, 작은 나라 적은 백성)', 공자의 '대동' 사회 등이 있다. 비록 세부 내용은 다르지만, 고대 사회를 미화하고 순환론적 역사관에 기초하고 있다는 점에서는 다르지 않다. 특히, 『예기(禮記)』「예운(禮運)」에 나오는 대동 사회의 모습은 유교를 통치 철학으로 삼아온 역대 중국 왕조에서 지식인들이 동경하는 이상적 사회모델이 되었다.

중국인들이 근대적 유토피아 관념에 주목하게 된 것은 계속되는 서구 열강의 침략으로 인해 겪어야 했던 좌절감 및 수치심과 관련이 크다. 현실에서 느낀 좌절감과 나라와 민족의 암울한 미래 앞에서 새로운 나라와 새로운 사회를 상상하는 것은 그들이 자신에게 줄 수 있는 최소한의 위안이었다. 여기에 더해 서양 과학 사상과 진화론의 전래는 순환론적이고 정체된 관념에 갇혀 있던 중국인들로 하여금 직선적이고 역동적인 시간관을 갖게 했으며, 미래에 대해서 낙관적인 기대를 품게 만들었다. 특히 전통 가치관이 무기력하게 무너져 가고 있는 상황에서 서양 과학은 나라와 민족을 구할 수 있는 유일한 수단이었고, 미래의 '신중국'을 상상하고 설계하는 데 없어서는 안 되는 것이었다.

순서	내용
갑부(甲部)	인간 세상의 괴로움의 종류와 그 구체적인 모습
을부(乙部)	국가와 세계의 문제
병부(丙部)	민족의 문제
정부(丁部)	인종의 문제
무부(戊部)	남녀 차별과 평등의 문제
기부(己部)	가족 사랑과 가정이라는 존재의 문제점, 평등을 실현하기 위한 제도와 기구
경부(庚部)	산업에서의 불평등과 대동으로 가기 위한 방안
신부(申部)	정치와 사회, 교육 방면에서의 개혁 방안
임부(壬部)	사람과 동물의 차이를 배격하는 생명 사랑의 사상
계부(癸部)	극락의 세계

TA T'UNG SHU

The One-World
Philosophy
of
K'ang Yu-wei

TRANSLATED FROM THE CHINESE
WITH INTRODUCTION AND NOTES
BY
LAURENCE G. THOMPSON

LONDON
GEORGE ALLEN & UNWIN LTD
RUSKIN HOUSE MUSEUM STREET

캉유웨이가 쓴 『대동서』 영문판 표지와 목차

청말에 나온 과학 유토피아 작품 속에 가공할 위력을 지닌 첨단 군사 무기가 자주 등장하는 것도 주목할 만한 점이다. 황강조수(荒江釣叟)의 『달식민지소설(月球植民地小說)』(1904)에 나오는 녹기대포(綠氣大砲)나 비뢰(飛雷) 등은 한 발만으로도 광장에 있는 수많은 사람을 전부 죽일 수 있다. 또 차이위안페이(蔡元培)의 『신년몽(新年夢)』(1904)에는 '수중잠수정(水底潛行艇)'과 '공중비행정(空中飛行艇)' 등 첨단 무기가 등장해 서구 연합군을 대파하는 장면이 나오는데, 이는 중국이 아편전쟁에서 서구 열강에 당했던 치욕적인 패배의 복수극이다. 루스어(陸士諤)의 소설 『신야수폭언(新野叟曝言)』(1909)에는 유럽 정벌에 나선 대원수 문임(文袵)이 '하늘을 나는 군함' 다섯 척으로 유럽 72개 나라의 항복을 받아내는 장면이 나온다.

이처럼 과학을 버무려 미래 중국의 모습을 그려낸 작품은 20세기 들어서서 폭발적으로 증가해 1911년까지 10여 년 동안 100여 권 가

서념자의 공상과학소설 『신법라선생담(新法螺先生譚)』(1905)과 황강조수의 『달식민지소설(月球植民地小說)』(1904)

까이 출간되었다. 이후 '과학 사회주의'의 건설을 전면에 내세운 공산당이 등장하면서 미래 유토피아에 대한 근대 중국인들의 갈망은 상당부분 공산주의로 수렴되었다.

유스토피아

"하지만 난 안락함을 원하지 않습니다. 나는 신을 원하고, 시를 원하고, 참된 위험을 원하고, 자유를 원하고, 그리고 선을 원합니다. 나는 죄악을 원합니다."

"사실상 당신은 불행해질 권리를 요구하는 셈이군요." 무스타파 몬드가 말했다.

"그렇다면 좋습니다." 야만인이 도전적으로 말했다. "나는 불행해질

에셔, 〈만남〉(1944). 흰색 사람은 낙천주의자, 검은색 사람은 염세주의자를 의미한다.

권리를 주장하겠어요."

"늙고 추악해지고 성 불능이 되는 권리와 매독과 암에 시달리는 권리와 먹을 것이 너무 없어서 고생하는 권리와 이〔虱〕투성이가 되는 권리와 내일은 어떻게 될지 끊임없이 걱정하면서 살아갈 권리와 장티푸스를 앓을 권리와 온갖 종류의 형언할 수 없는 고통으로 괴로워할 권리는 물론이겠고요."

한참 동안 침묵이 흘렀다.

"나는 그런 것들을 모두 요구합니다." 마침내 야만인이 말했다.

무스타파 몬드가 머리를 끄덕였다. "그렇다면 좋을 대로 해요." 그가
말했다.

— 올더스 헉슬리, 『멋진 신세계』 중에서

SF 소설가 마거릿 애트우드(Margaret Atwood)는 어느 관점에서 보
느냐에 따라 완벽한 유토피아일 수도 있고, 그와 정반대되는 끔찍한
디스토피아일 수도 있다며 둘을 결합한 '유스토피아(Ustopia)'라는 개
념을 제시했다. 조지 웰스의 『타임머신』, 올더스 헉슬리의 『멋진 신세
계』, 조지 오웰의 『1984』만 봐도 겉으로는 유토피아 세상을 그리고 있
지만, 그것이 보여주고 있는 것은 인간성의 실종과 파시즘적 절대권
력, 억압과 통제의 암울한 미래상이다.

> "우리가 천국을 향해 손을 뻗을 때, 그 천국이 사회주의적이든, 자본
> 주의적이든, 심지어는 종교적이더라도 걸핏하면 지옥을 초래하게
> 되는 이유는 무엇일까?"

고전적 유토피아는 사람들이 상상하게는 했지만 행동하도록 만들
지는 못했다. 그렇지만 근대 이후의 유토피아가 현실에서 영향력을 발
휘하면서 정치가와 지식인들은 유토피아를 이용해 대중을 선동했다.
근대 유토피아 관념을 받아들이고 새로운 세계를 세우고자 했던 중국
은 130여 년 전 자신이 상상한 유토피아를 어느 정도 실현했을까? 캉
유웨이가 갈망했고, 차이위안페이가 열망했고, 근대 지식인들이 상상

왕슈팡(王秀芳), 〈공산당이 없으면 신중국도 없다(沒有共産黨就沒有新中國)〉(2021)

했던 세계, 즉 도덕이나 관습의 속박이 없고, 빈부와 성별에 따른 차별이 없으며, 사유재산과 과도한 노동, 전쟁과 질병, 언어의 장벽도 없고, 범죄도 법률도 심지어 다스리는 자도 없는 풍요롭고 자유로운 사회. 이런 사회는 대부분 과학의 발전에 기댄 낙관주의에 근거하고 있다.

그런데 과학이란 무엇인가? 과학은 자유로운 비판에 항상 열려 있어야 하며 권력으로부터 독립되어 어떠한 간섭도 받지 않아야 한다. 또한, 언제든지 오류를 수정할 수 있는 준비가 되어 있어야 한다. 국가

미스터 사이언스

나 특정 집단이 과도하게 간섭하여 과학이 정치의 도구로 전락해 버리는 순간, 유토피아가 디스토피아로 변질된 사례를 역사 속에서 적지 않게 보아왔다. '과학 사회주의'와 함께 '중국몽(中國夢)'의 기치를 내건 현대 중국의 유토피아 몽상이 공포와 욕망의 부산물이 될지, 공감과 관용의 새로운 아틀란티스가 될지 관심이 가는 이유이다.

10

최면술, 마법과 과학 사이

앞서 말한 대로, 내가 했던 질문은 아직 자고 있느냐는 것이었다.
그는 이렇게 대답했다.
"그래, 아니, 지금까지 잠을 자고 있었는데, 이제는 …… 이제는 …… 죽었어.
(…… 중략 …… 7개월 후)
"발드마, 지금 느낌이 어떤지, 바라는 것이 무엇인지 우리에게 말해줄 수 있겠나?"
"제발, 어서! 어서! 나를 잠들게 해주게. 아니면 나를 깨워주게, 어서!
나는 이제 죽었단 말이야!"
— 에드거 앨런 포, 「M. 발드마 사건의 진실」

최면술, 힙노티즘, 메스머리즘

근대 환상 문학과 추리 소설의 창시자로 불리는 에드거 앨런 포는 1845년 최면술을 소재로 「M. 발드마 사건의 진실(The Facts in the Case of M. Valdemar)」이라는 소설을 발표했다. 소설에서 주인공은 죽음을 앞둔 친구 발드마에게 최면을 걸어 완전히 죽지 못하는 상태가 얼마나 오래 유지되는지 알아보는 실험을 한다. 최면에 걸린 발드마는 잠과 죽음 사이에서 빠져나오지 못한 채 자신은 죽었다고 처절하게 울부짖다가 결국 한 줌의 재로 변하고 만다.

'최면술(催眠術)'이라는 말에 '잠'을 의미하는 글자(眠)가 들어 있기

로런스, 〈힙노티즘〉(1910)

때문에 잠과 관련 있는 것으로 아는 경우가 많다. 즉, 최면술사가 피실험자를 잠들게 하여 무의식의 상태로 만든 뒤 자기 마음대로 조종한다는 것이다. 하지만 최면 상태란 순수 무의식이 아닌 특정한 사고에 극도로 집중한 상태를 말한다. 즉, 최면술이라는 말은 피실험자를 잠들게 하여 치료한다는 측면보다 암시 효과를 강조하는 차원에서 사용하는 경우가 많다. 물론 이런 상태는 의식과 무의식, 수면과 각성, 현실과 미지 사이에 놓여 있으므로 최면에 걸린 사람은 외부의 조언이나 제안이 귀에 들어오지 않으며, 정도의 차이는 있지만 간혹 최면을 건 사람에게 조종당하기도 한다.

흥미로운 사실은 오늘날 '최면술'이라고 번역하는 '힙노티즘(Hypnotism)'이라는 말 이전에 이미 '메스머리즘(Mesmerism)'이라는 말로 '최면술'을 지칭하고 있었다는 점이다. 「M. 발드마 사건의 진실」

에드거 앨런 포, 「M. 발드마 사건의 진실」 삽화(Harry Clarke, 1919)(좌)와 미스터리 공포 애니메이션 〈엑스트라오디너리 테일〉(2015) 중 한 편인 'M. 발데마르 사건의 진실'의 한 장면(우)

의 영어 원문에도 '최면술'은 'hypnotism'이 아니라 'mesmerism'으로 나온다. 또한, 동아시아에서 보편적으로 사용하는 '최면술'이라는 용어도 일본 학자가 'mesmerism'을 번역한 말이다.

'힙노티즘'은 19세기 초 영국 외과 의사 제임스 브레이드(James Braid, 1795~1860)가 '최면술'을 지칭하던 원래 용어인 '메스머리즘'을 거부하고 잠을 뜻하는 그리스어에서 어원을 가져와 만든 말이다. 그렇다면 그는 왜 '메스머리즘'이라는 용어를 쓰지 않고 새로운 용어를 만들어 낸 것일까?

메스머리즘과 프랑스 대혁명

원래 최면술은 서양에서 마법과 주술의 영역에 속하던 것이었다. 그렇지만 『황금가지』를 쓴 제임스 조지 프레이저가 마법을 '과학의 사생아 자매'라고 말했듯이, 18세기 계몽주의가 확산하면서 마법과 주술의 영역에 속하던 것들이 과학의 영역으로 넘어오게 된다. 최면술도 그중 하나인데, 최면술이 과학의 외피를 두르게 된 것은 18세기 말의 독일 의사인 안톤 메스머(Franz Anton Mesmer, 1734~1815)의 공이 절대적이다.

메스머는 생물체뿐만 아니라 모든 물체 주변에는 '자기(磁氣)'가 존재하는데, 이를 매개로 신체나 물체 내의 인공적인 자기 흐름을 유도해 질병을 치료하고 멀리 있는 이들과 교신하는 등 타인이나 사물에 실제 영향을 미칠 수 있다고 주장했다. 이런 주장은 당시 뉴턴의 만유인력 법칙이나 프랭클린의 전자기학, 샤를의 열기구 원리와 맞물려 우리를 둘러싸고 있는 보이지 않는 놀라운 힘의 실체를 의학적으로 인증해 준 획기적인 발견으로 받아들여졌다. 즉 지구와 달의 끌어당김, 전기의 흐름, 열기구의 상승 원리 등이 모두 사물을 이어주는 보이지 않는 유체(流體)인 '자기'가 존재하기 때문에 가능하다는 것이다.

특히 병이 있는 신체 부위를 자기화된 막대기로 쳐서 치료하는 '자기 치료법'은 혁명적인 과학 치료법으로 인식되어 당시 지식인과 대중의 엄청난 호응을 끌어냈다. 병을 치료하려는 환자들이 폭발적으로 증가하자 메스머는 여러 사람을 동시에 치료하기 위해 특별한 방법을

안톤 메스머(좌)와 손에서 나오는 자기력으로 치료를 받는 여성 환자를 묘사한 삽화(우)

고안해 냈다.

큰 양동이 하나에 쇳가루와 물을 가득 채워 유체를 만든다. 그런 다음 양동이에 큰 쇠막대기를 꽂고 작은 쇠막대기를 줄로 연결해 환자들이 잡고 있도록 한다. 쇠막대기를 통해 유체가 분배되면 메스머는 최면에 걸린 사람들 사이를 돌아다니며 자기화된 막대기를 환자의 몸에 접촉함으로써 치료 효과를 증대시킨다.

'자기 치료법'이 대중들로부터 열광적인 환호를 받은 것과는 달리 의사와 귀족들은 그것을 사이비 의학, 사기술, 마법으로 치부하며 격렬하게 반대했다. 그들이 메스머리즘을 반대한 가장 큰 이유는 자신들의 기득권이 침해받고 대중이 선동당해 사회적 소요를 일으킬까 우려

영화 〈메즈머(Mesmer)〉(1994)에 나오는 자기치료 장면

해서였다. 후에 제임스 브레이드가 '메스머리즘'을 거부하고 '힙노티즘'이라는 용어를 만든 것도 이런 이유에서이다. 하지만, '자기 치료법'이 치료 효과가 전혀 없거나 신경 발작 등 부작용을 일으킨 사례가 많았음에도 대중의 폭발적인 관심을 끌게 된 것은 당시 기존 의학 수준이 너무 낮고 기존 체제가 신뢰를 잃은 지 오래였기 때문이다. 이런 상황에서 사람들은 오히려 '자기 치료법'을 실증적이고 합리적인 것으로 생각했다.

미국의 저명한 문화사학자 로버트 단턴(Robert Darnton)은 『최면술과 프랑스 계몽운동의 종결(Mesmerism and the End of Enlightenment in France)』에서 프랑스 대혁명을 잉태시키고 대중을 계몽한 것은 '만인은 평등하다'는 루소의 『사회계약론』이 아니라, 사이비 과학에 가까운 '메스머리즘'이었다고 주장했다. 앙시엥 레짐(ancien regime, 구체제)과

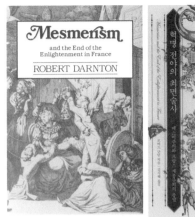

로버트 단턴의『최면술과 프랑스 계몽운동의 종결』과 한국어판『혁명 전야
의 최면술사』

특권층에 대한 거부와 반항, 기존 관습에 대한 도전과 새로운 과학적
발견을 기초로 한 기존 의학에 대한 불신, 보이지 않는 것을 파악하고
설명할 수 있다는 자신감, 그리고 자기라는 에테르(매질)을 이용해 심
신의 병을 고치고 개인 의지를 강화해 만사만물에 영향을 미칠 수 있
다는 생각이 대중에게 받아들여지면서 프랑스 개혁 운동에 중요한 계
기를 마련해 주었다는 것이다.

중국 근대의 최면술과『치심면명법』

　18세기 프랑스를 휩쓴 메스머리즘은 19세기 초 영국에서 유행한
뒤, 1830년대 후반 유럽의 최면술사들이 미국으로 건너오면서 함께

헨리 우드의『정신적 심상을 통한 이상적 제안』(좌)과 존 프라이어(중)가 번역한『치심면병법』(우)

전래되었다. 이후 메스머리즘의 핵심 사상은 19세기 미국에서 일어난 신사상운동(The New Thought Movement)에 실질적인 동력을 제공해 주게 된다. 최면술사인 퀸비(Phineas Parkhurst Quimby, 1802~1866)에 의해 시작된 신사상운동은 일종의 영성운동(靈性運動)으로 사람이 내면에 가진 생각의 힘을 이용해 의지를 강화하고 부정적인 생각을 떨쳐버리면 심신의 질병을 치유할 수 있다고 주장하는 등 정신요법을 강조했다.

특히 근대 심리학이 발전함에 따라 과거에는 미지의 영역에 속해 있던 인간 마음에 관한 실증적 탐구가 유행하고, 마음치료(Mind Cure)와 심리조절(Mind Control)이 현실과 이상, 육체와 정신을 이어줄 수 있는 효과적인 수단으로 대두되면서 신사상운동은 크게 확산하였다. '마음의 힘[心力]' 또는 '사유의 힘[思念之力]'을 이용해 병을 고칠 뿐만 아니라 타인에게 영향을 미쳐 세상을 변화시킬 수 있다는 믿음은 이 운동이 단순한 신앙 운동 차원이 아니라 사회·정치적 개혁 운동으로까지 연결될 수 있음을 보여주는 것이다.

주목할 만한 점은 유럽의 메스머리즘과 미국 신사상운동의 핵심 이념이 존 프라이어(John Fryer, 1839~1928, 중국명 傅蘭雅)라는 영국 선교사에 의해 중국에 소개되었다는 점이다. 그는 신사상운동의 이론을 실천으로 연결했다고 평가받는 헨리 우드(Henry Wood, 1834~1909)가 1893년에 펴낸『정신적 심상을 통한 이상적 제안(Ideal Suggestion through Mental Photography)』라는 책을『치심면병법(治心免病法)』이라는 제목으로 번역해 출간하였는데, 이를 계기로 메스머리즘과 신사상운동은 중국의 지식인들에게도 영향을 미치게 되었다.

『치심면병법』의 번역 · 출간은 메스머리즘이 18세기 프랑스 혁명에 중요한 전기를 마련해 준 것과 마찬가지로 중국 근대 개혁 운동에도 동력으로 작용했다. 전통 권위에 대한 비판, 물질계와 정신계의 통합을 전제한 사회개혁에 대한 믿음, 개인의 자각을 통한 사회 진보의 추구, 과학—비록 그것이 유사과학(類似科學, pseudoscience)일지라도—에 대한 무한한 신뢰, 모든 존재는 연결되어 있으며 근본적으로 평등한 존재라는 생각 등은 개혁 사상의 형성에 직간접적으로 영향을 미쳤다. 특히 '암시를 통한 의지의 고양'이라는 측면은 사회개혁과 대중의 계몽을 갈구하는 근대 중국의 필요에 부합하는 것이었다.

'마음의 힘'과 계몽사회

19세기 중국은 서구 열강의 침략 앞에서 망해가는 나라를 구해야

담사동과『인학』

한다는 절박함이 팽배해 있었다. 양무운동을 통해 서양의 기술을, 무술변법을 통해 서양의 제도를 배우려는 열망이 일부 실현되었지만, 결국 혁명은 사람들의 마음과 생각, 의지에 달려 있다는 깨달음이 중국을 계몽의 시대로 들어서게 했다. 이런 가운데 '최면술'로 소개된 '메스머리즘'은 중국 근대 지식인들의 관심을 끌 수밖에 없었으며, 서양 근대 과학 성과와 중국 전통 마음 이론을 결합해 새로운 세계관을 건립하는 것을 급선무로 여기게 되었다.

량치차오(梁啓超), 옌푸, 담사동(譚嗣同), 송서(宋恕) 등 근대 개혁 사상가들 대부분이『치심면병법』에 주목해 마음의 힘과 의지의 중요성을 강조했다. 특히 담사동은『치심면병법』의 주요 개념을 활용해『인학(仁學)』이라는 책을 저술했다. 그는 당시 중국에 소개된 뉴턴의『프린키피아』와 마이클 패러데이의 전자기학, 광학 및 X-ray 지식을 기초로 전통 유학의 핵심 개념인 '인(仁)'을 재해석했다.

미스터 사이언스

중국 소설에 등장하는 최면술 시연 삽화(1914)와 〈중국정신연구회〉의 신문광고(1918)

그는 '인'(사랑)이 관념이 아닌 현실 세계에서 실제적인 영향력을 발휘하기 위해서는 매개체가 필요하다고 보았으며, 그것을 근대 물리학에서 말하는 '에테르(以太)'라고 지칭했다. 에테르는 전통 동양 사상 속의 '기(氣)', 또는 메스머리즘의 핵심 개념인 '유체', '자기'와 흡사한 것으로, 눈에 보이지 않지만 어디에나 존재하며 정신세계와 물질세계를 이어준다. 그는 또한 '심력(心力, 마음의 힘)'을 강조했는데, '심력'은 중국 전통 철학 개념인 '심(心)'과 물리 개념인 '력(力)'을 합한 것으로 정신적인 개념인 '인(仁)'이 물리적 힘과 결합한 것이다. '심력'은 '에테르'를 매개로 만사 만물과 통할 수 있다. 따라서 사람들이 '치심(治心)'의 수양법(mind control)으로 마음을 잘 다스려 '인'의 힘을 굳건히 한다면 그 힘이 타인과 사물에 영향을 미쳐 세상을 둘러싼 속박을 부수고 소통의 세계, 평등의 세상을 이루게 된다는 것이다.

최면술에 대한 중국 지식인들의 관심은 이론적인 차원에만 머문 것이 아니었다. 『최면술정의(催眠術精義)』라는 책을 지어 '최면술'을 처음 중국에 소개한 혁명파 인사 도성장(陶成章)은 최면술을 이용해 정적들을 암살하고자 했고, 중화민국 총통을 지낸 쑨원(孫文)과 장제스(蔣介石)는 최면술의 영향을 받아 '마음 혁신', '정신치료', '정신훈련'을 통한 '신중국' 건설을 주창했다. 실제로 당시 최면술을 이용해 아편 중독자를 치료한 의학적 사례도 적지 않게 보인다. 아울러 20세기 초까지 우후죽순처럼 생겨났던 '심령학회[靈學會]'나 '최면학회', '정신연구회' 등과 이와 관련한 잡지 및 서적의 출판 상황만 보더라도 당시 최면술에 대한 대중의 관심이 얼마나 컸는지 알 수 있다.

정통적 관점과 통속적 관점

19세기 말부터 20세기 초까지 중국 사회에서는 과학이 대중의 관심을 받으면서 온갖 과학 이론이 난무함과 동시에 과학에 대한 맹신이 팽배해지고 있었다. 과학은 점점 대중의 일상 속으로 파고들어 겉으로 보기에 비합리적이고 미신적이고 초월적인 것이라도 대중의 계몽과 사회개혁에 유용한 것이라면 과학의 이름으로 폭넓게 수용했다.

정규교육제도가 미비한 상황에서 사람들은 잡지와 서적, 강연 등을 통해서 과학적 세계관을 받아들였는데, 여기에는 실용과학뿐만 아니라 유사과학도 포함되어 있었다. 하지만 유사과학이든, 아니면 과학에 대한 대중의 이해가 잘못된 것이든 간에 이런 현상은 근대 과학 정신과 과학 방법을 보급하는 데에는 절대적인 영향을 미쳤다. 따라서 근대 중국에서 과학의 확산은 정통과학이나 엘리트 과학 위주가 아닌 대중이 중심이 된 '대중과학'이 주도했다고 할 수 있다.

우리가 교과서를 통해 배운 역사는 오랜 시간에 걸쳐 정리되고 권위를 부여받았다는 점에서 정통적이다. 정통적 관점은 특정 시대 혹은 전체 역사의 흐름과 현상을 질서 있고 통일적으로 바라볼 수 있게 해준다는 점에서 유용하다. 그렇지만 정통적 관점을 세우는 과정에서 그러한 관점에서 벗어나 있는 통속적 관점은 의도적으로 배제되는 경우가 적지 않다.

세상을 변화시키는 힘은 무엇일까? 합리적이고 정의로운 행위자는 역사에 기록되지만, 충동적이고 우발적인 행위자는 역사를 이끈다. 역사에서는 전자를 엘리트라 부르고 후자를 광인(狂人)이라 부른다. 현실로서의 역사는 절대로 정합적이지 않다. 진정으로 사회와 역사에 영향을 미치는 것은 우리가 역사라고 부르는 기록물의 배후에 자리한 거대한 생활 세계와 상식 세계일지도 모른다. 그 자체로는 사소하거나 우연적이고 심지어 우스꽝스럽기까지 해서 역사가들에 의해 무시된 것들이 시간이 지나고 나서 보면 역사의 물줄기에 거대한 영향을 미친 경우도 적지 않다. 중국 근대의 대중과학도 그런 사례 중 하나일 것이다.

3부

사이언스 익스프레스

11

두 개의 진리

可愛者不可信, 可信者不可愛.
사랑할 수 있는 것은 믿을 수 없고, 믿을 수 있는 것은 사랑할 수 없다.
— 왕궈웨이, 「진리와 자유(眞理與自由)」

왕궈웨이의 죽음

1927년 6월 2일, 청조의 마지막 황제 푸이(溥儀)의 고전 교사이자 칭화연구소(淸華硏究所) 교수인 왕궈웨이(王國維, 1877~1927)가 베이징의 이화원(頤和園) 곤명호(昆明湖)에 투신했다. 방학을 맞아 연구소에서 성적을 처리한 뒤 인력거를 타고 오전 10시 무렵 이화원에 도착한 그는 석방(石舫) 앞에 한참을 앉아 있다 담배 한 대를 피운 뒤 호수에 몸을 던졌다. 물소리를 들은 정원사가 달려 나와 물속에서 그를 끌어 올렸지만 이미 숨이 끊어진 뒤였다. 물에 빠진 지 2분밖에 지나지 않았지만, 입과 귀에 뻘이 가득했다.

베이징 이화원 곤명호의 석방. 배가 떠오를 때 중화민족이 부흥하리라는 전설이 전해온다.

국학대사(國學大師) 왕궈웨이의 죽음은 학계뿐만 아니라 중국 사회에 큰 충격을 던져주었다. 그가 생전에 거둔 학자로서의 성취는 학술전 영역에 걸쳐 있다 해도 과언이 아니다. '인생삼경계(人生三境界)'설을 제시한 『인간사화(人間詞話)』와 서양철학과 미학 사상으로 고전을 해석한 「홍루몽평론(紅樓夢評論)」, 중국 고대 희극을 체계적으로 연구한 『송원희곡고(宋元戲曲考)』는 중국 현대 문학과 미학에 큰 영향을 미쳤으며, 몽골과 요금원(遼金元) 역사 연구, 갑골학과 금석학 연구에도 큰 발자취를 남겼다. 또한, 칸트, 쇼펜하우어, 니체 등 서양철학 이론을 중국에 소개하였으며, 윤리학, 심리학, 논리학, 교육학 분야에도 조예가 깊었다.

왕궈웨이가 자살한 원인을 둘러싸고 많은 의문이 제기되었다. 1924년 북양군벌 펑위샹(馮玉祥)에 의해 푸이 황제가 자금성에서 쫓

천단칭(陳丹靑)의 그림 〈국학연구원(國學研究院)〉의 국학대사들. 왼쪽부터 자오위안런, 량치차오, 왕궈웨이, 천인커, 우미

겨난 충격을 견디지 못했다는 견해, 평생의 후원자였던 금석학(金石學) 대가 뤄전위(羅振玉)와의 관계가 틀어졌기 때문이라는 견해, 쇼펜하우어와 니체, 불교에 심취해 염세주의에 빠진 탓이라는 견해 등 그의 자살 원인을 추론하는 수십여 편의 글이 잇달아 발표되었다.

왕궈웨이가 자살한 원인은 정확히 알 수 없다. 하지만 전통 학술의 세례를 받고 자란 그가 전통과 근대의 갈림길에서 겪어야만 했던 심적 갈등이 그의 정신을 분열시켰으며, 그것이 그의 비극적 죽음을 초래했을 것이라는 점에는 이견이 없다.

그는 어려서부터 전통 학문을 공부하며 세상에 하나의 진리만 존재한다고 생각했다. 그 진리의 내용은 성현들이 세운 삼강오륜을 따르고 마음의 수양을 중시함으로써 하늘과 하나가 되는 것이었다. 그렇지만 서양 학술을 접한 후 세상에는 또 다른 진리가 존재한다는 사실을 깨닫게 되었다. 그것은 수학 공식과 인과법칙을 핵심으로 하는 과학적 진리이다.

"어떻게 사랑이 변하니?"

진리에는 두 가지가 있다. 하나는 보편적이고 절대적인 성질을 가진 것으로 수학적, 과학적 진리가 여기 속한다. 다른 하나는 특수하고 상대적인 성질을 가진 것으로 철학적, 윤리적 진리가 여기 속한다.

예를 들어, '1+1=2'는 수학적 진리이자 보편적 진리이다. 미국에 가거나 달나라에 간다 해서 그 결과가 달라지지 않으며, 시간이 지난다고 결괏값이 바뀌지 않는다. 다른 한편으로는 철수가 영희에게 "나는 너를 사랑한다."라고 말할 때, 이것 또한 진리라고 할 수 있다. 왜냐하면, 철수가 영희에게 고백할 때 그는 자신의 사랑이 '변하지 않는 진리'라고 생각했을 것이기 때문이다. 그렇지만 이 진리는 검증 불가능할 뿐만 아니라 철수가 춘향이를 만나면 사랑이 변할 수도 있으므로 앞의 진리와는 성격이 다르다. 이런 진리를 상대적 진리 또는 철학(인생관)적 진리라고 부른다.

수학적 진리와 철학적 진리는 각각의 특징이 있다. 수학적 진리는 신뢰할 수 있지만 애착을 갖기 힘들고(수학 좋아하는 사람은 드물죠⋯⋯.), 철학적 진리는 애착을 가질 수 있지만 신뢰하긴 힘들다. 왕궈웨이의 "사랑할 수 있는 것은 믿을 수 없고, 믿을 수 있는 것은 사랑할 수 없다"는 말이 바로 이런 의미이다. 그는 중국 전통 철학과 학술이 탐구한 것은 철학적·윤리적 진리인 데 반해, 서양을 부강으로 이끈 것은 수학적·과학적 진리라고 생각했다. 그렇다면 부강의 길로 나아가기 위해 중국은 기존의 진리를 버리고 서구적 진리를 택해야 하는 것일까? 이것이 왕궈웨이가 직면했던 딜레마라 할 수 있다.

새선생, 덕선생

1919년 1월 15일, 천두슈(陳獨秀)는 《신청년(新靑年)》 잡지에서 이렇게 말했다. "우리는 현재 덕선생(德先生)과 새선생(賽先生)만이 정치, 도덕, 학술, 사상 상의 어둠을 제거하고 중국을 구할 수 있다는 것을 안다." 여기서 말하는 '德先生'은 'Democracy'(民主)를, '賽先生'은 'Science'(科學)를 가리킨다. 중국어에서 德은 '더(de)'로, 賽는 '싸이(sai)'로 발음되는 것에서 착안한 것이다.

《신청년》을 중심으로 결집한 천두슈, 후스(胡適), 리다자오(李大釗), 루쉰(魯迅), 차이위안페이 등은 서양 '과학'과 '민주'의 가치관을 들여와 전제 정치와 미신을 타파하고 신도덕을 수립하자는 '5.4 신문화운동'을 주도하게 되는데, 이는 20세기 초 대표적인 서구화 운동이자 과학화 운동이다. 아이러니하게도 인문학자들에 의해 추진된 과학화 운동은 과학의 본질에 대한 이해 부족에 중국의 근대화라는 당위성이 더해져 점차 과학주의적 경향으로 흐르게 된다. '과학주의(scientism)'

民主與科學

Democracy　德先生

Science　　賽先生

란 '과학방법'을 세계의 모든 부분(생물계, 사회, 물질계, 심리계), 심지어
는 과학과 전혀 관련 없어 보이는 영역에까지 적용하려는 과학만능주
의를 말한다.

　그렇지만 과학에 대한 맹신은 1차 세계대전으로 인해 큰 위기를 맞
는다. 승전국과 패전국 모두에게 막대한 피해를 안긴 세계대전은 승승
장구하던 서구 사회에 큰 충격을 안겨주었다. 게다가 서구 문명의 몰
락을 예언한 오스발트 슈펭글러(Oswald Spengler)의 『서구의 몰락(Der
Untergang des Abendlandes)』(1918~1922)이 출간되면서 이성주의와 과
학주의에 대한 서구인들의 믿음과 낙관적 태도는 흔들리게 된다.

　비슷하게 중국에서는 량치차오가 전후(戰後)의 유럽을 몸소 시찰하
고 돌아와 『구유심영록(歐遊心影錄)』을 펴냈다. 그는 책에서 세계대전
의 원인이 '순물질적이고 순기계적인 인생관'과 과학만능주의에 있는
데, 과학만능의 꿈은 이미 파산했으며, 따라서 유럽이 더 이상 중국의
미래가 아닐 뿐만 아니라 중국의 정신 문화가 서구 문화에 비해 우월
하다고 주장했다. '최후의 유학자(The Last Confucian)'로 불리는 량슈밍
(梁漱溟)도 1922년 『동서문화 및 그 철학(東西文化及其哲學)』을 발표했
는데, 책 전반에 흐르고 있는 서양 물질문화에 대한 동양 정신문화의

천두슈와 《신청년》

우월감은 서양의 과학문화와 물질문화를 통해 중국을 개혁하려는 서화파 지식인들과의 충돌을 예고하는 것이었다.

과학과 인생관 논쟁

이런 과정에서 1923년 2월 14일 베이징대학 교수 장쥔마이(張君勱)는 칭화대학(淸華大學)에서 '인생관(人生觀)'이라는 제목의 강연을 했다. 강연에서 그는 다음과 같이 말했다.

> "인생관이란 주관적이고, 직각적(直覺的)이며, 종합적이고, 자유의지적이고, 단일 인격적인 것으로, 객관적이고, 이론적이며, 분석적이고, 인과법칙을 위주로 하는 과학의 지배를 받지 않는다."
> "과학은 실험 방법이 지배하고 인생은 직관(直觀)에서 비롯하며, 인생관이란 갑이 한마디 할 수 있고, 을도 한마디 할 수 있는 성질의 것으로, 결코 시비 진위의 표준이 있을 수 없다."

장쥔마이(좌)와 딩원장(우)

"과학이 아무리 발달한다고 할지라도 과학은 절대로 인생 문제 전
부를 해결할 수 없다."

강연 내용이 《청화주간(清華週刊)》에 게재되자 학계에 큰 파문이 일
었다. 특히 문화계, 학술계 명사들과 과학계 인사들이 속속 자신의 의
견을 발표하면서 과학과 인생관을 둘러싼 격렬한 논쟁이 시작되었다.
사람들은 이 논쟁을 '과학과 철학 논쟁', '과학과 인생관 논쟁'이라고
불렀으며, '인생관'은 '현학(玄學)', 즉 철학이 탐구하는 주제이기 때문
에 '과현논전(科玄論戰)'이라고 부르기도 했다.

'현학파' 장쥔마이의 주장에 가장 먼저 이의를 제기한 인물은 그의
절친이자 지질학계의 중견 학자인 딩원장(丁文江)이다. '과학파'의 선
봉에 선 그는 《노력주보(努力週報)》에 「현학과 과학(玄學與科學)」이라
는 글을 발표해 장쥔마이를 신랄하게 비판했다. 그는 인생관이 주관적
이지도, 독립적이지도, 자유의지적이지도 않다고 하면서, 과학이 인생
관의 문제를 해결할 수 있는 것은 물론 인생이 과학 법칙과 방법의 지

배를 받아야 한다고 주장했다. 심지어 장쥔마이가 "귀신이 씌었다"며 비난하기까지 했다.

이를 기점으로 후스, 량치차오, 왕싱공(王星拱), 탕위에(唐鉞), 장둥쑨(張東蓀), 판셔우캉(范壽康), 우쯔후이(吳稚暉), 린자이핑(林宰平) 등 학계의 중견 학자들이 대거 논쟁에 참여함으로써 '과학'과 '인생관' 문제를 둘러싼 논쟁은 본격화한다. 논쟁은 1년쯤 계속되었는데, 대체로 학자들은 과학이 영향을 미치지 못하는 인생 고유의 영역이 있다는 것을 긍정하는 '과학이원론(科學二元論)'과 '과학적 인생관'은 완전히 가능하며 과학에 기반을 두지 않은 인생관은 무용지물이라고 주장하는 '과학일원론(科學一元論)' 중 한 편에 서서 논쟁에 참여하게 된다.

과학파의 승리, 공산당의 승리

비록 현학파가 서양 과학의 파산을 선고하고 과학주의를 비판했다고는 하지만, 이러한 주장을 과학에 반대하는 것으로 보는 것은 무리가 있다. 현학파의 의도는 중국인들에게 과학만능주의에 대한 경각심을 갖게 함으로써 과학 신화가 가져올 부정적 영향을 감소시키고자 한 것이었다. 그렇지만 과학파의 대표 주자 후스의 생각은 달랐다. 그는 지금까지 전혀 과학의 혜택을 입은 적 없는 중국이 과학이 가져올 '재난'만을 말하는 것은 웃긴 일이라 보았다. 과학을 선전하고, 과학을 교육하고, 과학자를 대폭 늘려도 모자랄 판에 저명 학자라는 사람들이

과현논쟁 당시 발표한 주요 논문을 모아 출간한 『과학과 인생관』 한국어판

'유럽 과학 파산'을 외치며 그 책임을 과학에 돌리고 있으니, 이것이야말로 걱정스러운 일이라는 것이다.

현학파가 과학의 폐단과 해악을 내세워 중국 전통 인생관의 우월성을 강조하며 중국이 나아가야 할 방향도 중국의 독자적인 '인생관'에 의해 결정되어야 한다고 주장했지만, 후스의 생각처럼 당시 중국의 상황과 개혁에 대한 중국인들의 열망을 고려해 볼 때, 과학파의 승리는 불 보듯 뻔한 일이었다. 그렇지만 '과학파' 안에도 두 파벌이 있었다. 모든 사회 문제에 대해 실증적 태도를 바탕으로 과학 방법과 과학적 기준을 적용해야 한다고 주장한 '실증주의적 과학파'와 인류 역사의 모든 갈등과 변화를 물질적(경제적) 조건으로부터 설명하고자 한 '유물주의적 과학파'가 그것이다.

중국공산당의 핵심 인물인 천두슈와 취치우바이(瞿秋白)가 중심이 된 유물주의적 과학파는 현학파와 실증주의적 과학파 모두를 비판하면서 "객관적이고 물질적인 원인만이 사회를 변화시키고 역사를 해석하고 인생관을 지배할 수 있다"고 주장했으며, 인간 행동의 모든 동기는 전부 인과법칙의 지배를 받으며 참된 자유는 필연성에 대한 과학적 인식에 기반을 두어 실현될 수 있다고 보았다. 유물주의적 과학파의 이런 주장은 당시 성장하고 있던 중국공산당의 기본 이념이 되었으며, 변증법적 유물론과 역사적 유물론을 운용하여 사회 역사 현상을 관찰, 분석함으로써 마르크스주의 철학이 중국에 뿌리내리는 데 있어 기틀을 마련하였다.

과학과 인생관

'과학과 인생관 논쟁'의 핵심 쟁점은 '과학적 인생관이 가능한가'와 '과학이 인생관 문제를 해결할 수 있는가'였다. 중국은 철학의 나라, 인생관의 나라다. 중국인은 출근하면 유가(儒家)가 되고, 퇴근하면 도가(道家)가 되고, 죽기 전에는 불가(佛家)가 된다고 한다. 예의(禮儀) 질서를 중시하는 유가, 자연 속에서의 소요를 즐기는 도가, 인생의 고통과 덧없음을 깨닫기를 바라는 불가의 사상이 인생의 지침이 되어 많은 문제를 해결해 줄 수 있다고 믿었기 때문일 것이다. 우주의 생성을 알고자 하면 『도덕경(道德經)』을 보면 되고, 어떻게 살아야 할지 궁금하면 『논어(論語)』를 보면 되고, 제대로 된 정치를 하려면 『맹자(孟子)』를 읽어보고, 세상과 자연 변화의 추이를 알려면 『주역(周易)』을 가까이하고, 고통의 원인과 사후 세계가 궁금하면 불경을 외면 된다.

그렇지만 근대적 학문, 특히 서양 근대 과학의 전래로 전통 학문은 빛을 잃게 되었다. 실증과 논리의 측면에서 중국 전통 철학은 서구 학문을 따라올 수 없었다. 천문학과 물리학, 생물학 등 자연과학은 우주와 자연, 생명의 기원과 본질을 알게 해 주었으며, 사회학과 심리학 등

션자위(沈嘉蔚), 〈베이징대학 종소리(北大鐘聲)〉. 5.4 신문화운동 당시 베이징대에는 교장 차이위안페이가 강조한 사상의 자유와 포용 정책으로 류스페이(劉師培), 황칸(黃侃), 션이모(沈尹默), 천두슈, 후스, 주시주(朱希祖), 구훙밍(辜鴻銘), 마쉬룬(馬敍倫), 차이위안페이, 리다자오, 마유위(馬幼漁), 루쉰, 저우줘런(周作人), 첸셴퉁(錢玄同), 량슈밍, 류반눙(劉半農)〔좌에서 우로〕 등 과학파와 현학파, 유물주의파 등 파벌을 망라한 유수의 학자들이 교편을 잡고 있었다.

사회과학은 인간 삶의 양상 및 마음의 이치와 행동의 원인을 탐구하게 해 주었다. 과학의 발전 속도는 사람들의 상상을 뛰어넘어 과학이 모든 것을 해결해 주리라는 낙관주의를 심어 주었으며, 서구 열강에 맞서는 민족국가의 설립과 근대화라는 시대적 과제 앞에서 중국 지식인들을 과학주의의 추종자로 만들었다.

그렇지만 격렬한 투쟁의 결과, 중국이 선택한 것은 유물주의적 과학파의 사상이었다. 중국 사회가 직면한 문제 해결에 가장 효과적이라고 생각한 마르크스주의가 과학적 세계관이라는 외피를 걸치고 다른

152

모든 사상을 압도한 것이다. 사실 과학과 인생관 논쟁은 '과학'과 '인생관(철학)'의 본질에 대한 철저한 이론적 검토에 기반을 둔 것은 아니었다. 이런 원인으로 과학이 정치적 논리와 이념 전쟁의 도구가 되어버렸지만, 과학과 인생을 주제로 삼아 한 세대의 지식인들이 치열하게 갈등하고 비판하고 반성하는 단계를 거쳤다는 점은 과학기술 만능으로 무장한 4차 산업혁명의 문 앞에 서 있는 우리에게도 시사하는 바가 크다.

12

과학 열차에 올라타라!

> 사람은 풀 수 있지만 어떤 컴퓨터도 풀 수 없는 문제라며
> 컴퓨터 강의 도중에 예시하는 수수께끼가 있다.
> A씨가 세 딸을 둔 다른 사람에게 딸들의 나이를 묻는다.
> 그러자 딸들의 아버지가 이렇게 대답한다.
> "세 딸의 나이를 곱하면 36이 됩니다."
> A씨가 그것만으로는 딸들의 나이를 유추할 수 없다고 하자 아버지가 다시 말한다.
> "세 딸의 나이를 더하면 바로 저 현관 위에 적혀 있는 번지수와 똑같은 수가 나옵니다."
> 그래도 답을 알 수 없다고 하자 아버지가 마지막으로 말한다.
> "맏이는 금발입니다."
> 그러자 A씨는 "아, 그래요? 그렇다면 이제 따님들이 각각 몇 살인지 알 수 있겠어요,"
> 라고 말했다. 그는 어떻게 세 딸의 나이를 알 수 있었을까?
> 기계가 아닌 '사람'으로서 추리하면 문제를 해결할 수 있다. (답은 166쪽)
> ─ 『만화 베르나르 베르베르의 상상력 사전』 중에서

과학만능의 꿈

오늘날 과학이 해결할 수 없는 것은 무엇일까? 인공지능과 사물인
터넷, 빅데이터로 대표되는 4차 산업혁명이 시작되면서 인간과 과학
의 영역이 융합되고 인간의 문제가 과학적 방식으로 해결되는 경우가
많아졌다. 알파고(AlphaGo)가 바둑으로 인간을 능가한 충격이 채 가시
기 전에 미드저니(Midjourney)나 노벨 AI (Novel AI)처럼 몇 개의 단어
를 입력하는 것만으로 훌륭한 그림을 그려주거나 소설을 써 주는 인
공지능 프로그램이 등장했고, ChatGPT라는 인공지능 챗봇은 사람이

던진 질문에 놀랄 만큼 인간적이고 상세한 방식으로 답을 제시함으로써 전문 학자들을 충격에 빠뜨렸다.

과학이 삶의 모든 문제를 해결해 줄 수 있을 것이라는 믿음은 20세기 초 중국에서도 만연했었다. 그것은 막연한 상상을 넘어 하루가 다르게 수를 늘려가는 공장 굴뚝과 마천루, 시야를 어지럽히는 수많은 발광체, 힘과 속도를 체현한 기계의 출현으로 현실이 되었다. 1932년 마오눈(矛盾)은 소설 『자야(子夜)』의 도입부에서 "서양식 건물 옥상에 높다랗게 달린, 이상하리만치 거대한 NEON광고판이 불같이 붉은빛과 인같이 푸른 화염을 발산하고 있다"면서 "LIGHT, HEAT, POWER여!"라는 감탄의 말로 당시 중국 사회를 묘사했다. 그뿐만 아니라, 진젠(金箭)이라는 시인은 쏜살같이 질주하는 과학의 열차에 올라타지 않으면 영원히 도태할 것이라고 소리 높이 외쳤다.

아폴로, 과학의 신!

뱀처럼 긴 열차를 몰아

전광석화처럼 빠르게 앞을 향해 미친 듯이 달린다.

그는 역사를 질주하고 지구를 휩쓸었다.

낡고 어두운 역을 쏜살같이 지나쳐

영원히 멈추지 않는다. 영원히 멈추지 않는다.

보라!

얼마나 많은 영웅이

미친 듯이 달리는 열차 위로 용감하게 뛰어오르는지!

......

벗들이여, 우리에게는 차 한 모금 마실 시간도,

떠나간 열차 뒤 먼지 속에서 한가로이 고집부릴 시간도 없다.

어서 빨리 두 다리를 움직여

앞으로 뛰쳐나가라, 뛰쳐나가라,

어서 쫓아가서 이 시대의 열차에 올라타라!

기관사가 되지 못한다면 반드시 승객이라도 되어라!

— 진젠, 「서곡(序曲)」, 《의학(醫學)》, 1931

《科學》과 중국과학사

20세기 초, 중국에서는 5.4 신문화운동을 시작으로 광범위한 서구화, 과학화 운동이 벌어졌다. 서양을 모방한 근대식 학제와 교과서가 마련되었고, '동방문고(東方文庫)'(1923~1934)와 '만유문고(萬有文庫)'(1929~1934) 등에는 수십에서 수백 권에 달하는 자연과학 및 서학 도서가 포함되어 있었다. 《동방잡지(東方雜誌)》나 《양우(良友)》, 《과학화보(科學畫報)》 등의 잡지에는 수많은 과학 기사가 게재되었으며, 서구 사회나 근대적 생활양식을 소개하는 광고와 소설, 영화가 개항 도시를 중심으로 유행했다. 이런 분위기 속에서 과학은 사회를 구성하고 유지하는 중요한 부분이 되었으며, 생활의 모든 영역으로 침투하여 사람들이 삶을 이어가는 데 필수 불가결한 요소가 되었다. 물론 이런 과

러다이트운동에 관한 그림(좌)과 스트랜드의 저작 『베이징의 인력거꾼』(우)

정이 마냥 순탄하게 이루어진 것은 아니다.

데이비드 스트랜드(David Strand)는 역작 『베이징의 인력거꾼(Rickshaw Beijing: City, People and Politics in the 1920s)』에서 1929년 10월 베이징에서 있었던 인력거꾼들의 폭동에 대해 분석하였다. 수만 명이 참여한 이 폭동으로 베이징시 전체 궤도전차 가운데 2/3가 파괴되고 전차 회사도 큰 피해를 보았다. 그는 이런 행위가 당시 성장하던 노동자 계층의 계급의식을 이용한 중국공산당의 전략에서 촉발된 면도 있지만, 6만여 명에 달하는 인력거꾼들이 궤도전차의 보급으로 생계가 위협받게 되자 일으킨 '기계파괴운동'의 성격도 있다고 지적했다. '기계파괴운동'은 1810년대 영국에서 기계가 사람들의 일자리를 위협하자 노동자들이 공장을 습격해 기계를 부순 러다이트운동(Luddite

미스터 사이언스

1914년 과학사 회원 단체 사진. 앞줄 좌3이 화학자 런훙쥔, 좌5 물리학자 자오위안런, 좌6 경영 관리학자 양싱포, 가운데 줄 좌2 동물학자 빙즈, 좌3 수학자 후밍푸, 좌4 삼림학자 진방정, 뒷줄 좌4 철학자 후스.

Movement)에서 기원한다.

비록 이 폭동이 사회적으로 큰 파장을 불러일으키기는 했지만, 과학기술로 새로운 국가를 건설해야 한다는 생각에는 공산당이든 국민당이든 차이가 없었다. 이런 가운데 '기계파괴운동'이나 '과학이 파산했다'는 구호가 나오는 이유는 과학에 대한 사람들의 이해가 피상적이거나 잘못된 인식을 하고 있기 때문이라고 보고, 제도적인 차원에서 과학의 토대를 굳건히 해야 할 필요성에 공감하는 지식인들이 나오게 된다. 이는 과학기술 교육기구와 직업적 과학자 집단의 출현, 과학 관련 매체의 광범위한 보급으로 이어지는데, 이런 경향을 과학의 '체제화(institutionalized)'라고 한다.

《과학》월간 창간호

20세기 초, 중국에서 과학의 체제화가 진행되는 과정에서 중요한 공헌을 한 단체로는 '중국과학사(中國科學社)'를 들 수 있다. 중국과학사는 청나라 정부의 조기유학 프로젝트를 통해 미국에서 유학한 유학 1세대가 주축이 되어 세운 중국 최초의 민간 학술단체이다. 1914년, 런훙쥔(任鴻雋), 자오위안런(趙元任), 후밍푸(胡明復), 빙즈(秉志), 탕위에(唐鉞), 양싱포(楊杏佛) 등 미국에서 과학을 공부하던 유학생들은 세계적으로 유행하는 근대 과학 지식을 중국에 소개하기 위해 《과학》월간을 창간했는데, 이를 중심으로 활동하던 이들이 만든 '과학사'라는 학술 연합체가 1915년 중국 국내로 옮겨와 '중국과학사'가 된 것이다.

중국과학사는 '과학을 제창하고, 실업을 고취하며, 개념을 궁구하고, 지식을 전파하자'는 취지로 '학자들을 연계하고 학술을 연구하여 중국 과학의 발달에 기여'하는 것을 목표로 삼아 지식인들을 끌어모았다. 중국과학사 내에는 농림, 생물, 화학, 화공, 토목공정, 기계 공정, 전기 공학[電工], 광업[鑛冶], 의약, 이학(理學) 등 열두 개 연구 영역을 두었으며, 《과학》, 《과학화보》, 《과학총서》, 《과학역총(科學譯叢)》 등의 잡지와 총서를 간행했다. 학회 성원들은 다양한 분야의 과학 연구자들로 구성되었으며, 설립 초기에는 회원이 35명에 불과했지만, 그 안에는 물리학자 자오위안런, 수학자 후밍푸, 동물학자 빙즈, 삼림학자 진방정(金邦正) 등 당시 자신의 분야에서 내로라하는 학자들도 다수 포함되어 있었다.

과학의 본질

중국과학사와 《과학》 월간은 과학에 대한 중국인들의 편견과 오해를 불식시키고 합리적인 과학관을 세우는 데 중요한 역할을 했다. 중국인들은 서양에서 전래한 과학에 환호를 보내기는 했지만, 과학에 대한 인식은 매우 얕고 편협했다. 혹자는 과학을 일종의 속임수나 마술로 여겨 과학자가 마술사나 영화배우와 다름없다고 생각했다. 혹자는 과학자는 개념이나 공식을 이용해 자신의 의견을 표현하는 문인(文人)이나 과거의 것을 베끼기 일삼는 전통 실학자(實學者)에 가깝다고 보았다. 혹자는 과학이란 물질만능주의이며 과학자는 재물을 탐하고 명성을 추구하는 사람들이라고 여겼다.

런훙쥔 부부 사진. 부인 천헝저(陳衡哲)는 시카고대에서 유학하고 돌아와 베이징대 역사학과에 초빙되어 중국 최초의 여교수로 이름을 남겼다.

중국과학사의 초대 회장을 역임하고 후에 '중국 근대 과학의 아버지'로 불린 런훙쥔은 사람들이 이런 선입관을 갖게 된 것은 과학을 응용의 측면에서만 피상적으로 이해했기 때문으로 과학의 본질에 관해 제대로 알아야 할 필요가 있다고 생각했다. 그는 어려서 전통 학문을 공부하고 과거에 합격했지만, 근대 학문의 필요성을 절감한 뒤 미국 유학을 떠나 코넬 대학과 콜럼비아 대학에서 화학을 전공한 인물이다. 그는《과학》월간에 과학의 본질과 목적, 과학 정신에 관한 글을 여러 차례 게재했다.

> "과학이란 체계적인 지식을 이르는 말이다. 넓은 의미로 말하자면, 지식을 종류별로 분류하고 구분하며 하나의 사물에 대해 질서 정연하고 명료하게 밝히는 것을 과학이라고 할 수 있다. 좁은 의미로 말하자면, 어떤 현상에 대한 지식으로, 실험을 통해 추리하고 일관된 조리로 사물을 관찰하고, 연관된 것들을 분별하여 대표적인 사례를 뽑아내는 것을 과학이라 한다.
>
> 과학의 본질은 재료에 있는 것이 아니라, 방법에 있다. 현재의 물질과 수천 년 전의 물질은 다르지 않다. 현재는 과학이 있지만, 수천 년 전에는 과학이 없었는데 이는 방법의 유무가 그렇게 만든 것이다. 참된 방법을 얻을 수 있다면 과학이 아닌 것이 없을 것이다."
>
> — 런훙쥔, 「중국에 과학이 없는 원인(說中國無科學之原因)」,《과학(科學)》第1卷 第1期, 1915年

학문의 방법에는 대표적으로 연역법과 귀납법이 있다. 그렇지만 런훙쥔은 이 가운데 귀납법이 과학의 근본이 된다고 주장했다. 연역법이 대전제로 제시된 일반원리를 인증하는 데 치중하는 반면, 귀납법은 사실을 수집하고 가설을 세우고 검증하는 과정을 통해 새로운 원리나

미스터 사이언스

법칙을 도출함으로써 지식을 증가시켜 주기 때문이다.

연역법

일반원리: 사람은 죽는다.

개별사례: 공자는 사람이다.

결론: 그러므로 공자는 죽는다.

귀납법

개별사례: 공자는 죽었다.

소크라테스도 죽었다.

플라톤도 죽었다.

공통점: 이들은 모두 사람이다.

결론: 따라서 사람은 모두 죽는다.

런훙쥔은 과학을 통해 자연과 세계의 원리와 법칙을 밝혀냄으로써 사람이 세상의 노예가 아닌 주인이 되도록 만들어야 한다고 주장했다. 또한 과학적 발견을 이용하여 의식주를 개선하고 물질적 편의를 얻는 것은 과학의 부산품이지 과학 자체는 아니라고 주장했다. 과학이 물질적으로 사회를 부유하게 만들어 주지만, 궁극적으로는 정신적인 만족을 얻게 함으로써 인생 자체를 새롭게 인식하게 해 준다는 것이다. 따라서 과학을 의식주의 개선에만 치중하는 것으로 여기거나 제국주의적이라고 욕하는 것은 과학의 본질을 제대로 이해하지 못한 것이다.

런홍쥔은 근세 서양 문화의 본원이 '과학'에 있다고 보았으며, 인류의 진보를 대표할 수 있는 '지식', '권력', '조직'의 세 가지를 예로 들어 과학이 근세 문화에 끼친 영향을 설명했다. 과학의 영향으로 '지식'은 이념과 미신 대신 이성과 사실에 근거하게 되었으며, 과학의 영향으로 권력(사람이 통제할 수 있는 힘과 능력)을 이용해 교통의 발전과 수명 연장 등을 이뤄낼 수 있었다. 과학의 영향으로 사회조직은 민주화되었고, 조직의 범위는 확대되었으며, 효율은 증대되었다. 이처럼 지식과 권력, 조직의 진보는 모두 과학과 직접적인 관계가 있어서 서구 문화를 과학이 만들었다 해도 과언이 아니라는 것이다.

과학 체제화, 그리고 세계 속으로

40여 년간의 발전 과정을 통해 볼 때 중국과학사는 과학 지식의 선전 및 보급, 서양 과학 서적의 번역 및 출판, 정기적인 대중 과학 강연 개최, 과학도서관 건립, 과학 전문 연구소 설립, 학술 교류 진행, 과학 장학금 제도 운용 등으로 '과학의 체제화'에 크게 공헌했다. '과학의 체제화'는 19세기에 들어서서 진행된 전 세계의 보편적 현상으로 넓은 의미에서 보자면 과학과 산업, 국가의 일체화 경향이라 할 수도 있을 것이다. 이런 세계적 경향 속에서 중국과학사는 1927년 설립된 최초의 국립 연구 기구인 중앙연구원(中央研究院)의 설립 토대가 되었다.

과학의 본질에 대한 탐색과 과학의 체제화가 진행되는 동시에, 국

제적으로 중국 과학의 면모를 드
러내는 일도 많아졌다. 1929년 9월
27일, 미국의 저명 과학잡지《사이
언스(Science)》에 중국의 농화학자
웨이옌셔우(魏喦壽)가 쓴 〈A new
species of mono-mucor, mucor
sufu, on Chinese soybean cheese〉라
는 글이 실렸다. 발효 두부에서 분
리해 낸 신종 곰팡이에 관한 이 논
문은 중국인이《사이언스》에 게재
한 최초의 논문이다.

웨이옌셔우가《사이언스》에 게재한 글

　비록 1881년 중국 학자 서수(徐壽)가 연구한 음성학 관련 성과가 영
국《네이처(Nature)》에 소개되기는 했지만, 중국 과학자가 쓴 글이 그
대로 잡지에 게재된 것은 웨이옌셔우가 처음이다. 웨이옌셔우의 성과
는 연구의 순도 면에서도 좋은 평가를 받았지만, 중국 근대 과학의 존
재를 처음으로 세계에 알리고 중국 과학이 세계 과학의 조류 속으로
합류하는 전기가 되었다는 점에서 중요한 의의가 있다고 할 수 있다.

퀴즈 풀이

세 딸의 나이를 곱하면 36이라고 했으므로, 세 딸의 나이는 다음 여덟 개 조합 중 하나이다.

36=2×3×6, 이 세 수를 더하면 11이 된다.

36=2×2×9, 이 세 수를 더하면 13이 된다.

36=4×9×1, 이 세 수를 더하면 14이 된다.

36=4×3×3, 이 세 수를 더하면 10이 된다.

36=6×6×1, 이 세 수를 더하면 13이 된다.

36=12×3×1, 이 세 수를 더하면 16이 된다.

36=18×2×1, 이 세 수를 더하면 21이 된다.

36=36×1×1, 이 세 수를 더하면 38이 된다.

그런데, 세 딸의 나이를 합하면 현관 위에 적힌 번지수와 같다고 했을 때도, A씨는 여전히 답을 찾아낼 수 없었다. 그것은 아직도 답이 될 수 있는 것이 두 가지 이상임을 의미한다.

2+2+9와 6+6+1이 모두 13이다.

따라서 현관 위에 적힌 번지수는 13이다.

답은 둘 중 하나이다.

'맏이는 금발'이라는 말이 마지막 열쇠.

맏딸이 하나라는 것으로, 즉 나이가 더 많은 쪽은 쌍둥이가 아니라는 의미가 들어 있다. 따라서 답이 될 수 있는 조합은 첫 번째, 맏이는 9살, 나머지 두 딸은 모두 2살이다.

13

과학자의 사랑법

청년 시절에 나는 누각에서 아가씨들의 이야기를 들으며 빗소리에 귀를 기울였다네.
비단 장막 안, 붉은 촛불 은은했지.
장년이 되어 배를 타고 여행하며, 나는 또 빗소리에 귀를 기울였다네.
강은 넓고 낮은 하늘에 구름이 떠도네. 서풍 속에 날아가는 기러기의 짝 잃은 울음소리.
이제 다시 어느 암자에서 빗소리를 듣네. 내 머리카락은 희끗희끗, 듬성듬성.
슬픔과 행복, 이별과 재회, 모두 무정하구나.
밤새도록 계단 위로 빗방울 뚝뚝.
— 송(宋)·장첩(蔣捷), 「우미인(虞美人)·청우(聽雨)」
*조지프 니덤이 러산(樂山)을 여행할 때 만난 식물학자 스(石) 교수가 읊어준 사(詞)로
니덤 일생의 축약본이라 해도 될 정도로 그의 삶과 닮아 있다.

자유연애를 허하라

20세기 초, 중국에서는 서구의 '과학'과 '민주'를 들여와 중국 문화를 개조하자는 광범위한 흐름이 있었다. 5.4 신문화운동으로 지칭되는 이 사조는 반봉건, 반전통의 기치를 내걸고 서구의 가치관이 중국 전통 가치관보다 우월하다고 강조했다. 특히 오랜 시간 사람들의 관계를 규정해 온 구도덕의 대표 덕목인 '삼강오륜'은 격렬히 비판받았으며, 그 가운데에서도 부모가 당사자의 의사와 상관없이 배우자를 결정하는 전통 '포판(包辦) 결혼' 방식은 여성해방을 주장하는 지식인들의 집중포화를 맞았다. 대중은 '과학'과 '민주' 못지않게 '로맨스[羅曼史]',

'연애'에 큰 관심을 보였으며, 평등한 부부관계와 자유연애 등이 진화론 같은 과학적 원리에도 부합한다며 연애 혁명을 주장했다.

> "과학의 진리는 자연법칙에 기초하고, 인간의 도리도 예외가 아니다. 남편도 인간이고, 아내도 인간이다. 그러므로 평등하다. …… 여성은 타인의 사유물이 아니고, …… 인간은 사회에서 각자 독립된 자격이 있어, …… 부인은 남편에게 예속되지 않고, 남편도 부인에게 예속되지 않는다. 이것이 자유이다."
> — 쩐(眞), 「삼강혁명(三綱革命)」, 《신세기(新世紀)》 第11期, 1907年 8月

이처럼 남녀 간의 불평등한 지위와 애정이 전제되지 않은 결혼에 대한 비판이 강해지면서 전통 정조 관념에도 변화가 생겼다. 자유연애가 시대정신처럼 유행하자 불륜과 치정에 얽힌 일들이 하루가 멀다고 일어나 대중의 말초적 관심을 자극했다. 예를 들면, 부모가 정해준 합법적인 부인 주안(朱安)을 버려두고 자기 학생이었던 쉬광핑(許廣平)과 결혼해 아이까지 낳은 『아큐정전』의 작가 루쉰(魯迅)의 애정사나 민국시기 대표적인 재녀(才女) 린후이인(林徽因)을 둘러싼 시인 쉬즈모(徐志摩), 철학자 진웨린(金岳霖), 건축가 량스청(梁思成, 남편) 간의 연애사는 자유연애와 여성해방을 갈망하는 젊은이들에게 많은 관심을 받으며 숱한 화제를 낳았다.

그렇다고 해서 모두가 자유연애를 추종한 것은 아니었다. 신문화운동의 핵심 인물 가운데 한 사람인 후스처럼 '신삼종사덕(新三從四德)'

루쉰과 쉬광핑의 가족사진(좌)과 민국시기 재녀(才女) 린후이인(우)

을 만들며 부모님이 정해준 부인과 행복하게 백년해로한 예도 있다.

과학자의 사랑법

서양을 배우자는 물결 속에서 외국 유학의 기회가 많아지자, 자연스레 서양 사람과 연애하는 중국인도 많아지게 되었다. 만약 신문화운동으로 촉발된 자유연애의 기풍이 없었더라면 '니덤의 난제(Needham question)'로 유명한 과학사의 고전, 조지프 니덤의 『중국의 과학과 문명』은 세상에 나오지 못했을 것이다.

조지프 니덤(Joseph Needham, 1900~1995, 중국명 李約瑟)은 영국 태생으로 1900년 12월 의사인 아버지와 음악가인 어머니 사이에서 태어났다. 그는 원래 의사가 될 생각으로 케임브리지 대학에 입학해 의학을 공부했지만, 아버지가 돌아가시고 방황하던 중 생화학과 교수의 조언으로 신생 학문인 생화학으로 전공을 바꾸었다. 그는 생화학 분야에서 탁월한 재능을 발휘함으로써 학계의 주목을 받았으며, 29살이라는 이른 나이에 케임브리지 키즈 칼리지의 전임 교수가 되었다.

기독교도이면서도 사회주의에 관심이 많았던 니덤은 개방적이고 자유스러웠으며, 부르주아적인 정절관을 비판하는 등 전통에 도전하는 것을 두려워하지 않았다. 1924년, 그는 자신보다 5세 연상인 연구소 동료 도로시 메리 모일(Dorothy Mary Moyle)과 결혼한다. 도로시 메리 모일은 분별 있고 합리적이며 침착한 인물이었지만, 결혼에 관해서는 니덤과 비슷한 생각을 하고 있어서 결혼 후에 배우자 외에 다른 사람과 연애를 해도 된다는 계약을 맺기까지 했다. 이런 이유 때문인지 니덤은 결혼 후에도 다른 여성에 대한 관심과 열정이 좀처럼 수그러들지 않았다.

조지프 니덤의 삶은 1943년 3월 21일 중국 충칭(重慶)에 도착하면서 결정적인 전기를 맞게 된다. 겉으로는 외교 임무를 띠고 중국에 간 것이었지만, 니덤은 중국에 머무는 4년 동안 4만 8,000km에 달하는 거리를 누비며 296개소의 연구소와 대학, 연구 시설을 방문해 그가 품었던 과학사 영역의 궁금증을 해결하기 위한 기초 작업을 수행했다.

조지프 니덤이 중국에 흥미를 갖게 된 것은 1937년으로 거슬러 올라간다. 그가 재직하던 생화학 연구소에 중국인 학생 3명이 유학을 왔는데, 니덤은 그들과 교류하면서 중국 고대 과학에 관심이 생기게 된다. 특히 그중 한 명인 루구이전(魯桂珍)과의 만남은 니덤의 인생을 송두리째 바꾸어 놓았다. 난징(南京)의 기독교 집안에서 태어난 그녀는

조지프 니덤(좌)과 루구이전(우)

생화학 분야에서 세계적으로 촉망받던 니덤 부부에게 지도받기 위해 상하이에서 증기선을 타고 1만 3,000km를 거쳐 런던에 왔다.

'흰 턱수염이 덥수룩한 노인네'를 만나게 될 것을 상상하고 있던 그녀는 '젊고 짙은 머리카락의 생화학자, 여기저기로 숨차게 뛰어다니고, 몸에 걸친 흰 작업복에는 실험 도중에 떨어진 산 때문에 생긴 구멍이 곳곳에 나 있는' 잘생기고 학자다운 그의 모습에 매료되었고, 니덤 역시 똑똑하고 매력적인 동아시아의 여인에게 첫눈에 반해 둘은 거침없이 사랑에 빠져들었다. 이때 니덤의 나이 37세, 그녀는 33세였다. 1937년에서 1938년 사이에 두 사람은 대학 교정에서, 식당에서, 극장에서 사랑을 나누었으며 함께 프랑스로 휴가를 다녀오기도 했다. 두 사람은 어디서건 서로에 대한 애정을 숨기지 않았다. 이미 10년 넘게 조지프 니덤과 결혼 관계를 유지했던 도로시 니덤은 둘 사이의 관계를 눈치채고 있었지만, 지식인다운 아량을 발휘해 친절함을 잃지 않았으며, 세 사람이 함께 시간을 보내는 일도 적지 않았다. 심지어 니덤

부부와 루구이전의 생화학 공동 논문도 지속적으로 발표했다.

루구이전과의 사랑에 사로잡힌 니덤은 그녀의 조국이 지닌 매력에도 도취되고 말았다. 그는 그녀에게 중국어를 배워 상당히 능숙하게 말하고 읽고 쓸 수 있게 되었으며, 역사적으로 뛰어난 중국의 과학적 성취들을 전해 듣고는 중국을 직접 여행하며 경험해 보고 싶다는 희망을 품게 된 것이다. 특히 니덤은 그녀와 교류하면서 다음과 같은 의문을 품게 되었다.

> '중국이 과거에 4대 발명을 비롯해 수준 높은 기술적 발전을 이루었음에도 그 성과가 현대까지 이어지지 않은 까닭은 무엇일까?'
> '왜 근대 과학혁명이 오직 서양 세계에서만 발생한 것일까?'
> '어째서 과거 14세기 동안에 자연 현상에 관한 지식을 습득하는 것이나 그 지식을 이용하는 데에서 중국이 유럽보다 훨씬 더 성공을 거두었을까?'

이 물음이 바로 그 유명한 '니덤의 난제'이다. 니덤은 이 문제를 해결하기 위해 푸저우(福州)에서 난핑(南平), 헝양(衡陽), 구이린(桂林), 구이양(貴陽), 충칭을 가로지르고 둔황(燉煌), 두장옌(都江堰), 하서주랑(河西走廊), 만리장성(萬里長城) 등을 답사하였고, 이를 바탕으로 『중국의 과학과 문명(Science and Civilisation in China)』이라는 위대한 저술을 기획한 것이다.

『중국의 과학과 문명』

니덤은 중국을 답사하면서 중국이 오랜 세월에 걸쳐 이뤄낸 과학적 발명과 창의적 업적을 몸소 확인해 보고자 했다. 그것들은 모두 중국 고대 문헌에서 언급되었던 것들로 기록의 신빙성을 확인하는 작업은 영국으로 돌아온 후에도 계속되었다.

중국의 문명과 과학기술사를 정리하는 방대한 일은 그 혼자 감당할 수 있는 것이 아니었다. 리장(麗江) 여행 때 만난 중국 중앙 연구원 소속의 화학자 왕링(王玲)은 니덤의 거의 모든 작업을 함께 했고, 저명 기후학자 주커전(竺可楨)은 니덤에게 1억 7,000만 자에 달하는 중국 고대 백과사전인 『고금도서집성(古今圖書集成)』을 비롯해 필요한 자료를 보내주었다. 물론 심적으로나 학술적으로 그 누구보다 루구이전의 역할이 컸다는 것은 말할 필요가 없다.

1946년 영국으로 돌아온 니덤은 그동안 조사한 내용과 수집한 자료를 바탕으로 『중국의 과학과 문명』을 출판할 계획을 세운다. 저술의 목적은 문명사적인 관점에서 중국 과학이 서구 및 다른 문명과 비교해 인류 문명의 발전에 기여한 바가 훨씬 크다는 것을 증명하는 데 있었다. 책은 모두 일곱 권으로 기획되었는데 1권은 서론, 2권은 중국 철학, 3권은 중국 고대 순수과학, 4권은 중국 고대 응용과학, 5권은 니덤 난제, 6권은 중국 이외 문명과의 비교, 7권은 중국의 미래에 관한 내용이 담길 예정이었다. 그렇지만 1954년 첫 권이 출간된 후, 2권부터 범위와 분량이 대폭 늘어나게 되자 계획은 어긋나게 되었다. 1954년부

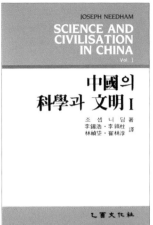

『중국의 과학과 문명』 1권 영문판과 한국어 번역본(1997). 아쉽게도 한국에서는 1,2권(3책)만 번역되었다.

터 2015년까지 60년 넘는 기간 동안 총 25책이 간행되었고, 1995년 니덤이 사망하고 나서 현재까지도 다른 공저자의 노력으로 계속 간행 중이다.

각 권의 제목은 다음과 같다.[2]

제1권 서론(1책)

제2권 과학사상사(1책)

제3권 하늘과 땅의 수학과 과학(1책)

제4권 물리학과 물리 기술(3책)

제5권 화학과 화학 기술(13책)

제6권 생물학과 생물학 기술(6책)

서양 사람들은 오랜 기간 중국에 대한 '오리엔탈리즘'적 편견을 갖고 있었다. 동양은 미개하고 낙후하며 야만적이고 잔인한 곳이라 상상했으며, 따라서 이런 나라에 제대로 된 발견이나 발명과 같은 과학적 활동이 있었을 리가 없다고 여겼다. 화약, 나침반, 제지술, 등자 등의 발명품이 세계 문명을 바꾸어 놓았다는 것은 알았지만, 그것이 중국과 관련 있다고 생각하는 사람은 거의 없었다. 니덤은 이런 서구인의 편견에 도전하고자 했다. 그렇지만 1950년대에 들어와 극단적 반공주의 열풍인 매카시즘(McCarthyism)이 미국을 휩쓸고 마오쩌둥의 중국을 혐오하는 풍조가 확산하자 니덤의 시도는 무모한 도전으로 매도당했다.

그렇지만 결과는 대성공이었다. 『중국의 과학과 문명』 제1권 초판본 5,000부가 모두 팔려나갔고, 평론가들은 중국 문명을 새롭게 발견하게 해 준 니덤의 노력에 찬사를 보냈다. 상상을 초월하는 방대한 자료와 절대 식지 않는 그의 연구 열정 덕분에 많은 이들은 그의 저작이 학술 영역을 넘어 동서 문명의 가교 역할을 해 줄 것으로 기대했으며, 열렬한 호응 속에서 그의 책은 명저의 반열에 오르게 된다.

니덤은 책 속에서 자신이 제기한 난제에 답을 하기 위해 노력했다. 그는 중국에서 왜 과학혁명이 일어나지 않았는지에 대해 전통 과학

---

2   각 권 각 책의 세부 제목 및 책임저자는 다음을 참고.
    https://en.wikipedia.org/wiki/Science_and_Civilisation_in_China

자체보다는 사회적, 정치적, 사상적 측면에서 답을 찾고자 했다. 유교 사상에 뿌리를 둔 사회 체제가 자연계에 대한 과학적 탐구와 기술에 대한 분석, 원리 도출의 과정을 경시하여 과학의 발전을 저해했다는 것이 그의 생각이었다. 자연에 관해 관심이 컸던 도교 사상은 과학과 연결될 가능성이 컸지만, 이 또한 유교 관료제에 억눌려 빛을 보지 못했다. 그렇지만 그는 송대 유학(주자학)의 격물치지(格物致知) 사상이 유기론적 세계관을 담고 있어 과학 발전을 촉진했다고 주장하기도 했는데, 이는 앞서 한 주장과 모순되는 것이다.

또한, 자신의 주장을 뒷받침하기 위해 역사적 사실을 지나치게 단순화하거나 견강부회한 부분도 적지 않다. 이는 니덤의 무의식 속에 잠재되어 있던 중국 고대 문화에 대한 동경과 맹신이 영향을 미친 것이라 할 수 있다. 저우언라이(周恩來)나 마오쩌둥 같은 중국공산당 지도자와의 만남도 사회주의를 추종하는 니덤이 중국을 우호적으로 바라보는 데 일조했을 것이다. 1952년, 니덤은 한국전쟁 시에 미군의 화학무기 사용 여부를 조사하기 위해 꾸려진 국제 과학 조사단의 일원으로 중국을 다시 방문했다. 그는 불공정하고 왜곡되고 제한된 상황에서 진행된 조사에서 중국이 원하는 대로 미국에 책임을 돌리는 결론을 냄으로써 과학자로서의 명성에 오점을 남기게 된다.

사랑이라는 난제

니덤이 '니덤의 난제'를 제기하고 중국 과학사 연구로 전향한 후, 대륙을 누비며 자료를 수집하고 역사와 철학, 사상과 종교, 정치와 기술 등의 내용을 융합해 『중국의 과학과 문명』이라는 방대한 저서를 펴낼 수 있었던 것은 루구이전이라는 뮤즈가 있었기 때문이다. 그녀는 니덤에게 중국이라는 나라의 매력과 오랫동안 숨겨졌던 중국 문명의 비밀을 엿볼 수 있게 해 주었다. 연인에 대한 니덤의 사랑은 연인의 나라와 문명에 관한 관심으로 넓고 깊어졌다. 그들은 평생 함께 연구하고 토론하고 저술했으며, 사랑했다.

70년 전 생화학 연구소에서 만나 부부로서의 의무를 다한 도로시 니덤은 1987년 12월 알츠하이머병으로 사망했다. 그녀와 사별한 지 4년이 지난 1989년의 초가을, 구부정한 몸에 백발의 조지프 니덤은 허리가 굽고 지팡이를 짚은 루구이전과 키즈 칼리지 예배당에서 결혼했다. 그렇지만 두 사람의 결혼 생활은 800일을 조금 넘겨 끝났다. 1991년 가을, 루구이전은 기관지 폐렴이 생겨 87세의 나이로 자택에서 눈을 감았다. 니덤은 그녀의 죽음으로 정신이 황폐해졌지만 『중국의 과학과 문명』의 집필에 매진하다 '과학'과 '사랑'이라는 두 가지 난제를 남긴 채

만년의 니덤과 루구이전

1995년 3월 23일, 94세의 나이로 영면했다.

　과학자로서 니덤의 삶은 찬란했지만, 한 인간으로서의 니덤의 지향과 행보는 모순투성이였다. 그렇다고 해서 그의 업적이 폄훼될 수는 없다.『중국의 과학과 문명』이 담고 있는 방대한 분량의 지식과 정보는 사람들이 동양 전통 과학에 관심을 갖는 계기를 마련해 주었다. 특히 동양에도 매우 풍부한 과학기술 전통이 존재했다는 것을 증명함으로써 동양을 바라보는 서양인들의 편향된 시각을 교정해 준 점은 그가 인류사에 남긴 불후의 업적이다.

14

한의와 양의 논쟁

모든 정치가의 무기라고 할 수 있는, 치아를 드러내며 짓는 미소는 1787년의 한 급진적인 그림(자신과 딸이 살며시 웃고 있는 모습을 그린 엘리자베스 비제 르브룅의 자화상)이 전시되기 이전까지만 해도 치매의 신호로 여겨져 왔다. …… 비제 르 브룅 이전까지, '모나리자'와 같은 도상은 여러 이유에서 입을 굳게 다물고 있는 것을 선호해왔다. 치아를 드러낸다는 것은 무례하고 저급하며 정신 이상을 나타내는 신호로 여겨졌다. 치과 치료의 수준이 매우 낮았고, 그 누구도 썩은 치아를 드러낸 채 그려지고 싶지 않았다. …… 그럼에도 …… 프랑스의 영향력 있는 많은 인물은 자기의 치아를 드러낸 자화상을 그리는 것을 허락하기 시작했다. 존스(Colin Jones) 교수는 이것이 치의학 분야의 급진적 변화와 사용 가능한 치과 용품들에 대한 소비 붐으로 인한 것이라고 …… 믿고 있다.

—《타임》 2000년 7월 19일 10면

의학 혁명과 사회 혁명

　인류 역사와 문명의 물줄기를 바꾼 것 가운데 의학의 발전만큼 사람들의 삶과 긴밀한 관계를 맺은 것은 없을 것이다. 의학은 당대 과학의 수준 및 발전 양상과 궤를 같이하면서, 육체-정신, 삶-죽음, 건강-질병과 밀접하게 연결되어 있다. 과학이 일반적이고 추상적인 원리 탐구에 치중한다면 의학은 현실적 생명 존재인 개인의 삶에 집중한다. 이처럼 과학이 의학을 통해 개인과 밀접한 관계를 맺으면서 과학의 사회적 위상과 영향력도 점차 커지게 되었다.

루쉰(좌)은 일본 센다이 의학전문학교에서 유학할 때, 강의 시간에 본 사진 한 장 때문에 충격을 받아 의학에서 문학으로 진로를 바꾼다. 중국인이 일본인에게 참수당하는데 주위의 중국인들은 남의 일처럼 방관만 하고 있다(우). 이를 계기로 루쉰은 육체의 병이 아닌 정신을 개혁하는 것이 급선무라 생각하고 계몽과 혁명의 길로 투신하였다.

근대 중국 문학계를 대표하는 작가 루쉰은 『눌함(吶喊)』에서 일본 메이지유신이 서양 의학으로부터 촉발되었다고 주장한 적이 있다. 이는 의학 혁명이 사회 혁명을 초래했다는 뜻이다. 비록 혁명의 원인을 지나치게 단순화한 점은 있지만, 최면술이 프랑스 대혁명에 미친 영향이나 비제 르 브룅의 자화상을 떠올려 본다면 의학과 사회의 관계가 어떠한지 잘 알 수 있을 것이다.

중국은 오랜 시간 한의(漢醫)[3]라고 불리는 전통 의학이 지배했다. 그러다 19세기 들어서서 현미경과 X-ray, 해부학 등 근대 의료기기와 의

---

3 현대 중국에서는 '중화민족 전통의학'을 줄인 말인 '중의(中醫)'를 주로 사용한다. 엄격하게 말하자면 '한의 (漢醫)'나 '한방(漢方)'은 한족(漢族) 전통의학만을 지칭하므로 소수민족 의학은 포함되지 않기 때문이다. 근대 시기에 전통 비판론자들은 '구의(舊醫)'로, 한의 옹호론자들은 '국의(國醫)'로 부르기도 했다. 이 글에서는 '한의(漢醫)'라는 명칭으로 통일해 표기한다.

료방법을 앞세운 서양 의학이 전래하면서 수천 년 동안 명맥을 이어온 전통 의학은 도전에 직면하게 되었다.

서양 의학과 전통 의학의 충돌

중국 전통 한의학은 음양오행설(陰陽五行說)에 근거하여 사람을 기(氣)와 형체(體), 정신(神)의 통일체로 간주한다. 이에 따르면, 음양의 조화가 유지되는 것이 건강한 것이며 음양의 조화가 깨지면 병이 생긴다. 소우주(小宇宙)인 사람의 몸은 대우주(大宇宙)인 천지(天地)의 기운과 합일하는 것을 중요하게 여긴다. 중국 전통 의학서인 『황제내경(黃帝內經)』 「소문(素問)」에 보면 "인간은 천지의 기(氣)에 의존하여 태어나며 사시(四時) 변화의 규율에 순응하며 생활한다"는 구절이 나온다. 인간은 천지의 끊임없는 변화 속에서 생활하는데, 외부의 기운이 몸속으로 침범해 들어왔을 때 이를 잘 이겨내면 건강을 유지할 수 있고 그렇지 못하면 병이 생기는 것이다.

"사람의 뼈마디가 360개임은 1년이 360일인 것과 같고, 큰 뼈마디가 열두 개임은 한 해가 12월인 것과 같다. 사람에게 사지(四肢)가 있는 것은 천지자연에 사계절이 있는 것과 같고, 오장(五臟)이 있는 것은 오행수(五行數)가 있는 것과 마찬가지이다. 이목(耳目)이 있는 것은 일월(日月)이 있는 것과 같고, 혈맥(血脈)이 있는 것은 천곡(川

『황제내경』(좌)과 음양오행(우)

谷)이 있는 것과 같다. 희로애락(喜怒哀樂)이 있는 것은 신묘한 기운
[神氣]이 있는 것과 같다.”

― 한(漢) 나라 때의 철학자 동중서(董仲舒)는 『춘추번로(春秋繁露)』에서 '인
   부천수(人副天數)'라는 관념으로 하늘과 인간의 관계를 규정했다.

이처럼 인간의 몸은 천지자연과 유기적 연관을 맺고 서로 영향을
주고받는 감응(感應)의 관계에 놓여 있다. 그러므로 병을 치료하는 것
은 천지자연과의 조화를 회복하는 일이라고 할 수 있다. 이와는 달리
서양 의학에서 볼 때 병은 병균이 일으키는 것이다. 따라서 외부 환경
과의 조화보다는 신체에 나타난 증상에 따른 국소적 치료가 중요하다.
특히 의료기기와 해부학의 발달로 몸속을 들여다보고 세균이나 바이
러스의 실체를 눈으로 직접 확인하게 되면서 병의 원인은 분명한 실
증적 사실로 제시되었다. 이것은 감응과 신앙의 수준에 머물러 있던
전통 의학이 시각적 확인과 실증을 중시하는 근대 서구 의학과 충돌
할 수밖에 없는 지점이었다.

프랑스 철학자 푸코(Michel Foucault)는 『임상의학의 탄생(Naissance de la Clinique)』이라는 책에서 눈으로 직접 관찰하지 않거나 실증성이 결여된 지식을 '눈먼 지식'으로 규정하고 '바라봄(gaze)'이라는 능동적 행위가 근대 의학과 전근대 의학의 차이를 낳았다고 주장했다. 근대 임상 해부학의 발달로 신체의 외부와 내부가 모두 과학적 '시선'에 종속되자 오행(五行)의 정수를 받아 생겨난 '숭고한 인간의 몸'은 조작과 통제가 가능한 물질적 존재로 재탄생하게 된 것이다.

몸속을 들여다본다는 것

청대(淸代)의 학자 유정섭(兪正燮)은 『계사유고(癸巳類稿)』에서 중국인과 서양인은 오장육부가 다르므로 기독교는 중국인에게 맞지 않는다고 주장했다. 신체 구조가 다르면 종교도 다를 수밖에 없다는 것이다. 이런 황당한 논리는 음양론과 성리학적 우주관, 전통 예교(禮敎)를 교조적으로 이해한 데에서 비롯한 것이지만, 청말 천주교 반대 운동의 빌미가 되기도 했다. 만약 이들이 해부학에 관한 이해가 조금이라도 있었다면 이렇게까지 생각하지는 않았을 것이다.

고대 중국에도 해부는 있었다. 『사기(史記)』에는 상주(商周) 시기에 이미 "피부를 가르고 살을 열어 막힌 맥을 통하게 하고, 끊어진 힘줄을 잇고, 척수와 뇌수를 누르고, 고황과 횡경막을 바로 하고, 오장을 깨끗이 씻는" 해부 행위가 있었다는 기록이 나오며, 『황제내경』에는 최초

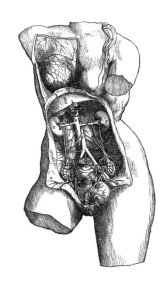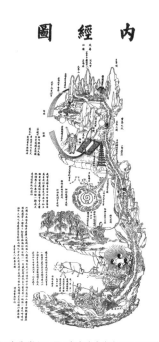

해부학의 창시자 베살리우스의 해부도(좌)와 중국 전통 인체해부도 중 하나인 〈내경도(內經圖)〉 (우)

로 '해부(解剖)'라는 단어가 등장한다. 또한, 범죄자가 형을 받고 나면 해부를 하고 의관(醫官) 옆에 화가가 배석하여 오장도(五臟圖)를 그렸다. 그렇지만 고대 중국의 해부도를 보면 인간의 장기를 사실 그대로 모방해 그렸다기보다, 오장을 자연 세계의 신성(神性)이 깃든 곳으로 인격화해서 추상적으로 표현했다는 것을 알 수 있다. 따라서 고대 중국에 '해부'라는 단어는 존재했지만, 인체를 분해해서 각각의 장기를 정교하고 구체적으로 파악한다는 의학적 관념은 없었다고 할 수 있다.

　동아시아에서 최초로 번역된 서양 해부학 서적은 스키다 겐바쿠 (杉田玄白)의 『해체신서(解體新書)』(1774)이다. 의사였던 스키다 겐바쿠는 독일 의사 요한 쿨무스(Johann Adam Kulmus)가 쓴『해부도보 (Anatomische Tabellen)』를 보고 충격을 받아 이를 일본어로 번역하기로 마음먹는다. 스키다 겐바쿠를 비롯한 번역자들은『해체신서』「범례」에서 중국 한의학 이론과 치료법에 견강부회한 내용이 많아 쓸 만한 것이 하나도 없다고 비판하며, 서양 해부학에 기초한 인체관을 받아들여야 한다고 주장했다.

중국에서는 영국의 선교사이자 의사인 벤자민 홉슨(Benjamin Hobson)이『전체신론(全體新論)』(1851)이라는 책을 펴내면서 서양 해부학 및 생리학 지식이 중국에 소개되었다. 재미있는 사실은 일본에서는 '해부'에 해당하는 단어인 'anatomy'를 '해체'로 번역했지만, 중국에서는 '전체'로 번역했다는 것이다. 해부에 대한 인식이 여전히 부정적인 상황에서 부모로부터 물려받은 '신체를 째거나 가른다'는 비윤리적인 어감의 '해체'라는 말 대신 '개별적 부분의 합'이라는 뜻의 '전체'라는 단어를 선택했기 때문이다.

서양의 해부학이 중국에 소개되었을 때, 가장 주목받은 것은 무엇보다 뇌가 인간의 지각과 사고를 담당한다는 생각이었다. 일찍이 마테오 리치도 뇌의 역할에 대해 언급한 적이 있지만, 뇌의 구조와 기능보다 영혼과 영혼의 주인인 절대자에 대한 설명에 더 중점을 두었기 때문에 중국 사회에 큰 영향을 미치지는 못했다. 그렇지만 홉슨은 달랐다. 그는 사유 기관으로서의 '심(心)'과 생명의 중심으로서의 '심장'을 하나로 보는 중국적 관념을 부정하고 뇌가 인체를 제어하고 지각과 사유의 중추 역할을 담당한다고 주장했다. 이런 주장은 매우 위험한

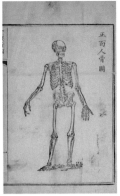

스키다 겐바쿠가 번역한 『해체신서』의 전신골격도(좌)와 벤자민 홉슨이 쓴 『전체신론』의 정면인골도(우)

것이었다. 왜냐하면, 마음과 뇌를 별개로 보게 되면 인간은 육체와 정신의 영역으로 분리되어 한의학의 토대는 물론, '심'을 인간 본성의 근원으로 여기는 성리학(性理學) 전체가 위협받게 되기 때문이다.

뇌와 뇌에 있는 신경 체계가 사고를 만들어 낸다는 주뇌설(主腦說)은 마음과 심장이 같은 것이며 그것이 인간 정신 활동의 중심이 된다는 주심설(主心說)에 균열을 만들어 냈다. 주뇌설 아래에서 희로애락애오욕(喜怒哀樂愛惡慾)과 같은 감정의 변화는 윤리적인 방식이 아닌 생리적이고 물질적인 방식으로 설명되고, 심성수양(心性修養)을 통해 신체의 건강을 유지한다는 전통 양생법(養生法)도 '건강한 육체에 건강한 정신이 깃든다', '육체가 있고 난 후에야 정신이 생긴다'는 몸 중심의 가치관에 의해 대체되게 된 것이다.

근대 이래로 몸 중심 가치관의 확산은 각 인종의 인체 규격을 측정하여 열등한 인종은 도태시키고 우등한 인종으로 인류를 개량한다는

미스터 사이언스

동진(東晉) 고개지(顧愷之), 〈여사잠도〉. "사람들은 자기의 얼굴을 치장할 줄만 알고, 자신의 덕성을 꾸밀 줄은 모른다. 덕성을 꾸미지 않으면 예법을 어그러뜨릴 수 있다"라는 장화(張華)의 〈여사잠(女士箴)〉 글귀가 쓰여 있다.

1922년 상하이에서 상영된 무성영화 〈노동자의 사랑(勞工之愛情)〉의 한의 치료 장면. 영화는 5.4 신문화운동의 영향을 받아 자유연애 사상을 선전하고 있는 한편, 전통의학을 풍자하고 있다.

'인종 우생학', 국가의 흥망이 지육(智育)이나 덕육(德育)이 아닌 체육(體育)에 달려 있다고 보고 신체적으로 '강인한 인간의 육성'을 내세운 교육 정책, 성품과 덕성 등을 중시하던 것에서 외모와 태도, 체격을 중시하는 새로운 미적 기준의 등장에 직접적으로 영향을 미치게 되었다.

한의냐, 양의냐

중국어로 몽고의사[蒙古大夫]는 '돌팔이 의사'를 뜻한다. 근대 이래 중국이 잦은 전란을 겪게 되자 의사가 모자라게 되었다. 그러자 어수선한 틈을 타 몽고 초원에서 말과 양을 치료하던 수의사가 중국으로 들어와 사람을 치료하는 일이 많아졌다. 문제가 생기지 않을 수가 없다. '몽고의사'에 '돌팔이'라는 의미가 덧붙여진 것이 바로 이때부터라고 한다.

몽고 사람에 대한 경시(한자어 '蒙古'도 어리석고 진부하다는 뜻이다)를 엿볼 수 있는 말이지만, 중국에 서양 의료법이 확산하자 전통 한의사들도 몽고의사 취급을 받는 경우가 적지 않았다. 미개하고 비과학적이며 실증성을 결여한 한의학은 무당의 굿이나 매한가지로 여겨져 비웃음을 사기 일쑤였으며, 한의사도 사기꾼 취급을 받았다. 이런 분위기 속에서 '한의 폐지'를 주장하는 사람들이 등장해 한의와 양의의 우열을 둘러싼 논의는 사회적 논쟁거리가 되었다.

한의 폐지의 주장은 1919년 5.4 신문화운동 시기 벌어진 전통 파괴운동의 연장선상에서 나왔다. 특히, 일본에서 공부하고 돌아온 유학생들은 일본이 의학개혁을 통해 사회개혁에 성공한 것(메이지유신)에 주목했다. 그들은 중국인의 정신이 황폐해진 원인으로 음양오행설을 지목하였으며, 한의학도 중국 사회를 낙후하게 만든 책임에서 벗어날 수 없다고 주장했다.

이런 가운데, 1924년 《동방잡지(東方雜誌)》를 중심으로 전통 음양오행에 관한 논쟁이 벌어졌다. 한의학의 중심 사상이기도 한 음양오행에 대해 량치차오는 비판의 날을 세웠다. 그는 과거 2,000년 동안 음양오행설이 미신의 본거지 역할을 하며 대중들을 현혹하고 막강한 힘을 행사해 왔다며 그것을 타파할 것을 주장했다. "우주에 존재하는 수많은 사물과 이치를 억지로 다섯 종류로 분류해 오행(五行)이라는 틀 속에 집어넣었다. …… 사람의 생사가 걸린 의학마저도 음양오행설의 산물이라니 개탄스러울 뿐이다."

한의 비판론자들의 일방적인 승리로 끝날 것 같았던 국면은 1929년 량치차오가 사망한 뒤, 그의 사망이 3년 전 병원의 오진 때문이었다는 주장이 나오면서 복잡한 양상으로 빠져들었다. 1926년, 량치차오는 혈뇨증으로 협화의원(協和醫院)에 입원해 검사를 받았다. 협화의원은 1921년 미국 록펠러 재단(Rockefeller Foundation)이 아시아 최고 수준의 서양 의료 기관을 목표로 베이징에 세운 병원이다. 협화의원의 전문의들은 량치차오의 병이 신장에 있는 종양 때문이라며 수술을 통해 오른쪽 신장을 절제했다. 그렇지만 수술 후에도 혈뇨증은 완화되지 않았고 오히려 기력이 쇠약해져 결국 사망에 이르게 되었다.

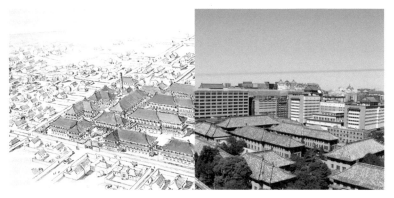

베이징 협화의원의 100년 전(좌)과 현재 모습(우)

이에 관해 저명 작가 천시잉(陳西瀅)은 량치차오의 사망 원인이 신장을 잘못 절제했기 때문이라고 폭로했다. 의사들이 초진 때 오른쪽 신장에서 아무런 문제도 발견하지 못했음에도 정상 신장을 절제하고 치아를 7개나 뽑고 며칠 동안 굶기기까지 했다. 결국, 멀쩡한 신장을 떼어낸 것이 량치차오를 죽인 직접적인 원인이라는 것이다. 천시잉은 량치차오가 처음부터 한의사에게 진료받았더라면 탕약을 복용하는 정도로도 건강을 회복했을 것이라고 주장했다. 그는 서의(西醫)의 오진을 비판하며 이렇게 말했다.

"내가 가장 의아한 것은 서의의 실험정신이다. 어떻게 사람을 실험 대상으로 삼을 수 있는가? …… 과학이란 냉혹하고 무정한 것이다. …… 수술 전에 의사가 환자에게 실험에 대해 말해주어야 한다. 그래야 실험 대상이 되고 싶지 않은 사람은 거절할 기회를 얻게 될 것이다."

쉬즈모(徐志摩)도 "서의가 말하는 과학 정신이 환자를 실험 대상이나 표본으로 보는 것인가?"라면서 스승 량치차오의 죽음에 대한 협화의원의 해명을 요구했다. 이처럼 서양 의학을 비난하는 사람들이 많아지자, 일본 센다이 의학전문학교에서 유학했던 루쉰은 「마상일기(馬上日記)」에서 서의를 옹호하고 나섰다.

"서의가 량치차오의 한쪽 신장을 절제한 후, 비난의 목소리가 폭풍처럼 거세게 일어났다. 신장에 대해 잘 모르는 문학가들까지도 모두 나서서 입바른 소리를 한다. 이와 동시에 '한의가 대단하다는 주장'도 덩달아 등장했다. '신장에 병이 있는데 어째서 황기(黃耆)를 복용하지 않았는가?' '병이 있는데 어째서 녹용을 먹지 않았는가?'라고 책망한다. 그렇지만 양의원에서 시신이 실려 나오는 것은 흔한 일이다. 나는 예전에 G선생에게 이렇게 충고한 적이 있다. 만약 병원을 열게 되면 살리기 힘든 환자는 절대로 받지 말라. 치료가 잘 되어나가면 아무도 알아주지 않지만 죽어서 실려 나가면 세상이 떠들썩해질 것이다. 특히 죽은 사람이 '유명인사'라면 더더욱 그렇다."

량치차오는 생전에 「나의 병과 협화의원(我的病與協和醫院)」이라는 글에서 자신이 받았던 수술에 관해 설명하고 서의를 변호했다. 그는 수술 여부는 순전히 의학적 결정에 속하는 것으로 문외한들이 판단할

량치차오와 베이징 식물원 안에 있는 량치차오 묘지석

수 있는 것은 아니며, 당시 진찰 결과에 근거해 볼 때 신장 절제는 부득이한 것이었다고 주장했다. 가족과 친구 등 적지 않은 사람들이 서의의 오진 가능성을 제기하고 신장 절제 수술 후에 도리어 병세가 악화하였음에도 불구하고 량치차오는 서의를 옹호했다. 량치차오의 이런 입장은 우루룬(吳汝倫), 쑨원 등 비슷한 시기의 지식인과 정치가들이 죽음이 코앞에 닥쳤지만 절대 한의의 도움을 받지 않았던 것을 떠올려 보면 쉽게 이해할 수 있다. 이는 한의학에 대한 당시 사람들의 불신이 어느 정도였는지 단적으로 보여준다.

당시 중국의 지식인들은 한의를 과학이 아닌 현학(玄學, 철학)의 일종으로, 한의사를 현대적 의미의 의사가 아니라 의사 노릇을 하는 현학가로 생각했다. 그 이유는 전통 한의학이 실험과 검사 없이 오로지 추측과 직관에만 의존해서 환자를 진료하고 치료한다고 여겼기 때문이다. 실증과 반증의 반복된 과정을 거치지 않는다면 아무리 오래된 학문이고 위대한 학자라도 오류를 범할 수밖에 없다.

논쟁의 여운

의학자 위윈시우(余雲岫)는 『영소상태(靈素商兌)』라는 책에서 전통 한의학 경전인 『황제내경』의 「소문(素問)」과 「영추(靈樞)」를 신랄하게 비판한 적이 있다. 그는 1929년 난징 국민정부가 개최한 위생 위원 회의에서 '한의를 폐지하여 의료 위생의 장애를 제거하자(廢止舊醫以掃除醫事衛生之障礙)'라는 제안을 해 '한의 폐지'를 공식적으로 거론한 인물이다. 그의 제안은 토론을 거쳐 '한의 허가 금지', '한의 양성 교육기관 설립 금지', '한의 선전과 보도, 홍보 금지'와 같은 규정으로 구체화하였다.

그렇지만, 이 규정은 한의학계의 격렬한 저항을 불러왔고 결국 실제로 시행되지는 않았다. 이후 한의학계에서는 한의에 법률적 지위를 부여하기 위해 준정부기관인 국의관(國醫館)을 설립하였고, 국의관 주도로 1936년 「한의조례(中醫條例)」를 제정해 한의의 지위를 법률적으로 확립하게 되었다. 이어서 1937년 개최된 중국국민당 중앙집행위원회 회의에서는 '한의 과목의 학교 교육과정 편입', '한의와 서의의 평등 대우'라는 결의를 통과시킴으로써 한의 존폐를 둘러싼 논쟁은 일단락되었다.

근대 시기에 한의가 지식인들의 비판에 직면해 존폐 위기까지 몰렸던 것은 당시 중국이 놓여 있던 혼란한 상황과 관련이 깊다. 당시 중국은 망해가는 나라를 되살려야 한다는 차원에서 전통 비판 운동이 격렬하게 벌어지고 있었고, 과학만능주의와 전반서화 사조가 전통 가치

중국 국의관 이사회 단체 사진

를 뒤흔들고 있었다. 이런 흐름 속에서 한의는 정파적 유불리에 따라 해석되고 비판받았다. 한의 존폐논쟁에 참여했던 대다수 지식인은 문학인이나 사상가, 정치가였으며 한의와 서의에 모두 정통한 의학자는 많지 않았다. 한의가 무조건 틀리고 양의가 절대로 맞는 것은 아니며, 그 반대도 마찬가지다. 다만 의학 외적인 목표를 달성하기 위해 사람의 건강 문제를 볼모로 삼는 행동은 주장의 타당성 여부를 떠나 지양해야 할 것이다.

4부

이데올로기와 과학

15

광장과 밀실

방 안 생김새는, 통로보다 조금 높게 설득자들이 앉아 있고, 포로는 왼편에서 들어와서 바른편으로 빠지게 돼 있다. 네 사람의 공산군 장교와, 국민복을 입은 중공 대표가 한 사람, 합쳐서 다섯 명. 그들 앞에 가서, 걸음을 멈춘다. 앞에 앉은 장교가, 부드럽게 웃으면서 말한다.

"동무, 앉으시오." 명준은 움직이지 않았다.

"동무는 어느 쪽으로 가겠소?" "중립국."

그들은 서로 쳐다본다. 앉으라고 하던 장교가 윗몸을 테이블 위로 바싹 내밀며 말한다.

"동무, 중립국도, 마찬가지 자본주의 나라요. 굶주림과 범죄가 우글대는 낯선 곳에 가서 어쩌자는 거요?" "중립국."

"다시 한번 생각하시오. 돌이킬 수 없는 중대한 결정이란 말요. 자랑스러운 권리를 왜 포기하는 거요?" "중립국."

이번에는, 그 옆에 앉은 장교가 나선다.

"동무, 지금 인민공화국에서는, 참전 용사들을 위한 연금 법령을 냈소. 동무는 누구보다도 먼저 일터를 가지게 될 것이며, 인민의 영웅으로 존경받을 것이오. 전체 인민은 동무가 돌아오기를 기다리고 있소. 고향의 초목도 동무의 개선을 반길 거요."

"중립국."

— 이청준, 「광장」 중에서

금괴 수송 작전

국공내전이 막바지로 치닫고 있던 1949년 1월, 화이하이(淮海) 이북에서 벌어진 대규모 전투에서 장제스의 국민당 군대는 치명적인 패배를 당한다. 화이하이 지역의 요충지 쉬저우(徐州)는 국민당 난징(南京) 정부로 들어가는 관문으로 이 지역에서의 패배는 국민당의 패배를 뜻하는 것이었다. 여파는 컸다. 며칠 후 난징 정부는 각국 대사관에

우위썬(吳宇森) 감독의 영화 〈태평륜〉. 국민당 피난민을 싣고 타이완으로 철수하던 중에 침몰한 태평륜호를 소재로 한 영화다.

통지를 보내 광저우(廣州)로 피신하도록 재촉하였고, 정부 각 부서도 서둘러 광저우로 철수하기 시작했다. 2월, 둥베이(東北), 화베이(華北), 화중(華中) 지역에서 국민당군이 공산당 인민해방군에게 연이어 패하자 장제스는 타이완(臺灣)으로 퇴각할 것을 결정한다. 대륙과 타이완 해협을 사이에 두고 있어 유사시 미국 태평양 함대의 지원을 받을 수 있다는 점과 50년간 일본의 지배를 받으며 어느 정도 경제적 토대를 갖추고 있었다는 점이 타이완을 선택하게 된 결정적 이유였다.

그렇지만 맨몸으로 퇴각할 수는 없었다. 장제스는 타이완에서의 안정적인 정착뿐만 아니라 대륙 수복까지 생각해야 했다. 그는 상하이 와이탄(外灘)에 있던 중앙은행 총재 위홍쥔(俞鴻鈞)에게 밀명을 내려 은행 지하 금고에 보관되어 있던 금괴와 은화, 외화 등을 타이완으로 반출하도록 했다. 위홍쥔은 하이싱호(海星號)와 쿤룬호(崑崙艦), 한민류(漢民輪) 등 해군 함정을 이용해 금괴 33,750kg, 은화 3,000만 개, 미화 7,000만 달러를 상하이 황푸강(黃浦江)에서 타이완으로 실어 날랐다. 통계에 따르면, 이때 타이완으로 가져간 금괴와 은화, 외화는 모두 합쳐 금괴 262,500kg에 달하는 양이었다. 이로 인해 장제스는 타이완 경제를 조기에 안정시키고 공산당에 맞설 수 있는 재정적 토대를 갖출 수 있었다.

고궁 보물 남천기

국공내전에서 패하고 대륙을 공산당에게 내어주게 된 국민당 정부는 정통성에 큰 타격을 입었다. 장제스는 통치의 정통성과 정당성을 확보하기 위해 고심하다 유구한 중국 문화의 상징인 베이징 고궁박물원(故宮博物院)의 보물들을 타이완으로 옮겨갈 계획을 세웠다.

일찍이 일본이 만주지역을 점령하고 만주국을 세운 뒤 상하이를 침공해 중일전쟁(1932)이 발발했을 때, 중국 정부는 일본군의 침략과 파괴행위로부터 문화재를 보호하기 위해 베이징 고궁(故宮)에 보관하고 있던 국보들을 서남쪽으로 분산시킨 적이 있다. 난징에 집결한 삼천여 상자에 달하는 문물이 기차와 배, 트럭 등에 실려 3개 노선으로 피난길에 올랐는데, 10년에 걸쳐 중국 각지를 떠돌게 된 이 유물들을 '남천(南遷) 문물'이라고 부른다.

항일전쟁이 끝나자, 유물은 기나긴 유랑생활을 마치고 난징의 조천

궁(朝天宮)에서 임시 보관하게 된다. 그렇지만 국공내전이 격화하고 국민당의 패색이 짙어지자 1948년 11월 10일, 주자화(朱家驊), 푸스녠(傅斯年), 후스, 웡원하오(翁文灝), 항리우(杭立武) 등 문화계 인사들은 회의를 개최해 고궁의 보물들을 타이완으로 옮기기로 결의하였다.

해군의 협조를 얻어 진행된 운반 작업은 모두 세 차례에 걸쳐 진행되었다. 1차로 도서와 유물 700여 상자를 실은 해군 함정 '중딩호(中鼎號)'가 타이완으로 떠났다. 타이완 철수 소식을 들은 군인 가족들이 선착장으로 몰려들어 출발이 지연되는 바람에 안전한 피난을 보장해 준 후에야 출항할 수 있었다. 보물 3,800여 상자를 싣고 두 번째로 떠난 초상국(招商局) 소속의 '하이후호(海滬號)'는 예정대로 타이완의 지룽(基隆)항에 도착했다. 세 번째 '쿤룬함'의 항행은 출발부터 난관에 부딪혔다. 타이완으로 피난하려는 사람들이 배 안을 차지하는 바람에 유물 실을 곳이 부족해지자, 의자와 탁자 등을 떼어내고 주방과 복도까지 상자를 빼곡히 채운 후에야 출발할 수 있었다. 그러나 2,000여 상자 가운데 700여 개는 부두에 남겨둘 수밖에 없었다. 게다가 항해 중 함장이 공산당과 내통하여 기수를 북으로 돌리려다 발각되는 일이 있었다. 함장을 제압하는 등 우여곡절 끝에 쿤룬함은 1949년 2월 22일, 마침내 타이완에 도착했다. 이로써 2,972개 상자에 실린 유물이 타이완의 품에 안기게 되었는데, 이는 고궁 남천 문물의 95%에 해당하는 것이었다. 타이완 정부는 1957년 소규모 전시관을 만들어 고궁 유물을 대중에게 공개했으며, 1965년 11월 12일 타이베이 고궁박물원(臺北故宮博物院)을 정식으로 개관해 대륙에서 가져온 유물을 전시·보관하고 있다.

3cm 길이의 감람씨에 배와 뱃놀이하는 인물을 조각하고 아래에 소동파의 〈후적벽부(後赤壁賦)〉 300여 자를 새긴 조감람핵주(雕橄欖核舟)

벽옥으로 동파육을 묘사한 육형석(肉形石)

비취로 배추를 조각한 취옥백채(翠玉白菜)

타이완 국립고궁박물원 대표 유물. 모두 대륙에서 실어 온 보물들이다.

왕희지의 정무본(定武本) 난정서(蘭亭序) 탁본

子貢問政. 子曰: "足食, 足兵, 民信之矣."

자공이 정치를 여쭈었다. 이에 공자께서 말씀하셨다. "먹을 것을 풍
족하게 하고, 군사력을 풍족하게 하고, 백성들에게 믿음을 주는 것
이 곧 정치다."

ㅡ『논어』「안연」

장제스는 10살 이전에 『사서(四書)』를 외웠을 정도로 중국 전통문
화에 대한 소양이 깊었다. 그가 『논어』에 나오는 위의 구절을 직접 언
급하지는 않았지만, 나라를 운영하는 데 필요한 것이 무엇인지는 잘
알고 있었던 것 같다. 그는 황금과 보물이 아무리 보배롭다고 해도 백
성들에게 믿음을 주지 못하면 새로운 나라를 건설하는 것은 불가능하
다고 생각했다. 이를 위해서는 백성들을 가르치고 인도할 인재를 확보
하는 것이 급선무였다.

타이완으로의 퇴각을 결정한 후, 장제스는 당시 교육부 장관이었던
주자화를 비롯해 푸스녠, 항리우, 장징궈(蔣經國), 천쉐핑(陳雪屏) 등에
게 타이완으로 데리고 갈 학계와 교육계 인사 명단을 작성하도록 했
다. '베이핑(현재의 베이징)과 톈진 학계·교육계 저명인사 구출 계획
(平津學術教育界知名人士搶救計劃)'(약칭 '대륙 학자 구출 계획〔搶救大陸學
人計劃〕')으로 명명된 작전 지침에서 장제스는 다음과 같은 선별 기준
을 제시했다. 첫째, 대학 또는 전문대학의 총장. 둘째, 중앙연구원 원사

(院士). 셋째, 정치적 이유로 대륙을 떠나야 하는 저명 지식인. 넷째, 국내외적으로 학술적 명성이 뛰어난 학자. 장제스는 푸스녠, 천쉐핑, 장징궈를 각각 책임자로 하는 세 개의 조직을 만들어 학자들을 직접 만나 회유할 것을 지시했다.

1948년 12월 13일, 대륙 학자를 타이완으로 태우고 갈 전용기가 베이핑의 난위안(南苑) 공항에 도착했다. 장제스의 명령으로 이틀 동안 공항에 대기했지만, 끈질긴 설득에도 불구하고 공항에 모습을 나타낸 사람은 후스, 천인췌(陳寅恪), 마오즈쉐이(毛子水), 첸스량(錢思亮) 등 소수에 불과했다. 특히 전국 과학 연구기관의 인재들도 대부분 대륙에 남기로 했는데, 중앙연구원의 원사 81명 가운데 22명만이 대륙을 떠나기로 했고, 그 가운데 타이완을 선택한 사람은 10명뿐이었다. 과학자만 따져 보자면 52명 과학자 가운데 4명만이 타이완행을 결정한 것이다.

분야	대륙 선택	타이완 선택	해외 선택
數理組	姜立夫, 許寶騄, 華羅庚, 蘇步靑, 吳有訓, 葉企孫, 趙忠堯, 嚴濟慈, 饒毓泰, 吳學周, 莊長恭, 曾昭掄, 李四光, 翁文灝, 黃汲淸, 楊鍾健, 謝家榮, 竺可楨, 周仁, 侯德榜, 茅以升	朱家驊, 凌鴻勛	陳省身, 吳大猷, 李書華, 吳憲
生物組	王家楫, 伍獻文, 貝時璋, 秉志, 陳楨, 童第周, 胡先驌, 殷弘章, 張景鉞, 錢崇澍, 戴芳瀾, 羅宗洛, 李宗恩, 張孝騫, 吳定良, 湯佩松, 馮德培, 蔡翹, 俞大紱, 鄧叔群	袁貽瑾, 李先聞	陳克恢, 汪敬熙, 林可勝
人文組	金岳霖, 湯用彤, 馮友蘭, 余嘉錫, 張元濟, 楊樹達, 陳垣, 陳寅恪, 顧頡剛, 梁思永, 郭沫若, 梁思成, 周鯁生, 錢端升, 馬寅初, 陳達, 陶孟和	吳敬恒, 傅斯年, 李濟, 董作賓, 王世杰, 王寵惠	胡適, 李方桂, 趙元任, 蘇公權

1949년 중앙연구원 원사들의 선택 상황

대륙에 남은 사람과 타이완으로 떠난 사람들은 각자의 이유가 있다. 베이징대학 총장을 역임했던 후스는 마오쩌둥의 만류에도 불구하고 타이완을 택했다. 후스는 미국에서 유학하며 실용주의 철학자 존 듀이를 사사한 자유주의 철학자로 철학적으로나 정치적으로 공산주의에 동조할 수 없었다. 그는 이렇게 말했다.

"소련은 빵은 있지만 자유가 없고 미국은 빵도 있고 자유도 있다. 그들(공산당)이 오면 빵도 없고 자유도 없다."

이에 반해 칭화대 국학원(國學院) 창립자 가운데 한 사람인 우미(吳宓)는 이렇게 말했다.

"나는 타이완으로 도망가거나 미국에 의탁하지 않을 것이다. 부모의 고향을 어찌 버릴 수 있으리오!"

대다수 지식인은 '고향을 버릴 수 없어서', 혹은 '중국 문화를 보존하고 발전시키기 위해서' 대륙에 남기로 했다. 국민당 정부의 실정(失政)도 이들의 결정에 영향을 미쳤다. 인플레이션과 물가 상승, 언론에 대한 통제와 여론에 대한 고압적 태도 등은 많은 지식인이 국민당에 반감을 갖도록 만들었다.

과학자들의 결정은 조금 더 현실적이었다. 과학 기자재와 연구 재료가 부족하고 실험 여건이 갖추어지지 않은 타이완에 비해 연구 활

과학자들에게 신중국을 함께 건설해 나가자고 호소하는 내용의 선전 포스터(1950)

동을 계속해 온 대학이 있는 대륙에 남는 것이 더 낫다고 생각한 것이다. 이런 생각의 이면에는 과학은 가치 중립적인 학문이므로 정치적 이념의 영향을 크게 받지 않을 것이라는 '나이브(naive)'한 생각이 깔려 있었다.

중국과학원의 조사에 따르면, 당시 해외에 거주하고 있던 중국 과학자는 대략 5,000여 명 정도였는데, 이들 가운데 고국으로 돌아온 사람은 1956년까지 2,000여 명에 달했다. 그들 또한 새로운 국가, 새로운 사회에 대한 기대와 환상을 품고 공산당을 지지했던 것이다.

대륙 과학자의 운명

중앙연구원(Academia Sinica)은 1927년 중화민국 시기 난징에 세워진 중국 최고 수준의 학술연구기관으로 물리, 화학, 공학, 지질, 천문, 기상, 역사 언어, 국문학, 고고학, 심리학, 교육, 사회과학, 동물, 식물 등 모두 14개의 연구소로 구성되어 있었다. 1949년 국민당 정부를 따라 타이완으로 옮겨간 중앙연구원은 1954년 타이베이 난강(南港) 지역에 정착하여 현재에 이르고 있다.

대륙에 남은 중앙연구원 원사들은 중화인민공화국 건국 후, 1949년 11월 1일 설립한 중국과학원(Chinese Academy of Sciences)에 소속되어 과학 연구를 계속할 수 있었다. 1950년 8월에는 중국과학사(中國科學社), 중화자연과학사(中華自然科學社), 중국과학공작자협회(中國科學工作者協會), 둥베이자연과학연구회(東北自然科學研究會) 등 네 개 단체가 주도하고 각 기관 대표 496명이 참여한 '중화전국자연과학공작자대표대회(中華全國自然科學工作者代表大會)'(약칭 科代會)가 개최되었는데, 이 자리에는 마오쩌둥, 저우언라이, 주더(朱德) 등도 참석해 대표자들을 접견하고 과학계의 의견을 들었다. 이처럼 건국 초기 대륙에서 과학 분야에 대한 공산당의 관심은 매우 고무적인 일이었다. 그렇지만 이런 평화로운 분위기는 오래가지 못했다. '인민을 위한 복무(爲人民服務)', '군중노선(群衆路線)', '정풍(整風)'에 대한 과도한 강조는 언제든지 과학이 정치의 시녀로 전락할 가능성을 담고 있

1948년 9월 중앙연구원 건립 20주년 기념회 및 제1차 원사회의 기념사진

문화대혁명 시기 자아비판 대회에 끌려 나가 조리돌림 당하는 지식인들

었다.

1949년을 기준으로 보면, 중국과학원 원사 233명에 과거 중앙연구원 원사였지만 여기 포함되지 않은 인원 14명을 합쳐 신중국의 최고 과학 엘리트는 모두 247명이었다. 그렇지만 1957년 벌어진 반우파투쟁과 1966년부터 10년간 이어진 문화대혁명의 광풍을 피해 온전하게 살아남은 과학자는 거의 없었다.

서양에서 유학했던 경험과 자유로운 탐구 정신은 도리어 그들을 옭아매는 족쇄가 되었다. 주자파(走資派, 자본주의 추종), 반동분자, 미국 간첩이라는 누명이 그들에게 덧씌워졌다. 재산 몰수와 조리돌림, 반복되는 자아비판과 고문으로 가정은 풍비박산하였고 사상 개조라는 핑계로 오지로 하방(下放) 당하곤 했다. 이 과정에서 목숨을 잃거나 불구가 된 경우도 부지기수였다. 타이완이나 중립국이 아닌 부모의 고향인 대륙을 선택한 그들의 삶은 대부분 비극으로 막을 내렸으며, 중국 과학의 발전도 30년 이상 정체될 수밖에 없었다.

예치순(葉企遜, 1898~1977) ────────

중국 근대 물리학의 창시자. 시카고대와 하버드대에서 공부한 후 귀국해 칭화대에서 교편을 잡았다. 1960년대 '양탄일성(兩彈一星)'(양탄은 원자폭탄과 수소폭탄을, 일성은 인공위성을 말한다) 개발을 성공시킨 23명의 물리학자 가운데 13명이 그의 제자이다. 1966년 '제국주의 앞잡이'라는 오명을 쓰고 수용소[牛棚]에서 노동 개조를 당했으며, 1968년 국민당 첩자로 몰려 투옥되었다. 1년 후 정신 이상으로 석방되었으며, 중관촌(中關村, 교수 빌라촌) 주위에서 구걸하는 모습이 자주 목격되었다. 1977년 베이징에서 사망했다. 사인은 기아 또는 자살로 추정된다. 반면 그에게 배웠지만 미국 유학을 떠나 귀국하지 않은 리정다오(李政道)와 양전닝(楊振寧)은 미국 국적으로 1957년 노벨 물리학상을 수상했다.

후셴쑤(胡先驌, 1894~1968) ────────

중국 근대 식물학 선구자. 미국 캘리포니아대와 하버드에서 농업과 식물학을 전공했다. 중국 식물 분류학을 창시했고, 중국 최초로 생물학과를 만들었다. 1952년 사상 개조 운동 때, 장제스에 대한 비난을 거부했다는 이유로 대중 앞에 끌려 나가 자아비판을 했으며, 미국 유학 당시 타이완 학자들의 논문이 실린 잡지에 투고했던 것이 문제가 되어 반동분자로 낙인 찍혔다. 문화대혁명 기간 동안 수차례에 걸쳐 목에 팻말을 걸고 고깔모자를 쓰고 두 손이 뒤로 묶인 채 대중 앞에 꿇어앉아 따귀를 맞고 주먹질과 발길질을 당했다. 평생 수집한 장서와 문물, 자료 등을 모두 압수당하고 갖은 모욕과 학대를 당하던 중 심장병이 발작해 사망했다.

쩡샤오룬(曾昭掄, 1899~1967)

청말 양무파(洋務派) 증국번(曾國藩)의 종손. 미국 매사추세츠공과대학을 졸업했다. 중국 화학회를 창립하고 베이징대 화학과의 토대를 다졌다. 중앙연구원 및 중국 과학원 원사, 베이징대 교수, 교육부 부부장을 역임했다. 1957년 마오쩌둥이 제기한 '백화제방, 백가쟁명'의 방침에 부응해 「과학 체제 문제에 관한 몇 가지 의견에 대하여」라는 보고서를 작성하고 페이샤오퉁(費孝通) 등 몇몇 교수와 함께 중국 과학 정책의 문제에 관한 비판적 의견을 제시했다. 이후 이 보고서가 공산당과 사회주의의 과학 노선에 반하는 것이며 우파적 견해를 담고 있다 하여 그를 포함해 여섯 명의 교수가 누명을 쓰고 박해를 당했다. 고통을 못 이기고 아내가 먼저 자살하였고 다음 해, 문화대혁명의 광풍 속에서 쩡샤오룬도 스스로 목숨을 끊었다.

셰자롱(謝家榮, 1898~1966)

중국과학원 원사, 지질학자. 중국지질학회를 창립했
다. 미국 위스콘신대학에서 유학했다. 유전(油田) 시추
탐사 이론을 확립하여 중국 최초의 대형 유전인 다칭
(大慶) 유전 탐사에 결정적으로 공헌하였다. 1957년 반우파투쟁 중
에 우파로 몰려 숙청되었으며, 문화대혁명 때 가산이 몰수되고 자
아비판 대회에서 여러 차례 대중에게 조리돌림 당하다 수면제를 복
용하고 자살했다. 한 달 후, 부인도 자살했다.

자오주장(趙九章, 1907~1968)

저명 기상학자이자 중국 지구물리학 및 공간물리학
의 개척자이다. 독일 베를린대학에서 유학했다. 중국
인공위성 사업의 선구자이다. 국민당 원로 다이지타
오(戴季陶)의 외손자로 장제스 차남과 함께 독일에서 유학했다는
이유로 수없이 사상 검증을 당했다. 문화대혁명 시기, 조리돌림 당
하던 중 대중 앞에서 머리를 숙이지 않는다는 이유로 인두로 다리
와 허리, 입술 지짐을 당했다. 1968년 약을 먹고 자살했다.

푸롄장(傅連璋, 1894~1968)

의학자이자 중국 공산당 고위 간부이다. 1930년대 국
공내전 중에 홍군(紅軍)에 참가했다가 국민당 반공 단
체인 AB단(團) 요원에게 체포되었으나 천신만고 끝에

미스터 사이언스

탈출해 목숨을 건졌다. 딸과 사위는 총살당했다. 젊어서 서양의학을 배워 대장정 때 마오쩌둥, 저우언라이, 주더의 목숨을 여러 차례 구했다. 중화인민공화국 건립 후 국무원 위생부 부부장을 역임했다. 문화대혁명 때 체포되어 늑골 세 개가 부러질 정도의 잔혹한 고문을 당한 뒤 옥사했다.

샤오광옌(蕭光琰, 1920~1968)

중국 물리화학자. 미국 시카고대학 물리화학과에서 유학했다. 시카고대학 연구원으로 재직하며 석유화학 전문가로 명성을 떨쳤다. 중화인민공화국 건립 후, 수천 달러를 들여 인쇄기를 구매해 1년여에 걸쳐 귀중한 자료를 인쇄해 중국으로 가지고 들어왔다. 중국 최초로 석유화학 분야를 연구해 '중국 석유화학의 아버지'라는 별칭이 생겼다. 1968년 문화대혁명 발발 후, 부르주아 계급으로 몰려 투옥되었으며 밤낮없이 가해지는 구타를 견디다 못해 자살했다. 3일 후 아내와 15세 딸도 자살했다.

살아남은 자의 슬픔

물론 나는 알고 있다.
오직 운이 좋았던 덕택에

나는 그 많은 친구들보다 오래 살아남았다.

그러나 지난밤 꿈속에서

친구들이 나에 대하여 이야기하는 소리가 들려왔다.

"강한 자는 살아남는다."

그러자 나는 자신이 미워졌다.

— 베르톨트 브레히트, 「살아남은 자의 슬픔」

인간이란 존재는 자신의 밀실에서만은 살 수 없으며, 밀실과 광장은 이어져 있어 어느 것 하나라도 없어서는 안 된다. 그렇지만 자유주의 국가에서 광장은 죽은 곳이나 다름없고 더럽고 처참한 밀실만이 존재하는 반면, 사회주의 국가는 밀실 대신 광장이 있지만 숨 쉴 수 없는 곳이다. 최인훈의 소설 『광장』에서 주인공 이명준은 '밀실'만 존재하는 모순되고 부조리한 남한 사회에 염증을 느껴 월북하지만, 북한도 혁명으로 포장된 거짓된 '광장'만 존재할 뿐 '밀실'의 자유조차 없다는 것을 깨닫게 된다. 그는 한국전쟁이 끝난 후 포로의 몸이 되어 중립국으로 가기를 선택하지만, 공산주의와 자본주의를 넘어서는 새로운 이념의 이상사회는 존재할 수 없다는 것을 알고 결국 배 위에서 바다로 몸을 던진다.

무언가를 선택한다는 건 무언가를 포기한다는 것이다. 대륙에 남을 것인지, 타이완으로 갈 것인지 선택의 갈림길에서 많은 중국의 과학자들은 대륙에 남는 것을 선택했다. 선택의 과정에서 그들이 신뢰한 것은 사회주의라는 이념이 아니라 '진리는 진리다'라고 인정할 수 있는

과학 정신이었을 것이다. 과학을 하기 위해서는 사상의 자유, 비판의
자유, 수정의 자유가 있어야 하고, 과학자의 독립성과 독창성이 보장
되어야 한다. 탐구와 비판의 자유, 타인의 관점을 존중하는 관용의 문
화가 있어야지만 과학이 발전할 수 있다. 중국의 과학자들은 이런 과
학 정신이 세상의 온갖 비난, 야유, 조롱으로부터 견딜 힘을 가져다줄
것으로 믿었다. 그렇지만 이데올로기를 앞세워 인간으로서의 존엄과
자존, 인격과 명예를 붕괴시키고 가족마저 희생시키는 '거짓된 광장'
에서 그들이 선택할 수 있는 길은 그리 많지 않았다.

중국 현대 과학사의 참혹한 비극, 인류 정신사의 처절한 패배다.

16

베이징 원인과 '노동하는 인간'

> 우리는 생물의 일종으로서 진화의 거대한 운명을 거스를 수 없다. 인간은 진화한다. 하지만 동시에 스스로 만든 문화와 운명으로 자신의 진화에 영향을 끼칠 수 있는 특이한 존재이기도 하다. 지니고 있는 어떤 특성도 절대적으로 유리하거나 우월하지 않지만 인간은 스스로 자신을 위해 그 특성을 활용할 수 있는 능력이 있다. 그런 우리가 할 수 있는 가장 좋은 일은 무엇일까?
>
> — 이상희·윤신영, 『인류의 기원』 중에서

베이징 원인의 발견

오늘날 우리는 인류의 가장 오래된 조상이 수백만 년 전의 아프리카에서 기원했다고 알고 있다. 그렇지만 인류학 연구가 막 시작된 19세기 말부터 20세기 초까지 많은 인류학자는 아시아, 특히 동아시아를 인류의 요람으로 생각했다. 과학적 방법과 접목한 고고 인류학이 발전하면서 중국이나 주변 지역에서 가장 오래된 인류 화석을 찾으려는 서양 인류학자들이 동아시아로 몰려들기 시작했다. 여기에는 스웨덴 학자 요한 군나르 안데르손(Johann Gunnar Andersson, 1874~1960)도

베이징 원인 두개골 모형(좌)과 복원상(우)

포함돼 있다. 그는 20세기 문명 발굴사에 길이 남을 양샤오 문화(仰韶
文化)를 발견한 인물로도 유명하다. 아시아 대륙의 첫 번째 석기 시대
유적지인 양샤오 문화 유적지의 발굴로 서양 학자들이 줄곧 동아시아
는 인도-유럽 문명의 주변부에 속한다고 생각해온 기존의 통념을 깨
뜨릴 수 있었다.

애초 안데르손은 북양정부가 탄광과 철광 탐사를 위해 초빙한 인물
이었다. 그렇지만 위안스카이(袁世凱)가 갑자기 죽게 되자 그가 속한
부서는 자금원을 잃게 되어 돈이 덜 드는 동물화석 연구에 집중할 수
밖에 없었다. 당시 중국에서는 동물화석을 '용골(龍骨)'이라 부르며 한
약재로 사용했기 때문에 그다지 낯선 것은 아니었다. 1899년 국자감
(國子監) 학자 왕의영(王懿榮)이 감기 치료를 위해 지어온 한약재에 들
어 있던 용골에서 갑골문(甲骨文)을 발견한 것은 유명한 이야기다.

1921년 안데르손은 베이징에서 서남쪽으로 50km 떨어진 주구점
(周口店)이라는 마을에 '용골산(龍骨山)'이 있는데, 현지 사람들이 산

을 파고 석회를 태울 때 종종 동물 뼈가 나왔다는 얘기를 들었다. 그는 혹시라도 고인류 화석을 발견하게 되지 않을까 기대를 품고 용골산으로 갔다. 안데르손은 이곳에 석영이 많이 있다는 것에 주목했다. 그것은 현지에서 나지 않는 것으로 그렇다면 누군가 다른 지역의 석영석을 이곳으로 가져왔다는 것이다. 이 점이 중요한 것은 석영이 고인류 석기 제작의 기본 재료이기 때문이다. 비록 고인류 화석을 발견하지는 못했지만, 그는 주구점에 다녀온 후 한 시도 그곳을 잊을 수 없었다. 그는 주구점 용골산이 인류 기원의 수수께끼를 푸는 열쇠일지도 모르며, 언젠가 이곳이 인류 역사의 새로운 장을 여는 곳이 될지 모른다고 생각했다.

안데르손의 예감은 틀리지 않았다. 1927년, 중국 지질학자 리데(李捷)와 스웨덴 생물학자 볼린(Birger Bohlin)은 용골산에서 대규모 발굴작업을 벌여 몇 개의 인간 치아 화석을 발견했다. 베이징 협화의원의 해부학자 데이비드슨 블랙(Davidson Black)은 화석을 분석해 그것이 당시까지 알려지지 않았던 매우 오래된 고대 인류 종을 대표한다고 결론 내리고, 그것을 '베이징 중국 원인(北京中國猿人, Sinanthropus pekinensis)', 속칭 '베이징 원인'이라고 이름 붙였다. 새로운 고인류 화석이 발견되었다는 소식이 전해지자, 전 세계가 흥분에 휩싸였다. 베이징 원인이 살았던 연대는 당시까지 알려졌던 가장 오래된 인류인 네안데르탈인보다 40만 년 빠르므로, 만약 그들이 존재했다면 세계에서 가장 오래된 인류의 조상이 될 것이기 때문이다. 그렇지만 치아만으로는 정보가 부족해 의구심을 가진 학자들이 적지 않았다.

1929년 12월 2일, 살을 에는 듯한 추위에 사람들은 문밖으로 한 발짝도 나오려 하지 않았다. 하지만, 주구점의 야산에는 아직도 네다섯 명의 인부들이 웅덩이에 웅크리고 앉아 흙을 파헤치고 있었다. 이곳은 얼마 전까지만 해도 발굴 작업이 활발하게 진행되던 곳이었지만 두꺼운 암반층을 만나는 바람에 더는 작업을 할 수 없게 되었다. 발굴에 참여했던 학자들이 하나둘씩 떠나버리는 바람에 남은 사람이라고는 인부 몇 명과 1년 전 베이징대학 지질학과를 졸업한 발굴 책임자 페이원중(裵文中)뿐이었다.

그들은 두꺼운 암반을 치워내고 흙을 파 내려가던 중 작은 동굴을 하나 발견했다. 동굴 바닥에는 괴상한 모양의 화석이 있었다. 인부 한 명이 동굴 밖에 대기하고 있던 페이원중에게 소리쳤다.

"여기 뭔가 대단한 놈이 있습니다!"

페이원중이 급히 물었다. "뭔가?"

"아마 코뿔소 다리 같습니다."

페이원중이 직접 줄을 타고 미끄러지듯 동굴 아래로 내려갔다. 이게 무슨 동물 다리인가, 분명 고대 인류의 두개골 아닌가!

— 자란포(賈蘭坡), 『주구점기사(周口店記事, 1927~1937)』 중에서

두개골 화석의 아랫부분은 딱딱한 흙 속에 묻혀 있었고 윗부분은 부드러운 흙으로 덮여 있었다. 페이원중은 화석 주변의 흙을 걷어낸 뒤 지렛대를 이용해 두개골을 조심스럽게 빼냈다. 화석은 출토될 때 매우 습해서 건드리기만 해도 깨지기 쉽다. 페이원중은 두 명의 기술

주구점 유적지(좌)와 베이징 원인을 발굴한 동굴(중), 그리고 페이원중(우)

자와 함께 밤새 숯불을 피워 두개골을 구워 식힌 뒤 물에 적신 종이를 두껍게 여러 겹 발랐다. 그런 다음 석고와 마대 조각을 바르고 굽기를 반복했다. 표면의 석고가 건조되어 단단해지면 속에 있는 화석은 훼손될 위험이 없다. 페이원중은 두개골 화석을 낡은 면 이불로 감싸고 겉은 담요로 덮은 뒤 직접 시외버스를 타고 베이징 시내 중국지질조사소 연구실로 가져갔다.

이 두개골 화석은 매우 오래된 형태학적 특성이 있다. 두개골 전체의 골벽은 아주 두꺼워서 마치 천연 헬멧과 같고 눈두덩이 위쪽에는 눈썹활(미궁)이 발달해 앞으로 튀어나왔다. 뇌 용량은 약 1,000mL 정도로 현대인의 뇌에 비해 4분의 1가량 적다. 이와 같은 특징의 두개골은 학자들도 처음 접하는 것이었다.

페이원중이 찾아낸 고인류 화석은 훗날 사람들이 '베이징 원인(北京猿人)'이라고 부르는 것이었다. 이후 몇 년 동안 이곳에서 출토된 두개골은 전 세계 고고학계 초미의 관심사가 되었으며, 인류 진화사에 대한 대중의 인식도 새롭게 바뀌었다. 사람들은 베이징 원인을 세계에서 가장 오래된 인류로 여겼으며, 베이징 원인으로 대표되는 고인류 집단이 현대 아시아인의 조상이라고 주장하는 사람이 나오기도 했다. 주구점은 세계 고고 인류학의 성지가 되었다.

이후 몇 년 동안 발굴팀은 베이징 원인의 턱뼈와 측두골 등을 발견하고 불을 사용했음을 알려주는 대량의 재층[灰燼層]을 발견했고, 1936년 11월에는 3개의 베이징 원인의 두개골을 연속해서 발견했다.

베이징 원인의 실종

1937년, 중일전쟁이 발발하고 일본군이 베이핑을 점령하자 용골산도 재난을 면하지 못했다. 발굴팀의 기술자 3명이 일본군에 의해 잔인하게 살해됐고, 연구센터와 창고는 파괴되어 참호벽을 쌓기 위한 석재로 사용되었다. 중국 측 학자들은 정부를 따라 남쪽으로 피난해 윈난 (雲南) 일대를 전전했고 외국 전문가들은 고국으로 귀환했다. 이로써 주구점의 발굴작업은 중단되고 말았다.

그렇지만 불행은 그것으로 끝이 아니었다. 50만 년 동안 땅속에 묻혀 있다가 세상에 모습을 드러낸 베이징 원인이 12년 만에 갑자기 사라져 버린 것이다. 애초 연구진은 화석이 일본인의 손에 넘어가는 것을 막기 위해 주중 미국영사관에 화석을 맡기기로 결정했다. 태평양전쟁 직전 일본이 미국을 침공할 것을 눈치챈 미군은 화석을 친황다오 (秦皇島)로 호송해 본토로 운반할 준비를 했다. 그렇지만 진주만 공습에 이은 일본군의 갑작스러운 선전포고로 현지 미군은 일본군의 포로가 되었고, 이 와중에 베이징 원인 화석은 자취를 감추고 만 것이다.

일설에 따르면 화석은 호시탐탐 화석을 노리던 일본이 약탈해 갔거나 일본으로 실어가는 도중 화물선이 미군에 의해 격침돼 수장되었다고 한다. 혹자는 당시 급박한 상황 속에서 미군이 베이징이나 톈진 또는 친황다오의 지하에 화석을 몰래 묻었다고 주장하기도 한다. 그렇지만 어느 하나 사실로 확인된 것은 없다. 그나마 다행인 것은 1935년 중국에 초빙되어 온 독일의 저명한 인류학자이자 해부학자인 바이덴라이히(Franz Weidenreich)가 1941년 중국을 떠나기 전, 자신의 중국인 조수 후청즈(胡承志)를 시켜 뉴욕 자연사박물관에 보관할 북경인 두개골 모형을 만들도록 했다는 것이다. 후청즈는 우선 세 개의 모형을 만들어 두 개는 미국으로 보냈으며, 이후에도 두 개의 모형을 다시 만들었다. 비록 진품은 사라졌지만 후청즈의 노력에 힘입어 형태나 색깔이 진품과 거의 같은 정밀한 모형이 오늘에까지 전하게 되었다.

중화인민공화국이 세워진 이후, 정부와 학자들도 베이징 원인 화석의 행방을 찾기 위해 백방으로 노력을 아끼지 않았다. 하지만 여전히 베이징 원인의 행방은 오리무중이다. 이런 가운데 '최고(最古) 인류'라는 칭호를 얻었던 베이징 원인은 아프리카에서 발견된 더 오래된 인류 화석에 그 자리를 넘겨주었다. 이제 사람들은 베이징 원인 이전에 호모 하빌리스(Homo habilis)가 존재했으며, 그 이전에 오스트랄로피테쿠스(Australopithecus)가 있었다는 것을 알고 있다.

1987년, '주구점 베이징 원인 유적지(周口店北京猿人遺址)'는 유네스코 세계 문화유산에 등록되었다.

노동이 인류를 창조했다

베이징 원인은 호모 에렉투스에 속하는 종으로 처음에는 '베이징 중국인(*Sinanthropus pekinensis*)'(1926)으로 부르다 '원숭이'라는 뜻을 가진 'Pithe'라는 말을 넣어서 '베이징 원인(*Pithecanthropus pekinensis*)'(1946)이라 하였으며, 이후 '중국 원인(*Pithecanthropus pekinensis*)'(1957)으로 불리기도 했다. 현재, 학계에서는 1940년 독일계 미국인 바이덴라이히가 붙인 '베이징 직립인(*Homo erectus pekinensis*)' 이라는 학명이 통용되고 있으며, 중국에서는 일반적으로 미국인 윌리엄 그레이보(Amadeus William Grabau)가 붙인 '베이징인(Peking man)'이라는 애칭이 널리 사용되고 있다.

흥미로운 것은 중화인민공화국이 세워진 이후, 1950년대부터 60년대까지 인류의 기원과 진화에 관한 이론이 사회주의 이념을 공고히 하는 데 이용되었다는 점이다. 베이징 원인의 발굴은 인간이 유인원에서 인간으로 진화했다는 다윈 진화론에 대한 중요한 물리적 증거이다. 진화론은 1896년 옌푸가 번역 출간한 『천연론』('천연론'은 '진화론'의 번역어이다)을 통해 중국 사회에 큰 충격을 주었지만, 옌푸가 소개한 것은 다윈의 생물 진화론이 아니라 헉슬리(Thomas Henry Huxley)의 사회 진화론이었다.

그는 당시 망국의 위기에 처한 중
국인들의 각성을 촉구하기 위해 '생
존경쟁'과 '자연도태', '적자생존'을 핵
심으로 하는 사회진화론을 중국에 소
개했다. 이에 비해 베이징 원인의 발
굴은 여와(女媧)가 인간을 창조했다

『천연론』(좌)과 옌푸(우)

는 신화적 창조설을 굳게 믿고 있던 중국인의 세계관에 큰 동요를 일
으킬 만한 것이었다. 공산 중국의 지식인들은 이것이 미신을 타파하고
종교를 비판하며 과학적 세계관을 선전하는 데 큰 역할을 할 것으로
기대했다. 즉, 인류의 발전 단계에 원인(猿人)의 단계가 존재했다는 사
실을 실증함으로써 인류 진화의 유물론적 근거를 확보하고, 인류 사회
가 원시 공산사회, 고대 노예제 사회, 중세 봉건제 사회, 근대 자본주의
사회, 현대 공산주의 사회 순서로 발전한다는 마르크스의 역사발전 5
단계설도 힘을 받을 수 있다는 것이다.

베이징 원인과 함께 발굴된 석기와 불을 사용한 흔적 등은 인류가
도구를 사용했고 '노동'을 통해 공동체 생활을 유지한 증거로 간주되
어 '노동하는 인간(Homo laborans)'으로서의 특징이 집중적으로 부각
되었다. 공산당 정부와 지식인들은 이 사실이 갓 생겨난 사회주의 중
국을 과학적으로 정당화할 수 있는 중요한 수단이 된다고 보았다. 마
르크스와 함께 마르크스주의를 창시한 엥겔스는 일찍이 '노동을 통해
인간이 진화해 왔고 인간 사회가 진보할 수 있다'고 말했다. 노동이 인
간 존재의 본질이자 노동을 통해 인간의 본질이 창조되었다는 점은 '노

'노동이 인간을 창조했다'는 제목의 연환화
(連環畵)

동'을 핵심적인 가치로 삼는 중국에서 사회주의 이념과 마르크스주의를 대중에게 보급하는 데 매우 유용한 과학적 지식이었으며, 베이징 원인은 그것을 증명하는 강력한 증거가 되었다. 이 밖에 '하늘이 부여한 것을 본성이라 한다(天命之謂性), 〔『중용(中庸)』〕'는 전통 인성론도 고고인류학과 자연과학의 입장에서 효과적으로 비판할 수 있게 되었다.

공산주의 사상에 의하면 공산주의 혁명의 '주체'는 노동자와 농민 등 일반 대중이어야 했다. 따라서 사회주의 중국이 제대로 서기 위해서는 대중이 사회 전면에 등장해 혁명을 완성해야 한다. 하지만 당시 중국의 대중은 무지하고 몽매한 상태에서 벗어나지 못했기 때문에 교육과 계몽을 통해 대중의 위상을 새롭게 정립할 필요가 있었다.

고고학 발굴은 일반 대중이 사회개혁의 주체가 되는 데 있어 중요한 시사점을 던져주었다. 고고학 발굴 과정에서 일반 대중의 역할은 절대적이다. 어디에 묻혀 있는지도 모르는 유물을 찾기 위해 척박한 땅과 씨름하며 몇 년을 보내는 일은 다반사고, 발굴된 동물화석이나 유적 중에는 농민들이 농사짓는 과정에서 발견한 것이 상당수였다. 그렇지만 그동안 이들의 역할은 엘리트주의에 가려져 과소평가 되거나 무시되기 일쑤였다. 고된 노동은 언제나 노동자나 농민의 몫이었지만 발굴 성과는 소수 학자에 의해 점유되었다. 베이징 원인의 발견 역시 마찬가지

'우리는 노동을 사랑한다'는 표어(좌)와 '몸은 노동을 떠나서는 안 되고, 마음은 군중을 떠나서는 안 된다' 는 표어(우)가 적힌 1950년대 선전 포스터

였다. 대중의 참여가 없었다면 베이징 원인의 발굴은 불가능했을 것이다. 따라서 고고학 탐사와 발굴에서 대중의 역할과 공헌을 강조하는 것은 대중을 역사의 주체로 격상시키는 것임과 동시에 그들을 과학 활동에 참여시킴으로써 인민 계몽에도 큰 역할을 할 수 있었다.

물론 대중의 과학 활동 참여가 무조건 긍정적인 것은 아니다. 과학에 문외한인 대중이 과학 활동을 주도하게 되면 그들이 전문 과학자를 이끌거나 비판해야 하는 경우가 생기는데, 이러면 순수 학문에 심각한 위기가 초래될 수 있다. 대중이 주도한 문화대혁명 때 지식인이 당한 고초를 생각하면 쉽게 이해될 수 있다. 이것은 사회주의 중국이 대중의 과학 참여와 제한을 두고 고민할 수밖에 없는 지점이었다.

미래를 발굴한다는 것

베이징 원인은 일찍이 많은 관심과 주목을 받았지만, 후에는 많은 도전과 의문에 직면했다. 베이징 원인의 발굴로 인한 인류 진화 이론의 실증은 과학 연구의 진전을 의미하였으나 사회주의 중국에서는 대중을 계몽시키고 고무시키는 정신 개조의 도구로 활용하기도 했다. 정부와 학계는 중국인의 기원과 원시 공산주의의 성격 등을 논하는 과정에서 베이징 원인을 적극적으로 활용했으며, 베이징 원인을 공식적인 중국인의 먼 조상으로 재탄생시키고자 했다. 베이징 원인의 발견으로 인해 한때는 인류의 다지역 기원설이 대두되기도 하였으며, 일부 중국 학자들은 호모 에렉투스를 황인종의 시조로 선전하기도 했다. 그

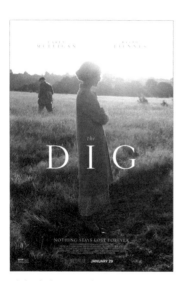

영화 〈더 디그〉 포스터

렇지만 이런 비 실증적 가설은 점차 폐기되었고 연구 분석을 통해 현생 인류의 선조는 호모 사피엔스뿐이라는 사실이 확정되었다. 어떤 학자는 베이징 원인이 가진 의미가 지나치게 과장되었으며 정치적 필요에 의해 이용된 측면이 있다고 주장했다.

2021년 상영된 넷플릭스 영화 〈더 디그(The Dig)〉는 1939년 영국 서포크 서튼 후 지방에서 영국의 한 미망인이 아마추어 발굴가를 고용해 자신의 사유지

에 있는 둔덕을 파헤쳐 앵글로색슨 유적을 발굴하는 실화를 바탕으로 한 영화이다. 전운이 감도는 가운데, 정식 고고학 교육을 받은 적은 없지만 현장 경험이 많은 배질 브라운은 이디스 부인과 함께 묵묵히 발굴을 이어간다. 주류 고고학자들과 지역 박물관의 비웃음과 멸시를 견뎌낸 끝에 그는 결국 배의 형태를 띤 영웅의 무덤을 발견해 낸다.

영화 중간에 유명 고고학자들에 밀려 자신의 이름은 기억되지 않을 거라며 발굴에서 빠지겠다는 브라운에게 그의 아내가 다음과 같이 말하는 장면이 나온다.

> "발굴은 과거나 현재가 아니라 미래를 위한 일이에요. 후대에 그들의 뿌리를 알려주는 일이니까요."

영원을 발굴하는 작업 앞에서 이름을 남기거나 정치적 효과를 강조하기에는 인간이란 존재가 한없이 초라하다.

17

열린사회와 그 적들

"그가 속았다는 사실을 납득시키는 것보다 그를 속이는 일이 더 쉽다."
— 마크 트웨인

유전학의 아버지

그레고어 요한 멘델(Gregor Johann Mendel, 1822~1884)은 식물이나 동물의 특성이 어떻게 부모 대에서 자손대로 전해지는지 규명하고 유전의 기본 법칙(우열의 법칙, 분리의 법칙, 독립의 법칙)을 밝혀낸 가톨릭 수도사이자 식물학자이다. 완두콩 교배 실험을 통해 그가 발견한 유전 법칙은 현대 유전학의 기초가 되었다. 그는 형태와 색깔 등에서 다양한 특징을 가진 완두를 심은 후 각각의 완두의 특징이 자손에게 어떻게 유전되는지를 관찰했다. 예를 들어 붉은 꽃이 피는 완두의 꽃가루를 흰 꽃의 암술에 묻혀 교배하였더니 붉은 꽃만 피었는데, 멘델은 이

현대 유전학을 태동시킨 멘델(좌)과 모건(우). 모건은 1933년에 유전학자 최초로 노벨 생리학상을 수상했다.

것이 붉은 꽃이 가진 형질(특징)이 흰 꽃이 가진 형질보다 강하며 강한 형질이 다음 세대로 유전되었기 때문이라고 보았다. 그는 유전되는 강한 형질에 '우성'이라는 이름을, 쉽게 유전되지 않는 약한 형질에 '열성'이라는 이름을 붙였다.

멘델은 6년여에 걸친 실험과 관찰을 마치고 결과를 정리해 1865년 자연과학학회에서 발표하였고, 이듬해 「식물의 잡종에 관한 연구」라는 제목으로 학회지에 게재했다. 그렇지만 그의 연구는 지나치게 수학적이고 추상적이라는 이유로 당시 크게 주목받지 못했다. 그가 사망하고 10년이 지난 1900년에 와서야 코렌스(Carl Erich Correns), 체르마크(Erich von Tschermak), 드 브리스(Hugo de Vries) 등 세 명의 학자가 유사한 연구를 통해 멘델의 법칙을 재발견하였으며, 이를 계기로 멘델은 유전학의 아버지가 되었다.

멘델의 유전법칙은 기독교인들의 비판에 직면하기도 했다. 신학자들은 멘델의 유전법칙이 기독교 창조론에 어긋난다고 주장했다. 인간

바이오아트(BioArt) 작가 코엔 반메헬렌(Koen Vanmechelen)이 1990년대 후반에 추진한 '범세계적 닭 프로젝트(The Cosmopolitan Chicken Project)' 교배 순서도. 작가는 전 세계의 다양한 종의 닭을 찾아내어 서로 교배시킴으로써 전 세계 모든 닭의 유전자를 가진 '범세계적인 닭'을 창조하였다. 작가는 이런 예술 행위를 통해 같은 유전자 구조로 되어 있는 인간종이지만 끊임없이 반목하고 충돌하는 인간 세계를 비판하고 있다. '바이오아트'라는 말은 미국인 예술가 에두아르도 칵(Eduardo Kac)이 1997년 처음 사용한 말로, 유전자, 세포 또는 살아 있는 동식물을 매체로 만들어 내는 예술을 뜻한다. 멘델의 과학적 유산과 예술의 현대적 결합이라 할 수 있다. ⓒ Koen Vanmechelen

은 신의 의도와 계획에 따라 신의 모습과 닮게 창조되었기 때문에 영적이고 도덕적인 측면을 고려하지 않은 유전법칙은 창조주로서 신의 위상을 침해하고 인간의 존엄과 가치를 무시한다는 것이다. 그렇지만 멘델의 법칙이 복잡한 형태의 유전 과정을 단순하게 설명해 주어 신의 창조계획이 얼마나 위대한지 알게 해주었다며 환영하는 사람들도 적지 않았다. 도식적이고 직관적이며 유치한 수준의 전통 유전 이론과 비교해 보면 멘델의 법칙은 실증을 통해 도출된 것임과 동시에 신의 창조 이후 진화과정을 설명해 주는 훌륭한 이론이었기 때문이다. 그렇지만 아이러니하게도 멘델 유전 법칙에 대한 신랄한 비판은 20세기 초, 과학적 사회주의를 표방한 소련과 중국에서 제기되었다.

리센코 사건(the Lysenko affair)

1917년 볼셰비키 혁명으로 제정 러시아가 무너지고, 1922년 스탈린에 의해 소비에트 사회주의 공화국 연방, 약칭 소련(蘇聯)이 세워졌다. 그렇지만 19세기 말부터 거듭되어 온 전쟁과 폭동, 혁명과 내전은 물자 부족과 식량난을 악화시켰으며, 열악한 생활환경으로 인해 대중들의 불만은 정점으로 치닫고 있었다. 이런 난국을 타개하기 위해서는 시급하게 해결해야 할 두 가지 문제가 있었다. 하나는 물질적 측면에서 식량 생산을 늘려 민중들을 기아의 고통에서 해방시키는 것이었고, 다른 하나는 교육과 개조를 통해 민중들을 사회주의적 인간으로 재탄생시키는 것이었다. 얼핏 보기에 이 둘은 서로 관련 없는 별개의 문제인 것처럼 보이지만, 소련 농학자 트로핌 리센코(Trofim Lysenko, 1898~1976)가 등장하자 두 가지 문제를 한꺼번에 해결할 수 있는 길이 열리게 되었다.

리센코는 1898년 우크라이나의 농부 가정에서 태어났다. 1925년 키예프 농업 대학을 졸업하고 농장에서 일하던 중, 눈밭에서 겨울을

리센코(좌)와 리센코 춘화법 선전 포스터(우)

지낸 밀 씨앗을 봄에 파종했더니 성장 속도가 빨라지는 것을 발견하고 '춘화'(春化, 식물을 저온에 노출시켜 성장을 촉진하는 방법) 처리법이라는 육종법을 개발했다. 우크라이나 농무부의 지지를 얻은 리센코는 춘화처리법을 '이론적'으로 해석하고 홍보하여 소련 정부의 대폭적인 지원을 이끌어냈다. 기술과 이론은 반복적인 실험을 통한 검증이 필수적이다. 그렇지만 리센코는 폐쇄적인 환경에서 한두 차례의 실험만 거친 후 춘화처리의 뛰어난 효과를 증명했다고 주장했다.

리센코의 이론은 후천적 특성이 유전된다는 점에서 획득 형질 유전법칙이라고 부르기도 한다. 획득 형질 유전법칙에서 종자의 성격은 고정불변한 것이 아니며, 형질을 결정하는 유전인자 가운데 환경적 요인으로 바꿀 수 있는 것이 존재한다. 동물을 예로 들면, 기린의 목이 길어진 이유를 설명하면서 높은 곳의 먹이를 먹기 위해 목을 늘리다 보니 세대가 지날수록 지금과 같이 길어졌다고 주장하는 것이다. 이는 라마르크(Jean-Baptiste Lamarck)의 '용불용설'(많이 사용하는 기관은 발달하여 다음 세대로 유전되어 진화가 이루어진다)의 논리와 흡사하다. 환경에 적응하지 못한 개체가 도태되고 적합한 개체가 자연 선택되어 유전하는 것이 아니라 후천적으로 획득된 특성이 유전된다는 것은 정통 유전학에서 인정하지 않는 것이다. 그렇지만, 당시 리센코의 이론은 춘화 처리된 종자를 심어 식량 생산량을 높임으로써 굶주림을 없앨 수 있고 선천적 유전 요인이 아닌 후천적 학습을 통해 사회주의적 인간을 창조할 수 있다는 신념의 지지를 받으며 대대적으로 선전되기 시작했다.

리센코는 자신의 이론을 앞세워 멘델과 모건(T. H. Morgan)유전학을 따르는 주류 학자들을 비판하며 서구 유전학자들을 소비에트 인민의 적으로 몰아붙였다. 그는 먼저 미국 유전학자 뮐러(Hermann Joseph Müller)를 표적으로 삼아 공격했다. 뮐러는 노랑초파리의 생식세포에 X-ray를 쏘여 최초로 돌연변이를 만들고, 멘델 유전학이 변증법적 유물론에 완벽히 부합한다고 주장한 인물이다. 소련에서는 식물유전학자로 명성이 높던 전(全) 소련 레닌 농업과학원 원장 바빌로프(Nikolay Ivanovich Vavilov)가 대표적인 뮐러 지지자였는데, 이로 인해 그는 리센코의 최우선 숙청 대상이 되었다. 리센코는 1935년부터 여러 학회에서 바빌로프가 멘델과 모간의 유전학으로 춘화처리를 비판한다며 그를 "소련의 발전을 방해하는""인민의 적이자 계급의 적"이라고 공격

소련 정치위원이자 극작가 아나톨리 루나차르스키(Anatoly Lunacharsky, 1875~1933)의 마지막 무성영화 작품 〈살라만드라(Salamandra)〉의 포스터(좌)와 영화 속 도마뱀 실험 장면(우). 주인공 교수는 도롱뇽 한 마리에 몰래 잉크를 주입하여 획득 형질이 유전한다는 것을 거짓으로 증명하려다 발각되어 궁지에 몰린다. 그렇지만 소련 정부의 은밀한 도움으로 실험을 계속하게 되고 교수는 도리어 영웅으로 추앙받게 된다. 오스트리아 생물학자 카머러(Paul Kammerer, 1880~1926)의 실제 사건을 바탕으로 제작된 영화는 1929년 러시아에서 크게 흥행하며 리센코주의 선전에 일조하였다.

했다. 소련 내에서 점차 바빌로프를 비난하는 목소리가 커지자, 그는 1940년에 체포되어 20년 형을 선고받고 정치범 수용소에 수용되었고 1943년 영양실조로 사망했다.

우크라이나의 50개 지역에서 5년(1931-1936) 연속 실험을 수행한 결과 춘화 처리된 밀의 수확량이 증가하지 않았음에도 리센코의 위상은 흔들리지 않았다. 그는 우크라이나 과학 아카데미 회원과 전 소련 레닌 농업과학원 원사 칭호를 받았으며, 오데사 식물 유전 육종 연구소 소장이 되었다. 이와 함께 스탈린의 지지를 등에 업은 그는 정치적 수단을 이용해 유전학을 포함한 다른 모든 생물학 이론을 탄압했다. 대학에서 모간 유전학을 가르치는 것이 금지되었고, 과학 연구기관에

리센코주의의 희생자들은 대부분 우크라이나 사람이다. 그러나 카자흐스탄도 그 영향에서 벗어나지 못했다. 사진은 기아로 인해 고통받는 카자흐스탄 사람.

서 리센코주의에 반하는 방향의 연구는 중단되거나 개편되었다. 자료에 따르면, 당시 소련에서 3,000명 이상의 유전학자가 리센코주의로 인해 박해받았다.

리센코의 이론은 소련 농업에 큰 피해를 입혔다. 춘화처리 후 재배된 작물은 덜 생산적이었고 병에 더 취약했기 때문에 과거보다 더 극심한 식량 부족 현상이 발생했고, 이에 따라 수백만 명이 사망했다. 리센코가 죽고 나서야 그의 이론이 과학계에서 퇴출당했지만, 리센코주의로 인해 소련의 농업은 20세기가 저물 때까지 그 피해를 감당해야 했다. 경제성장에 대한 조급한 기대와 사회주의 체제의 우월성을 보여주기 위해 학술 문제를 정치 문제로 비화시킨 '리센코 사건'은 20세기 과학사의 최대 사기극이자 비극으로 남았다.

소련을 배우자

중국 근현대의 과학 발전은 '서구 열강을 스승으로 삼자(以西爲師)'

미스터 사이언스

1909년 첫 번째 경관유학생과 미국 유학사무소 담당자들이 함께 촬영한 사진

는 것에서 '일본을 스승으로 삼자(以日爲師)'는 것을 거쳐 마지막에는 '미국을 스승으로 삼자(以美爲師)'는 것으로 목표가 바뀌어 왔다. 1909년 청 정부가 파견한 첫 번째 '경관유학생(庚款留學生)'(의화단운동 [1899] 배상금을 과도하게 징수한 미국이 중국에 배상금을 학비로 환급해 주겠다는 제안을 청 정부가 받아들여 미국으로 파견한 중국 유학생)을 시작으로 이후 40여 년 동안 미국에서 유학하고 돌아온 학생들이 해외파의 주류가 되었으며, 중국 과학 분야의 핵심 인력으로 자리 잡았다. 그들은 서구의 선진적 과학기술과 사상을 배워와 현대 중국의 과학 연구 기관과 고등교육 체계를 세우는 데 큰 공헌을 했다.

그렇지만 중화인민공화국이 세워지고 사회주의 진영과 자유주의 진영이 대립하면서 중국과 미국의 관계는 점차 악화하기 시작했다. 이에 더해 한국전쟁의 발발은 중국의 '반미' 정책 기조를 더욱 견고하게 만들었다. 중국 정부는 사회 각 영역에 뿌리내리고 있던 영미 문화의 영향을 제거하기 시작했다. 1952년 6월, 미국식 '교양교육' 위주였던 중국 고등교육 체계가 폐지되고 '소련을 배우자(以蘇爲師)'는 운동이 전면적으로 시행되었다. 마오쩌둥도 중국이 "소련의 발전된 경험에서 배워야 한다"며 '소련 배우기'를 독려했다. 그 이면에는 소련을 비롯한 사회주의 국가와의 동맹을 강화하려는 의도가 깔려 있었다. 소련을 배우자는 운동이 확산하면서 정치 중립을 고수하던 과학기술계도 영향을 받을 수밖에 없었다.

1953년 2월, 과학원 계획국 국장이자 근대 물리연구소 소장, 핵물리학자 첸산창(錢三强)을 대표로 19개 학과 26명의 과학자로 구성된 중국과학원 대표단이 전격 소련을 방문했다. 그들은 3개월간 98개 과학 연구기관과 대학, 공장과 광산 등을 시찰하고 소련 과학의 현황과 발전 상황을 직접 경험하고 돌아왔다. 1954년 10월, 중국과학원은 정식으로 소련 과학기술자를 받아들이기로 결정했는데, 이후 10년 동안 수백 명의 소련 기술고문들을 중국 각 분야, 각 영역에 배치하여 중국인들이 소련의 선진 기술을 배우도록 하였다. 특히 소련 저명 과학자 코프다(Victor Abramobich Kovda)를 중국과학원 원장 고문으로 초빙하여 중국 최초의 과학기술 발전 계획인 〈1956~1967 과학기술 발전 미래계획1956-1967(科學技術發展遠景規劃)〉을 제정하자 중국 과학기술의 소련 편향은 심화될 수밖에 없었다.

리징쥔과 위안룽핑

'소련을 배우자'는 운동의 열기 속에서 중국이 리센코주의를 채택한 것은 어찌 보면 예상된 일이었다. 소련 과학의 영향 아래에서 중국 유전학자들은 서구 유전학을 반동적이고 유심주의적이며 형이상학적이고 부르주아적이라고 비판하였고, 리센코주의야말로 사회주의적이고 진보적이며 유물주의적이고 프롤레타리아적이라고 추켜세웠다. 중국 공산당과 마오쩌둥은 리센코주의가 중국의 농업 생산성을 높여 줄 것으로 기대하며 대약진운동(大躍進運動)을 시작했다. 그렇지만 급

마오쩌둥과 스탈린의 결속을 선전하는 포스터(좌)와 논밭의 마오쩌둥(우)

미국 대학 실험실의 리징쥔

격한 경제성장을 이루어 서방을 따라잡겠다는 목표로 시작된 대약진
운동은 3년 만에 중국 사회를 대기근으로 몰아넣어 3천만~5천만 명
의 목숨을 앗아갔다. 이는 중국의 문화적, 경제적, 사회적 수준을 20년
이상 퇴보시키는 결과를 낳게 되었다.

　20세기 뛰어난 유전학자인 리징쥔(李景均, 1912~2003)은 중국에서
리센코주의로 인해 박해받은 과학자 가운데 한 사람이다. 그는 1940년
미국 코넬대에서 식물육종학과 유전학으로 박사학위를 받은 후, 중국
으로 돌아와 베이징농업대학에서 교편을 잡았다. 그러나 1949년 중화
인민공화국이 세워지고 소련과의 관계가 밀접해지면서 유전학 분야에
도 변화가 생겼다. 대학 교무위원회 주임이었던 러톈위(樂天宇)는 리징
쥔이 멘델 유전학을 기초로 강의하던 〈유전학〉, 〈경작지설계〉, 〈생물
통계〉 등 세 과목을 폐지하고 리센코의 새로운 유전학을 가르치도록
지시했다. 하루아침에 고전 유전학은 비판의 대상이 되었으며, 멘델
유전 이론은 교과서와 강단에서 자취를 감췄다. 리센코주의자였던 러
톈위의 이러한 조치는 리센코 이론의 허구성을 잘 알고 있던 리징쥔
의 입장에서 수용할 수 없는 것이었다. 그는 중국공산당의 정치 논리

를 따르기보다 과학자의 양심을 지키기로 결심하고 가족과 함께 홍콩을 거쳐 미국으로 망명했다.

리징쥔은 1949년 홍콩에서 친구를 통해 미국 유전학회 잡지인《유전학 저널(Journal of Heredity)》에「유전학은 중국에서 사망했다(Genetics Dies in China)」라는 글을 기고했다. 글에서 그는 이렇게 말했다.

"1949년 봄부터 중국의 유전학자들은 매우 어려운 상황에 놓여 있었습니다. 가을에 공산당이 대학을 완벽히 장악하자 상황이 절정에 달했습니다. 멘델 유전학에 관한 강의는 즉시 중단되었고, 봄 학기에는 통계학 강의도 중단되었습니다. 통계학은 유전학에 도움을 주기 위해 제가 개설한 강의입니다! 순전히 과학적인 주제에서 시작된 논쟁은 이제 인신공격으로까지 이어졌습니다. 무한한 인내에도 불구하고 제 동료들과 저는 중국에서 죽어가는 유전학을 구해내지 못했습니다. 이제는 리센코 이론에 대한 충성을 선언하거나 중국을 떠나야 하는 것 가운데 하나를 선택해야 하는 상황이 되었습니다. 저는 떠나는 것을 선택했습니다."

리징쥔은 미국 피츠버그 대학의 교수로 임명되어 집단유전학 분야에서 중요한 연구를 수행했으며, 리센코의 유전학을 비판한『유전 및 그 변이(遺傳及其變異)』을 저술하기도 했다.

1956년 마오쩌둥이 소련과 결별하고 각자의 노선을 걷기로 하였지만 리센코주의의 망령은 쉽게 사라지지 않았다. 리센코주의에 대한 맹

위안룽핑의 초상이 실린 기념우표

목적인 추종이 사라진 것은 1959년에서 1961년까지의 대기근을 겪고
나서이다. 대기근 이후 중국공산당은 리센코주의의 폐해를 절감했으
며 식량 증산을 위해 농업과 현대 유전학을 도입하고자 했다.

위안룽핑(袁隆平, 1930~2021)은 리센코주의가 여전히 위세를 떨치
던 시기에 중국공산당이 설립한 신설 대학 중 하나인 난시(南西) 농업
대학에서 식물 유전학을 공부했다. 그는 자신이 배운 리센코 이론이
대기근을 초래했다는 것을 알게 된 후, 비밀리에 멘델 유전학을 공부
해 잡종 벼 재배에 성공함으로써 중국 현대 유전학사를 대표하는 인
물이 되었다. 그는 대학 졸업 후 마오쩌둥이 강조한 '대중과학' 운동의
일환으로 후난성(湖南省) 끝자락에 배치되었다. 농부들과 함께 지내며
열악한 환경 속에서도 잡종 벼에 관한 연구를 계속한 끝에 개량된 쌀
품종을 만들어 냈다.

비록 문화대혁명 때 정치적 박해를 벗어나지 못해 강제 노동 수용
소로 보내지기도 했지만, 그가 중국 농업의 미래를 책임질 발견을 했

다는 것을 알아챈 국가 과학기술 위원회 담당자의 도움으로 두 달 만에 석방되었다. 다시 후난성 현장으로 돌아간 위안룽핑은 1973년 세계 최초로 농업 생산에 활용할 수 있는 잡종 벼를 개발함으로써 중국의 농업 현대화를 이끌었다. 위안룽핑이 개발한 잡종 벼는 지속적인 개량을 거쳐 오늘날 아시아 전역에 걸쳐 수억 명을 먹여 살리고 있다.

열린 세계와 그 적들

리센코와 리징쥔, 위안룽핑의 사례는 정치가 과학에 어떻게 부정적인 영향을 미칠 수 있는지 보여주는 좋은 예이다. 과학적 진리는 정치적, 사회적 이념에 의해 영향을 받지 않고 자신의 증거와 실험, 증명을 통해 판단되어야 한다. 또한 과학자들은 누구의 간섭도 받지 않고 연구를 수행할 자유, 연구 결과를 발표할 자유를 가져야 한다. 우리는 아무리 긴 시간이 걸려도 과학적 진리는 결국 인정받게 된다는 것을 역사 속에서 무수히 많이 봐 왔다. 과학 논쟁에서 '과학적 근거'는 절대적일 수 없고 어느 한 편의 전유물도 아니다. 창을 든 자도 과학적 창이고 방패를 든 자도 과학적 방패이다. 필요한 것은 끊임없는 검증과 반증 가능성에 대한 고려, 그리고 충분한 시간이다. 멘델의 유전법칙, 아인슈타인의 상대성이론, 다윈의 진화론, 갈릴레오의 지동설 등은 짧게는 몇 년, 길게는 수백 년에 걸친 관찰과 실증, 반박과 토론 과정을 거쳐 과학적 진리로 인정받았다.

칼 포퍼와 『열린사회와 그 적들』

과학을 한다는 것은 특정 조건 아래 재확인할 수 있는 관찰 사실이나 재생산할 수 있는 실험적 사실들을 바탕으로 어떤 생각을 신뢰할만한 지식으로 만드는 것을 뜻한다. 1930~1960년대까지 소련과 중국 사회에서 벌어진 '리센코 사건'은 검증과 반증, 충분한 실험과 비판을 거치지 않은 채 정치적 권위를 등에 업고 과학이론을 멋대로 재단한 슬픈 사건이었다.

미국의 수학자 노버트 위너(Norbert Wiener)는 『인간의 인간적인 활용(The Human Use of Human Beings)』이라는 책에서 "과학은 사람들이 신앙의 자유를 가질 때만 번영하는 생활양식"이라고 했다. 외부의 명령에 따라 어쩔 수 없이 따르는 신앙은 아무 신앙도 아니며, 가짜 신앙에 의해 만들어진 사회는 반드시 마비되어 멸망하게 마련인데, 이런 사회에서는 과학도 건강하게 성장할 수 없다는 것이다.

여기서 우리는 칼 포퍼(Karl Popper)가 말한 '열린사회'와 '닫힌사회'

의 의미를 다시 새기게 된다. 칼 포퍼는『열린사회와 그 적들(The Open Society and Its Enemies)』에서 "인류 역사란 닫힌사회와 열린사회 간 투쟁의 역사"라면서 "우리가 인간으로 남고자 한다면 오직 하나, 열린사회로 가는 길이 있을 뿐"이라고 했다.

그는 소수가 궁극적 지식을 소유하고 국가를 다스리거나 혁명을 통해 모든 문제를 해결할 수 있으며, 따라서 역사는 진보뿐이라고 생각하는 전체주의적 사회를 '닫힌사회'로 보았으며, 인간의 이성은 원래 오류를 범할 가능성이 있으므로 서로의 비판을 허용하고 반증을 거쳐 점진적으로 문제를 해결해 나가는 다원적 사회야말로 우리가 추구해야 할 '열린사회'라고 주장했다. "지상에 천국을 건설하겠다는 시도가 늘 지옥을 만들어 낸다"는 그의 말은 여전히 곱씹어 볼 만하다.

18

정치지도자와 과학 소양

윌리엄 제임스에 따르면, 철학자들은 성정과 기질에 따라 두 부류로 나눌 수 있다. 하나는 유연한 마음(tender-minded)의 철학자들인데, 마음이 유연한 만큼 아무래도 우주 간에 가치 있는 것들을 차마 무가치한 것으로 귀납해 버리지 못하기 때문에, 그들의 철학은 유심론적, 종교적, 자유의지론적, 일원론적이다. 또 하나는 강경한 마음(tough-minded)의 철학자들인데, 마음이 강경한 만큼 가차 없이 우주 간에 가치 있는 것들을 모조리 무가치한 것으로 귀납시켜 버리기 때문에, 그들의 철학은 유물론적, 비종교적, 결정론적, 다원론적이다.

— 펑유란(馮友蘭), 『중국철학사(中國哲學史)』

MBTI 성격 유형 검사

사람이 타고난 성향과 재능을 보이는 분야의 상관관계는 오래전부터 많은 사람들의 관심사였다. 유심론 철학자들은 부드러운 마음의 소유자이고, 유물론 철학자들은 강인한 마음의 소유자라는 주장부터, 타고난 혈액형이나 태어난 달의 별자리에 적합한 직업이 있다는 혈액형 또는 별자리 성격설까지. 이런 꿰맞추기식 '대중심리학'은 과학적으로 입증되지 않은 사이비 과학으로 많은 비판을 받는 동시에, 시대를 막론하고 대중들의 큰 호응을 얻은 것도 사실이다.

혈액형 성격설이 한동안 유행하다 시들해지자 그 자리를 MBTI가

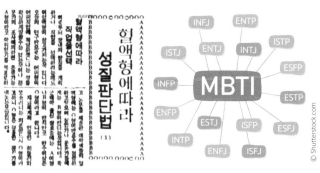

혈액형과 직업의 관계를 다룬 1937년 10월 3일 자 동아일보 기사(좌)와 MBTI
유형(우)

대체했다. MBTI는 작가인 캐서린 쿡 브리스(Katharine C. Briggs)와 그
녀의 딸이 1944년 개발한 성격 유형 검사로, 두 개의 태도 지표(외향E-
내향I, 판단J-인식P)와 두 개의 기능 지표(감각S-직관N, 사고T-감정F)에
대한 개인의 선호도를 검사해 사람의 성격을 16가지의 유형으로 나누
어 설명한 것이다. 이 역시도 특정유형을 과도하게 폄훼하거나 이상화
하는 등 지나치게 주관적이고 과학적 근거가 부족하다는 비판이 있지
만, 나름의 타당성도 갖고 있다는 반론도 만만치 않다. 어찌 되었든 간
에, 현재를 MBTI의 시대라 해도 무방할 정도로 MBTI 성격 유형 검사
는 사람들 사이에서 크게 유행하고 있다.

과학자, 정치가, MBTI

해외의 비공식 프로파일 사이트 가운데 Personality Database, 약칭

미스터 사이언스

PDB라는 곳이 있다. 홈페이지 메뉴 중에는 저명 역사 인물이나 실존 인물의 MBTI를 소개하는 코너가 있는데, 여기에는 공자, 맹자, 소크라테스, 플라톤 등 동서양 고대 인물부터 현대의 유명 정치가, 소설가, 혁명가, 예술가, 배우 등까지 총망라되어 있다. 실존 인물의 MBTI는 알수 있다 해도 MBTI 검사가 나오기 이전에 살았던 인물들의 MBTI는 어떻게 알 수 있을까?

이 사이트에서 제공하고 있는 유명 인물들의 MBTI는 커뮤니티의 회원들이 대상 인물의 성격과 기질, 언행 등을 기초로 추측해 투표한 결과일 뿐, 실제 검사 결과가 아니다. 대중의 투표로 이루어진 결과를 얼마나 신뢰할 수 있겠냐마는 그렇다고 해서 아무 의미가 없는 것은 아니다. 사람들이 궁금해하는 유명 인물의 성격과 기질을 직관적으로 파악할 수 있는 MBTI 유형으로 제시하고 있다는 점은 이 사이트가 가진 매력적인 요소라 할 수 있다.

그렇다면 과거 역사 속에 존재했던 저명 과학자들의 MBTI를 한 번 살펴보자. PDB의 투표 결과, 대부분 과학자의 MBTI는 INTP일 것으로 추측되었다. 물론 우리가 이미 알고 있는 그들의 일생과 업적을 기초로 거꾸로 유추한 것이기 때문에 그런 결과가 나온 것일 수도 있다. 그렇지만 이를 통해 과학자가 갖추어야 할 능력이나 과학자의 성격과 기질이 어떠한지 가늠해 볼 수 있다.

INTP 유형은 일어나기 힘든 상황에 대해 가정을 잘하고, 논리적이며 아이디어가 풍부한 사람들이다. 이에 반해 개인주의적인 면이 있어서 인간관계는 서툴고 본의 아니게 무례하게 보일 수도 있다. INTJ

마오쩌둥과 덩샤오핑의 예상 MBTI

는 INTP와 거의 비슷하지만 자존심이 강하다는 특징이 있다. 따라서 INTP 유형의 인물은 과학이나 수학 등 논리적 분야에서 두드러진 재능을 보이며 이와 관련한 영역의 직업이 적합하다고 할 수 있다. 우리 식으로 말하자면 INTP 유형은 이과형 인간인 것이다.

역사상 대다수의 혁명가나 정치지도자들은 문과 출신이다. MBTI로 말하자면, 외향적E이고 판단 능력J이 강하며 감정적F일 가능성이 크다. 물론 모두가 그런 것은 아니다. 혁명가나 정치지도자 가운데에서도 앞서 말한 과학자들처럼 INTP 유형에 가까우리라 추측되는 인물도 적지 않다. 중화인민공화국을 세운 마오쩌둥과 개혁개방으로 중국을 현대화의 길로 이끈 덩샤오핑이 대표적 예이다. PDB의 투표 현황에 따르면 마오쩌둥은 ENPT, 덩샤오핑은 INTP에 가장 많은 표를 얻고 있다.

MBTI에서 말하는 16가지 성격 유형이 직업이나 일 처리 스타일과 관련이 깊다고 할 때, MBTI가 이과형인 사람이 문과 계통의 일에 종사하게 되면 어떤 결과가 나올까? 진정한 창조와 창의성이란 동질적인 것이 아니라 이질적인 두 가지가 만나 융합할 때 비로소 도출될 수 있다고 할 때, 과학자에 가까운 성향을 보이는 마오쩌둥과 덩샤오핑이 정치에 투신한 것은 중국 사회가 발전하는 데 긍정적인 효과를 만들어 냈을 수도 있다.

마오쩌둥과 과학

마오쩌둥은 1893년 후난성의 빈농 가정에서 태어났다. 어려서 고향 사숙(私塾)에서 전통 교육을 받았고, 20대 초에 후난제일사범학교(湖南第一師範學校)에서 공부했다. 1919년 5.4 신문화운동 시기에 마르크스 사상을 접한 그는 일 년 후, 공산주의 조직을 만들어 활동하다 베이징으로 상경해 베이징대학 도서관 사서를 맡기도 했다. 젊은 시절 마오쩌둥은 독서에 적지 않은 시간을 할애했지만 이후 공산주의 정치 활동과 혁명 활동에 매진하면서 책을 읽을 시간이 줄어들었다. 그는 자연과학 분야에 관심이 많아서 틈날 때마다 자연과학 서적과 잡지를 즐겨 읽었는데 이런 습관은 나이 들어서까지도 계속 이어졌다.

그는 젊었을 때 영국의 톰슨(John Arthur Thomson)이 쓴 『과학대강(The Outline of Science)』(1922)을 읽고 많은 영향을 받았다고 말한 적이 있다. 이 책은 영국에서도 폭발적인 인기를 끌었는데, 1923년에 중

톰슨이 쓴『The Outline of Science』의 중국어 번역본(좌)과 김기림이 한글로 번역한『과학개론』(우)

국어로 번역되어 근대 중국 지식인들에게 많은 영향을 주었다. 심지어 우리나라 시인 김기림은 톰슨이 1911년에 쓴『과학개론(Introduction to Science)』을 1948년에 한국어로 번역 · 출간했으니 근현대 동아시아 사회에 톰슨이 미친 영향력이 얼마나 컸는지 가늠해 볼 수 있다. 또한, 마오쩌둥이 1974년 중국을 방문한 화교 과학자이자 노벨물리학상 수상자인 리정다오(李政道)에게『과학대강』을 선물해 화제가 되기도 했다.

To.○○○
너희들에게 건의할 일이 한 가지 있다면,
나이가 젊었을 때 자연과학을 열심히 공부하고
정치를 적게 논하라는 것이다.

미스터 사이언스

정치는 논해야 하지만, 지금은 마음을 집중하여

자연과학을 열심히 공부하는 것이 적절하며

사회과학은 보조적으로 하여라.

훗날에는 거꾸로 사회과학을 위주로 하고

자연과학을 보조적으로 할 수도 있다.

어쨌든 과학을 중시해야 한다.

과학만이 진정한 학문으로 앞으로 쓸모가 무궁할 것이다.

─〈마오쩌둥이 아들들에게 보낸 편지〉

마오쩌둥은 젊어서 막스 K. E. 플랑크의 『과학은 어디로 가는가』, 제임스 진의 『우리를 둘러싼 우주』, 아서 에딩턴의 『물리세계의 본질』 등도 읽었는데, 이는 자연과학에 대한 그의 폭넓은 관심을 보여주는 것이다. 비록 공산주의 혁명 활동에 매진하면서 독서 시간이 줄어들었지만, 1941년에 소련에서 공부하고 있던 두 아들에게 보낸 편지를 보면 평소 그가 과학을 어떻게 생각하는지 엿볼 수 있다.

마오쩌둥은 국가를 건설하는 데 자연과학이 필수적이며, 중국인이라면 반드시 자연과학을 배워야 한다고 생각했다. 그는 1940년 발표한 「신민주주의론(新民主主義論)」에서 과학이 국가의 경제건설, 국방건설, 문화 개조를 위해 공헌해야 한다는 '혁명적 공리주의'를 제시하고 '사회적 실천'으로서의 과학 활동을 강조했다. 이러한 마오쩌둥의 과학관은 1949년 중화인민공화국이 세워진 후에도 변하지 않았다. 그는 1956년 국무회의에서 "중국 인민에게는 원대한 계획이 있어야 한

원폭 실험 성공을 알리는 1964년《인민일보》호외

다. 수십 년 내에 경제적으로나 과학적으로 낙후된 상황을 바꾸어야만 하고 신속하게 세계의 선진적 수준에 도달해야 한다"면서 "과학을 향해 진군하라!"는 구호를 제시했다. 이는 중국 최초의 과학기술 발전 장기 계획인 〈1956~1967년 과학기술 발전 원경 규획(1956~1967年科學技術發展遠景規劃)〉(약칭 〈십이 년 규획(十二年規劃)〉)의 제정으로 이어졌고, '(과학) 중점발전을 통해 선두를 따라잡자(重點發展, 迎頭赶上)'는 전략방침으로 구체화하였다.

마오쩌둥이 설계한 〈십이 년 규획〉은 중국 과학기술 발전의 중요한 기초가 되어 중국 상황에 맞는 과학기술 연구 체계를 갖추는 데 크게 공헌하였다. 원래 1967년까지 완수를 목표로 한 〈십이 년 규획〉이 앞당겨 완수되자 정부는 1960년 겨울 두 번째 과학기술 발전 규획을 제정하였다. 〈1963~1972년 과학기술 발전 규획(1963~1972年科學技術發展規劃)〉(약칭 〈십 년 과기 규획(十年科技規劃)〉)은 〈십이 년 규획〉이 거둔 성과의 기초 위에서 '자력갱생하여 선두를 따라잡자(自力更生, 迎頭赶上)'는 방침을 내세워 단기간 내에 농업과 공업, 과학기술, 국방산업

미스터 사이언스

등을 현대화시킴으로써 중국을 사회주의 강국으로 만들고자 하였다. 그 결과 원자탄과 수소탄, 인공위성을 아우르는 '양탄일성(兩彈一星)'[4]을 비롯한 괄목할 만한 성과들이 나오게 됨으로써 중국 과학기술의 수준은 한 단계 상승하게 된다.

과학의 봄

1966년부터 10년간 지속된 '문화대혁명(文化大革命)'은 어렵게 발전 궤도에 올라선 중국의 과학기술 사업에 큰 타격을 입혔다. 대학의 연구소와 과학 연구기관은 모두 문을 닫았고, 과학자들은 박해받거나 사상 개조를 이유로 하방(下方)되어 농촌의 집단농장으로 보내졌다. 그렇지만 1976년 마오쩌둥이 사망하고 무소불위의 권력을 휘두르던 사인방(四人幇)이 체포되면서 문화대혁명은 막을 내렸다. 문화대혁명의 청산과 함께 과학계에도 봄볕이 들기 시작했다. 1977년 복직되어 실권을 잡은 덩샤오핑은 흑묘백묘론(黑猫白猫論)으로 알려진 실용주의 노선을 택해 개혁 개방 정책을 추진하게 된다. 그는 1978년 농업, 공업, 과학기술, 국방 분야의 '4대 근대화' 계획을 발표하였으며, 자본

---

4 중국은 1964년 10월 16일 원자폭탄 시험에 성공하여 세계적으로 다섯 번째로 핵무기를 소유한 국가가 되었으며, 1967년 6월 17일에는 수소폭탄 시험에도 성공하였다. 1970년 4월 24일에는 인공위성 발사에 성공함으로써 '양탄일성'의 임무를 성공적으로 완수하고 국방 항공 우주 산업 분야에서 서구 강대국들과 어깨를 나란히 하게 되었다.

"춘분이 막 지나고 청명이 오려고 한다. '태양이 떠오르니 강가의 꽃이 불보다 더 붉고, 봄이 오니 강물이 쪽빛처럼 푸르네.' 이것이 혁명의 봄이요, 이것이 인민의 봄이요, 이것이 과학의 봄이다! 우리 모두 어깨를 쭉 펴고 열렬하게 이 봄날을 끌어안아 보세!" – 궈모뤄의 연설

주의와 사회주의를 융합한 '중국 특색 사회주의'를 전면에 내세웠다.

덩샤오핑은 1978년 3월 개최된 전국과학대회(全國科學大會)에서 "현대화의 관건은 과학기술의 현대화이며 과학기술은 생산력이며 지식인은 노동자 계급의 일부"라는 연설로 경제 발전 과정에서 과학기술이 가진 역할의 중요성을 강조했다. 동시에 과학자들을 짓누르고 있던 속박을 제거해 줌으로써 과학계에 봄날의 햇살이 내리쬐도록 해주었다. 일찍이 중국과학원 원장을 지낸 궈모뤄(郭沫若)는 대회 폐막식에서 '과학에 봄날이 왔다(科學的春天)'는 취지의 중요한 연설을 했다.

대회에서는 〈1978~1985 전국 과학기술 발전 규획 강요(1978~1985, 年全國科學技術發展規劃綱要)〉(약칭 〈팔년 과기 규획 강요(八年科技規劃綱要)〉)를 통과시켜 '사회주의 현대화 건설'에 박차를 가하게 되었으며, 이어서 1984년에는 '첨단기술을 발전시키고 산업화를 실행하자'는 호소 아래 〈1986~2000 과학기술 발전 규획(1986~2000 科學奇術

發展規劃)〉(약칭 〈십오 년 과기 규획(十五年科技規劃)〉)을 발표해 과학기술과 경제의 결합을 촉진하게 된다.

과교흥국과 과학굴기

역대 중국의 과학정책을 살펴보면, 과학으로 나라를 구한다는 '과학구국(科學救國)' 이념과 과학지식 보급을 통해 인민을 계몽시켜야 한다는 '과학계몽' 사상이 중요한 두 축을 이루고 있음을 알 수 있다. 아편전쟁에서의 패배를 교훈 삼아 서양의 선진적 과학기술로 서양을 제압하고 중국을 구하자는 '사이장기(師夷長技)'의 주장을 비롯해 중국의 부강을 위해서는 과학지식을 갖춘 새로운 인간의 양성이 필수적이라는 옌푸와 량치차오의 신민설(新民說), 일본의 침탈에 맞서 과학 정신으로 무장해 대항하자는 취지에서 시작한 과학보급운동[科普運動]과 과학화운동(科學化運動), 서양의 선진 과학기술 성과를 적극적으로 수입해 중국의 것으로 만들자는 마오쩌둥의 '양위중용(洋爲中用)'의 원칙까지 어느 하나 '과학구국', '과학계몽'과 관련이 없는 것이 없다.

이런 정책과 사상 기조는 장쩌민(江澤民)과 후진타오(胡錦濤)시대에 들어와서도 그대로 이어졌다. 장쩌민은 덩샤오핑이 제기한 '과학기술은 제1생산력'이라는 정책에서 한발 더 나아가 과학기술 교육의 지속 가능한 발전을 중시한 '과교흥국(科敎興國)' 노선을 제시하고 과학의 대중화에 힘을 쏟았다. 후진타오는 창신형(創新型) 국가 건설과 국

论科技自立自强

习 近 平

시진핑의 MBTI(좌)와 시진핑이 쓴 과학기술 관련 논문집 『과학기술 자립과 자강』(우)

민의 과학 소양 제고를 목표로 〈전 국민 과학 소질 행동 계획 강요(全民科學素質行動計劃綱要)〉를 공포하였다.

중화인민공화국 건국 이후 60여 년 동안 중국이 과학기술 영역에서 얻은 성과는 괄목할 만하다. 대약진운동이나 문화대혁명과 같은 정치적 동란으로 인해 과학기술의 발전이 정체되기도 했지만, 국방과학기술의 비약적 성장, 민간 과학기술의 신속한 발전, 기초과학 분야 연구 성과의 축적, 연구 인프라 및 사회적 지원 증대 등은 중국이 21세기 들어 서구의 과학 선진국과 경쟁할 수 있는 기초를 만들어 주었다.

2013년 중국 국가주석에 오른 시진핑(習近平)은 과학기술을 경제 발전의 동력이자 국력의 기초로 삼고자 했다. 그는 적극적으로 제도적 장벽을 허물고 과학기술이 가진 거대한 잠재력을 현실화시키는 데 힘을 쏟았다. 그의 과학정책은 2023년 5월 28일 출간된 논문집 『과학기술 자립과 자강(論科技自立自强)』에 잘 담겨 있다. 시진핑은 과학기술이 경제구조 개혁과 국가 안보 강화, 사회 발전 촉진에 중요한 역할을 한다고 보았다. 이를 위해 정부는 과학기술 연구 개발에 적극적으로 투자해야 하고, 국제적인 기술 협력 네트워크 구축을 통해 인재를 양성해야 하며, 과학기술 자립을 위해 외국의 의존도를 낮추고 기술 혁신을 추구해야 한다. 그렇지만 여기서 끝이 아니다. 과학기술로 사회 문제를 해결하고 공공의 복지를 향상시켜 중국을 세계적 강국의 반열에 오르게 하는 것이 시진핑 과학기술 정책의 궁극적 목표라 할 수 있다.

정치지도자의 과학 소양

오늘날 시진핑의 과학기술 정책은 마오쩌둥 시대에 시작된 〈십이년 규획〉의 연장선이다. 과학기술은 국가(정확하게는 공산당)의 발전에 봉사해야 하고, 교육과 생활 속에 뿌리내려야 한다. 이는 중국이 아편전쟁에서 서구 열강의 '선견포리'에 패한 후 생긴 과학기술 트라우마를 극복하는 과정에서 얻은 교훈이다. 그래서 그런지 과학에 대한 중국 정치지도자들의 관심과 지원은 모든 것을 걸었다 해도 이상하지 않을 정도로 필사적이다.

마오쩌둥이나 덩샤오핑의 성향과 기질이 친과학적인 것에 더해, 이후 중국국가주석의 대학 전공이 모두 이공계라는 것도 눈여겨볼 만하다. 장쩌민은 상하이 자오퉁대학(交通大學) 전기과(電機系), 후진타오

칭화대학 화학공학과 1979년 졸업사진. 맨 뒷줄 가운데 가장 키 큰 사람이 시진핑

는 칭화대학 수리공학과(水利工程系)를 졸업했다. 시진핑도 칭화대학 화학공학과(化工系)를 졸업했다. 타고난 이과 성향 때문이거나 우연의 일치일 수도 있겠지만, 과학에 대한 정치지도자의 소양이 국가의 미래를 결정하는 데 어떤 영향을 미치게 될지 궁금해진다.

19

과학과 교육 개혁

빌 게이츠는 아버지가 변호사이고 할아버지가 은행 회장이었던 유복한 가정에서 태어났고 IQ160의 천재였다. 학창 시절부터 컴퓨터를 마음대로 다룰 줄 알아서 반 배정하는 컴퓨터를 해킹해 예쁜 여학생들은 모두 자기 반으로 넣었다고 한다. 그는 법대 대학원 진학을 꿈꾸며 하버드에 입학한 문과생이었다. 그렇지만 법에 흥미를 느끼지 못해 수학 수업을 많이 들었다. 그 결과 2학년 때 세계적인 알고리즘 난제를 해결한다. 이를 계기로 그는 학교를 그만두고 나와 마이크로소프트사를 차려 크게 성공했다.

스티브 잡스는 리드 칼리지 철학과에서 공부했다. 비록 한 학기 만에 중퇴했지만, 문학과 철학에 관한 관심과 대학 중퇴 후 청강한 수많은 교양 수업이 오늘날의 애플을 만들었다 해도 과언이 아니다. 그는 어려서 브리태니커 백과사전을 즐겨 읽었으며 인문학에 관심이 많았다. 특히 동양 철학 가운데 불교에 흥미를 느껴 나중에 불교 신자가 되었다.

문·이과 융합형 인재

문·이과 융합형 인재의 중요성은 교육 분야뿐만 아니라, 창의성이 요구되는 사회의 다양한 영역에서 오랫동안 강조되어 왔다. 전통적으로 사람들은 문과와 이과의 적성과 재능은 태어날 때부터 정해지며, 이과형 인간과 문과형 인간은 화성과 금성만큼이나 멀리 떨어져 있어 완전히 다른 세계에 사는 두 부류라고 생각했다. 빌 게이츠나 스티브 잡스, 일론 머스크처럼 문·이과 모두에서 두각을 나타내는 인물은 많지 않았기 때문에 그런 사람들은 대중의 우상이 되거나 융합형 천재

빌 게이츠 (cc) Lula Oficial   스티브 잡스 (cc) Matthew Yohe

의 본보기로 제시되는 경우가 많았다.

　교육과 입시의 경향은 사회가 어떤 인재를 필요로 하느냐에 따라 민감하게 변화해 왔다. 2000년대 들어 '통섭', '학제간 연구', '융합형 사고'라는 말이 화두가 되고 이에 관한 논의 활발해지자 우리나라도 이런 추세에 발맞추어 문·이과 통합안과 수능 개편안을 발표하고 2022학년도 대입 시험부터 적용하기로 했다. 그렇지만 제도의 변화가 오랜 시간에 걸쳐 형성된 사람들의 인식을 단번에 바꿀 수는 없었다. 교육부가 문·이과 선택과목 지정을 대학 자율에 맡기자, 문·이과 통합 정책은 무용지물이 되었으며, 수학과 과학 교육의 수준이 저하되었다거나 학생들의 학업 부담이 증가했다는 볼멘소리도 터져 나왔다. '수포자', '문송합니다' 등의 신조어가 유행하는 것만 보더라도 융합 교육의 길은 요원해 보인다.

　전통적으로 중국에서는 문과를 중시하고 이과를 경시하는〔重文輕理〕생각이 지배적이었다. 학문이란 나라를 다스리고〔治國〕백성을 다스리는 데 필요한 것일 뿐, 자연과 사물의 객관적 원리를 탐구하거나

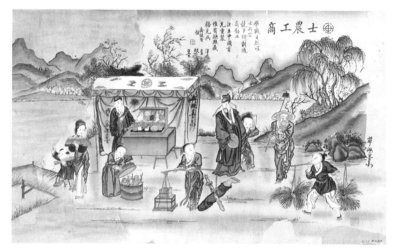

청대 민간 목판 연화(年畫), 〈사농공상도〉

이익과 효용을 추구하는 것과는 거리가 멀었다. 사농공상(士農工商)이
라는 위계적 직업 구분을 가진 관료제 사회가 그것을 잘 말해주고 있
다. 전통 사회에서는 성현의 경전을 공부하는 것을 업으로 삼는 사(士)
가 사회 지배층이 되고, 농사나 기술, 상업에 종사하는 농공상이 피지
배층을 구성했다. 사에게 진정한 학문은 문사철(文史哲)뿐이었는데,
선조들의 경험을 본보기 삼아[史] 나라를 다스리고, 백성들의 심미(審
美) 의식을 고양해[文] 사회를 안정시키며, 인간 본성의 근거인 하늘의
섭리를 탐구[哲]하는 것이 학문 전부라 생각한 것이다.

　이에 따라 과거 시험도 유가 경전을 중심으로 국가 통치의 도덕과
윤리적 의미를 격식에 맞게 얼마나 잘 서술하는지만을 평가할 뿐, 과
학 또는 과학 사상과는 거리가 먼 내용이 대부분이었다. 과거제가 고
위 관료를 선발하는 데 목적이 있다 보니 과학적 탐구 능력이나 재능

은 고려의 대상이 아니었다. 그 결과, 문사철 이외의 학문에 힘쓰는 사람은 아무리 뛰어난 재능을 가졌더라도 안〔心性〕보다 밖〔外物〕에 치중하는 사람으로 간주하여 신분 상승의 기회를 얻지 못했다. 과거를 준비하는 수험생들도 자연스레 목적에 맞지 않는 공부는 멀리하고 역사, 윤리, 도덕 등 문사철 공부에 치중할 수밖에 없었다.

가오카오와 교육 개혁

문과 중심의 중국 전통 교육 체제는 1905년 과거 시험이 폐지되면서 변화의 계기를 맞았다. 1919년 시작된 5.4 신문화운동은 '과학'과 '민주'를 기치로 내걸고 사회 대개혁을 추진했는데, 운동의 기본적인 방향은 교육과 제도, 문화의 전면적인 서구화였다. 서양에서 공부하고 돌아온 유학생들은 서구 선진 제도와 근대 과학 지식을 앞세워 사상 계몽과 교육 개혁을 부르짖었다. 근대식 대학이 세워졌고 문 · 이과 소양을 균형 있게 평가할 수 있도록 입시 과목도 다양하게 바뀌었다. 그렇지만 오랜 세월 이어져 온 문과 중시의 사회적 분위기는 쉽게 바뀌지 않았다.

나중에 저명한 문학가이자 극작가로 이름을 알린 루지예(盧冀野)는 1922년 치러진 대학 입시에서 수학 0점을 맞고도 국문이 만점이라는 이유로 둥난대학(東南大學)에 합격했으며, 저명 작가 첸종슈(錢鍾書)는 수학 점수가 15점에 불과했지만, 국문과 영문 과목에서 만점에 가까운 점수를 얻어 명문 칭화대학에 합격했다. 문화대혁명 발발의 도화선이 된 역사극 〈해서파관(海瑞罷官)〉의 작가 우한(吳晗)도 수학 과목에서 0점을 받았지만, 칭화대에 입학했다. 이런 일련의 사건들은 대중의 과학 소양을 높여 근대 사회로 나아려는 중국 사회에 적지 않은 파장을 불러일으켰다. 물론 이것이 가능했던 이유는 따로 있다. 교육 수준의 격차가 크고 고등교육에 대한 수요가 많지 않은 상황에서 대학 정원을 채우려면 학생 선발 권한을 대학이 가져야 했기 때문이다.

그렇지만 문과 편중 현상의 문제에 대해서는 모두가 공감하고 있었기에 조정이 필요했다. 당시 대학의 문·이과생 비율은 7:3 정도였는데, 이는 과학기술 인력의 수요가 증가하고 있던 당시 상황과도 맞지 않는 것이었다. 따라서 1933년 국민정부는 '비례선발규정〔比例招生法〕'을 제정해 문과생 비율이 이과생 비율을 초과할 수 없도록 강제했다. 그리고 2년 후인 1935년에는 교육부에서 직접 문·이과 학생 모집 인원을 정해 각 대학에 하달했는데, 이런 방침은 현재까지도 이어지고 있다.

1938년, 가오카오(高考)로 불리는 대입 전국 통일 고사가 중국에서 최초로 실시되었다. 항일전쟁을 겪으며 인재의 필요성을 절감한 국민정부 교육부는 '전국 통일 학생 선발 위원회(全國統一招生委員會)'를 설립하고 《국립대학 통일 학생 선발 방법 대강(國立各院校統一招生辦法大綱)》을 제정해 발표했다. 규정을 보면 공통 과목은 공민(公民), 국민, 영문, 역사 지리, 수학 등 다섯 과목이고, 물리, 화학, 생물이 필수 선택 과목으로 지정되어 있음을 알 수 있다. 비록 정국의 불안으로 인해 전

1977년 실시한 가오카오 베이징 고사장

국 통일 고사는 1941년 중단되었지만, 전통 과거 시험과 달리 원하는 사람이라면 누구나 균등한 기회를 얻어 시험에 응시할 수 있고, 시험에 정식으로 이과 계열 과목이 포함되어 문ㆍ이과 과목에 대한 인식이 변화했다는 점은 고무적인 일이라 할 수 있었다.

중화인민공화국이 세워지고 나서 3년 후인 1952년 8월 15일부터 17일까지 3일에 걸쳐 신중국 들어 처음으로 전국 통일 가오카오가 실시되었다. 그렇지만 어느 정도 자리를 잡아가던 가오카오는 1966년 문화대혁명의 광풍이 몰아치면서 폐지되었다. 중국 문화와 경제, 정치적 수준을 수십 년 이상 후퇴시켜 버렸다고 평가받는 문혁은 교육 또한 황폐화시켰다. 1976년, 문혁이 끝나고 재개된 전국 통일 가오카오는 중국 사회를 뒤흔들어 놓았다. 누구라도 시험에 응시할 수 있고, 우수한 대학을 졸업해 좋은 직장을 얻게 되면 부와 권력을 누릴 수 있으리라는

미스터 사이언스

시골 학생의 학업 결손을 해결하자는 캠페인 '희망공정(希望工程)' 홍보사진
(좌)과 오지 학교의 아동 교육 상황을 소재로 한 장이모우 감독의 영화 〈책상
서랍 속의 동화〉(우)

기대는 문혁 10년의 암흑기를 지나온 사람들에게 가뭄의 단비 같은 희
소식이 아닐 수 없었다. 본인이 그 주인공이 될 수도 있겠다는 희망이
많은 사람을 들뜨게 했지만, 현실은 그렇게 만만하지 않았다. 경제적
요인, 지역적 편차, 타고난 환경으로 인해 누구나 균등하게 기회를 누
릴 수는 없었으며, 개혁개방에 따른 급격한 산업화와 도시화, 빈부격차
로 인해 실학(失學, 학업 결손)이 사회 문제로 대두되기도 했다.

첸쉐신의 난제

사회주의 중국에서 가오카오는 보편 교육과 균등하고 평등한 기회
의 제공을 표방하며 신분 상승의 사다리 역할을 한다는 점에서 큰 의

첸쉐선(좌)과 마오쩌둥(우)

미가 있다. 그렇지만 국가 중심의 통일 가오카오가 진행되면서 대학이 평준화하고 교육과정에 특색이 사라지자 학생들이 가진 잠재성은 묻혀버리게 되었다. 따라서 대학을 특성화하고 융합교육과 창의성 교육에 힘을 쏟아야 한다는 주장이 힘을 얻기 시작했다. '양탄일성' 개발에 혁혁한 공을 세워 중국 항공 우주과학의 개척자로 존경받는 첸쉐선(錢學森)은 신중국 건립 이후 중국 교육이 지나온 길을 깊이 성찰한 후, 중국 고등교육이 안고 있는 근본적 문제를 제기했다.

2005년 8월, 고령으로 입원 중이던 94세의 첸쉐선은 원자바오(溫家寶) 총리가 병문안 목적으로 방문했을 때, 그가 오랫동안 가슴 속에 품어왔던 질문 하나를 던졌다.

"중국의 대학은 왜 창의적 인재를 길러내지 못할까?"

이 물음은 이후 '첸쉐선의 난제〔錢學森之問〕'로 불리며 많은 교육가의 관심을 끌었다.

첸쉐선은 상하이 자오퉁대학(交通大學)을 졸업하고 미국으로 건너가 캘리포니아공과대학에서 29세라는 나이로 박사학위를 받았다. 이후 캘리포니아공과대학 교수, 미국 국방과학위원회의 미사일팀장, 독일 미사일 기지 조사위원회 위원장 등을 역임하며 미국에서 승승장구 했지만, 1950년 미사일에 관한 기밀문서를 가지고 중국으로 귀국하려 다 적발되어 간첩혐의로 체포된다. 미국의 온갖 회유에도 불구하고 귀 국의 뜻을 굽히지 않다가 우여곡절 끝에 중국에 억류되어 있던 미국 스 파이 한 명과 교환하는 조건으로 5년 만에 석방되어 귀국하게 된다.

첸쉐선이 미국과 마찰을 일으키고 떠나왔지만, 그가 미국에서 공부 하며 깨달은 것이 있다. 그것은 기술융합시대에서 필요로 하는 인재는 기존의 낡고 획일적인 교육방식으로는 길러낼 수 없다는 것이다. 귀국 후 마오쩌둥은 첸쉐선을 만나 인공위성 제작과 발사를 부탁했는데, 그 때 첸쉐선이 대답한 말은 유명한 일화로 전하고 있다.

"인공위성 개발과 발사는 가능합니다. 그렇지만 조건이 있습니다. 앞으로 5년 동안은 기초과학만 가르칠 것입니다. 그리고 그다음 5 년 동안은 응용과학만 가르칠 것입니다. 그러고 나서 5년 동안 위성 제작에 힘쓰면 15년 후에 발사할 수 있을 겁니다. 그렇지만 15년 동 안 절대 성과에 대해서는 묻지 말아 주십시오. 저에게 인력과 자금 만 대 주시면 됩니다. 그렇게 한다면 15년 후에 인공위성을 발사해 보이겠습니다."

마오쩌둥은 첸쉐선의 요구를 들어주었고, 첸쉐선의 주도로 결국 중 국은 1970년 4월 인공위성 발사에 성공했다. 첸쉐선이 인공위성 발사 에 성공할 수 있었던 것은 미국에서 습득한 미사일 지식의 덕이 컸지만, 그가 캘리포니아공과대학에 있을 때 경험했던 인재 교육법을 도입한 것이 결정적인 영향을 미쳤다. 그는 미국식 교육법을 도입해 중국 교육 체제를 변화시키고자 했다.

1950년대 중국 고등교육 체제는 두 번의 큰 변화를 겪었다. 첫 번째는 1952년 관료들의 부패 척결을 목표로 한 '삼반(三反)' 운동이 끝나고 대학 구조 조정이 시작되었는데, 이때 본보기로 삼은 것이 유사 전공과 단과대를 중심으로 대학을 통합하는 소련식 모델이었다. 소련 모델이 도입되자 중국 대학은 인문학 위주의 대학과 이공계열 위주의 대학으로 분리·재편되었으며, 문·이과를 통합적으로 가르치는 종합대학은 몇 곳을 제외하고 모두 사라지게 되었다. 이로 인해 문과와 이공계의 단절이 불가피해졌다. 두 번째는 1957년 반우파투쟁의 영향으로 대학이 총장보다 공산당 위원회의 방침에 따르게 되면서부터이다. 당의 정치적 입장에 어긋나는 총장의 의견은 용납되지 않았으며, 심지어 학술적 견해조차 제한받았다. "너는 노를 저어라, 방향타는 내가 잡겠다"라는 구호가 당시 공산당과 학자의 관계를 단적으로 보여준다. 서로 다른 의견을 가진 사람들 간의 논쟁은 창의적 의견을 도출하기 위해 필수적이다. 질문하지 않는 학생, 이의를 제기하지 않는 학자, 통일적 견해를 추구하는 대학 당국이 만나는 순간 창의성은 질식된다.

대성지혜학과 통섭

첸쉐선은 중국의 고등교육 체제를 미국의 교육 제도와 비교 · 분석한 뒤, 미국 고등교육이 학생들의 스스로 생각하는 힘과 창의적 능력을 기르는 데 중점을 두지만, 중국의 대학은 그렇지 않다고 보았다. 수업이나 학회에서는 체면 차리기 급급하고, 학술토론이 있다고는 하지만 자기 생각이 선배나 스승의 견해와 다를 경우 대다수가 본인의 생각을 포기하기 일쑤이다. 문 · 이과 전공이 단절되어 있다 보니 통합적 사고 능력이 부족해지고, 다름과 차이를 인정하지 않는 분위기는 창의적 사고를 질식시킨다.

첸쉐선은 1994년 교육 개혁에 관한 생각을 정리해서 '대성지혜학(大成智慧學, Theory of meta-synthetic wisdom)'이라는 이름으로 제시했다. '대성지혜'란 '집대성하여 지혜를 얻는 것(集大成, 得智慧)'이란 의미로 철학과 과학기술, 인문학과 이공계열, 과학과 예술의 통일적 결합을 추구하는 교육방식이다. 첸쉐선에 따르면 '대성지혜학'의 특징으로 다음과 같은 것이 있다. 첫째, 객관적 지식과 반성적 지식의 결합. 대상화, 물화(物化)된 사고방식[量智]과 내적 체험을 통한 본성적 지식[性智]은 분리할 수 있는 것이 아니라 서로 의지하고 있으므로 한쪽으로 치우쳐서는 안 된다. 둘째, 과학과 예술의 결합. 과학 작업은 구체적 형상(이미지)을 사유하는 데에서 시작하며, 예술 창작은 사물에 대한 과학적 이해를 바탕으로 이루어지므로 과학과 예술은 서로가 필요하다. 셋째, 논리적 사유와 형상적 사유의 결합. 수식이나 부호로 표현

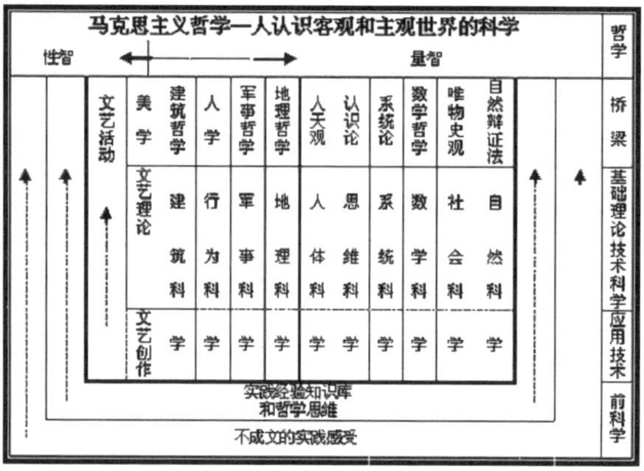

대성지혜학 체계도

되는 논리적 사유의 결과를 과도하게 일반화하게 되면 직관과 주관적 깨달음으로 얻을 수 있는 또 다른 측면의 진리를 도외시하게 된다. 넷째, 종합적 사유와 개별적 · 체계적 사유의 결합. 직관을 통해 근본 원리를 탐구하는 것도 중요하지만, 개별 사물과 사안에 대한 논리적 사유를 도외시해서도 안 된다.

'대성지혜학'은 과학기술과 마르크스주의를 기초로 인문 지식과 이공 지식, 예술 지식을 감성적, 정신적 수준에서 융합해 지혜의 차원으로 고양시키는 것을 목표로 한다. 특히 인터넷과 컴퓨터 조작 능력이 바탕이 되어야 한다고 지적한 점은 당시로서 획기적인 생각이라 할 수 있다. 이러한 첸쉐선의 교육철학을 반영해 2007년 시안자오퉁대학(西安交通大學)에 '첸쉐선 실험반(錢學森實驗班)'이 개설되었으며, 2014년까지 전국 5개 대학으로 확대 설치되었다. 또한, 2009년 첸쉐선이 서거한 지 11일 후, 안후이 소재 대학의 교수 11명은 연명으로《신안

만보(新安晚報)》에 신임 교육부 장관에게 보내는 공개서한을 게재하고 '첸쉐선 난제'에 관한 관심을 호소하기도 했다.

　그렇지만 '통섭'과 '융합'에 대한 사회적 인식은 충분히 성숙하지 않았다. 인문학자들은 인문학의 입장에서 자연과학을 '통섭'할 것을 주장하고, 과학자들은 과학의 입장에서 인문과 사회의 원리를 융합할 것을 주장한다. 사실, 첸쉐선이 말한 '대성지혜학'은 겉으로 보기에는 반성적 지식이나 형상 사유, 직관과 종합같은 인문학적 소양이 중요하다고 말하는 것 같지만, 그가 강조하고 있는 것은 '대성지혜'를 얻기 위해 반드시 습득해야 하는 '과학지식'과 '과학적 창조 능력'이다. 즉, '현대 과학기술 체계 구조'를 이용해 인재를 교육하고 양성해야 하는데, 이를 위해서는 먼저 전공 불문하고 과학 지식 체계에 대해 통합적으로 이해해야 하며 자신의 전공이 과학 지식 체계에서 어떤 위상을 가졌는지, 어떤 연관이 있는지를 알아야 한다는 것이다.

　첸쉐선의 '대성지혜학'은 '통섭(Consilience)'이란 말을 처음 제시한 에드워드 윌슨(Edward Wilson)의 사상과 상당히 유사하다. 윌슨은 통섭이란 "물리학과 화학, 화학과 생물학, 그리고 보다 어렵겠지만 생물학, 사회과학, 그리고 인문학 모두를 아우르는 것"이라면서 현대 사회에는 인문학, 과학을 넘어서 다양한 학문의 지식을 통합하여 새로운 창의력을 발휘할 수 있는 인재가 필요하다고 주장했다. 그렇지만 윌슨의 '통섭'도 역시 과학의 가치를 긍정하는 데에서 출발한다. 우리가 생활 세계에서 접하는 모든 것이 과학의 대상이 되는 이상 인문학이 아닌 과학에 통섭의 주도권을 맡기는 것이 타당하다는 것이다.

인간 지성의 가장 위대한 과업은 예전에도 그랬고 앞으로도 그럴 것이지만 과학과 인문학을 연결해 보려는 노력이다. 지식의 계속적인 파편화와 그것으로 인한 철학의 혼란은 실제 세계의 반영이라기보다는 학자들이 만든 인공물일 뿐이다 …… 통섭(統攝, consilience)은 통일(統一, unification)의 열쇠이다 …… 통섭을 입증하거나 반박하는 일은 자연과학에서 개발된 방법을 통해서만 가능하다. 하지만 그것은 과학자들의 노력이나 수학적 추상화에 고정되어 있기보다는 물질 우주를 탐구하는 과정에서 잘 작동해 온 사고의 습관을 충실히 따르려는 것이다.

— 에드워드 윌슨, 『통섭』 중에서

물리 법칙을 근간으로 삼아 자연과학과 인문학, 사회과학을 통합하려는 시도는 '인간은 만물의 영장'이라는 말로 대표되는 인간중심주의에 대한 반박이자, 기술 융합사회를 대비한 새로운 패러다임이라 할 수 있다. 수천 년 동안 문과 위주로 형성되어 온 중국을 비롯한 아시아 국가의 교육 체제가 '통섭'의 원리에 어떻게 반응할지 귀추가 주목된다.

20

중국은 왜 노벨 과학상 수상자가 적을까

> 나는 평온함을 좋아한다. 쑥잎과 같은 평온함.
> 나는 담박함을 추구한다. 쑥꽃과 같은 담박함.
> 나는 올곧음을 동경한다. 개똥쑥과 같은 올곧음.
> — 투유유

노벨 생리의학상 수상자, 투유유

2015년 10월 5일 베이징 시각 오후 5시 30분, 노벨상 위원회는 아일랜드의 윌리엄 캠벨(William C. Campbell)과 일본의 오무라 사토시(大村智), 그리고 중국의 투유유(屠呦呦)를 2015년 노벨 생리의학상 수상자로 결정해 발표했다. 앞의 두 사람은 기생충 약인 이버멕틴(ivermectin)을 발견해 아프리카 등 열대지방의 풍토병 퇴치에 이바지한 공로로, 투유유는 전통 약초를 연구해 말라리아 치료제를 개발한 공로로 공동 수상의 영예를 안았다. 중국 본토 과학자가 순수하게 중국 내에서 연구한 업적으로 노벨 과학상을 수상한 것은 중국 최초이

2015년 노벨 생리의학상 수상자

며 현재까지 중국 의학계 및 중의약(中醫藥)계가 수상한 최고의 상이다.

튜유유는 1930년 저장성(浙江省) 닝보시(寧波市)에서 5남매 가운데 유일한 딸로 태어났다. 아버지는 그녀의 이름을 『시경(詩經)』「소아(小雅)」에 나오는 "유유록명, 식야지호(呦呦鹿鳴, 食野之蒿)"(사슴이 우우 짝을 부르며 들판에서 쑥을 뜯네)라는 시구에서 가져왔다. 후에 그녀가 '청호(靑蒿)'(한국에서는 개똥쑥으로 부른다)에서 추출한 아르테미시닌(Artemisinin)으로 말라리아 치료제를 만들어 노벨상을 받은 것을 보면 그녀와 쑥〔蒿〕은 운명적으로 맺어져 있었다고 할 수 있다.

'쑥(Artemisia)'은 인간이 지구에 나타나기 전부터 존재했던 식물로 의초(醫草)라 부르며 오랫동안 식재료와 약재로 사용해 왔다. 우리나라 단군신화에 마늘과 함께 쑥이 등장하는 것만 봐도 쑥이 동아시아 문화권에서 얼마나 친숙한 식물인지 잘 알 수 있다. 쑥의 일종인 개똥쑥은 키가 1미터 정도이고 잎은 어긋나기 하며 비비면 개똥 냄새가 나고 아주 쓴 맛이 난다. 투유유가 개똥쑥에서 말라리아에 특효가 있는 아르테미시닌을 발견하면서 쑥은 다시 한번 전 세계의 주목을 받게 되었다.

투유유는 열여섯 살에 결핵에 걸려 학업을 중단한 경험이 있다. 이 병력은 그녀가 의약학 분야에 관심을 갖는 계기가 되었으며 진로를 결정하는 데 큰 영향을 미쳤다. 1951년 베이징대학 의학원 약학과에 입학한 그녀는 주로 생약(生藥) 연구에 매진했으며, 졸업 후에는 중국 중의연구원(中國中醫研究院, 현 중국중의과학원)에 배속되어 식물 화학과 본초학(本草學), 식물 분류학 등 의약학 연구에 전념했다. 동서 의학의 융합을 위해 서양 의학을 공부하던 2년여를 제외하면 평생 베이징의 집을 떠나본 적이 없던 그녀는 1966년 시작된 문화대혁명으로 인해 시골 벽지로 하방될 위기에 처한다. 다행히 남편만 하방되고 그녀는 어린 딸과 함께 베이징에 남게 되었는데, 중의연구원에 하달된 비밀 군사 임무인 '523계획'에 투입되면서 운명적 연구를 시작하게 된다.

당시는 베트남전(1955~1975)이 한창 진행 중이었고, 미국과 적대적 관계에 있던 중국은 북베트남 지도자 호치민(Ho Chi Minh)의 요청으로 항말라리아제 개발에 뛰어들게 된다. 물론 그 이전에도 퀴닌(quinine)이라는 말라리아 예방약이 있었지만, 부작용이 심하고 말라리아 원충이 이 약에 내성이 생긴 상태라 효능이 떨어진 상황이었다. 게다가 무분별한 벌목으로 퀴닌을 얻을 수 있는 키나나무(Quinine tree)도 점점 확보가 어려워지고 있었다. 중국에서는 이미 1940년대에 중국에서 자라는 약초에서 항말라리아 성분을 추출하는 연구가 시작되어 상당한 진전이 있었다. 특히 상하이의 약리학자 장창샤오(張昌紹)는 상산(常山)이라는 약초를 이용해 말라리아 환자를 치료하고 그 결과를 정리해 《사이언스》와 《네이처》에 발표하기도 했다. 그렇지만 불행히도 장창샤오는 문화대혁명 발발 다음 해인 1967년, 핍박을 견디지 못하고 자살하는 바람에 연구는 더 이상 진행될 수 없었다.

투유유가 임무에 합류할 당시 직위는 연구보조원이었지만, 동서양 의학에 대한 해박한 지식과 포기하지 않는 끈질긴 실험정신으로 좋은 평가를 받아 곧바로 팀장으로 승진했다. 그녀는 3개월 동안 중국의 고전 한의학·약학 문헌에 나온 약재 2,000여 가지를 검토해 그 가운데 640여 개를 추려냈으며, 최종 100여 개의 표본을 선정해 실험을 거듭했다. 실험에서 말라리아 원충에 대한 억제율이 가장 높은 것은 후추〔胡椒〕였다. 억제율은 84%에 달했지만, 그에 비해 박멸 효과는 그다지 이상적이지 않았다. 개똥쑥〔青蒿〕은 68%의 억제율을 보였지만 재실험 결과가 들쭉날쭉했다. 실험에 실험을 거듭하던 어느 날, 투유유는 물 대신 에틸에테르를 사용해 60도 이하의 저온에서 약제를 추출하면 안정적이면서도 뛰어난 약효를 얻을 수 있다는 것을 알아냈다. 저온 침출법의 발견은 연구에서 가장 결정적인 부분으로 일설에 따르면 투유유가 어느 새벽 동진(東晉) 시기의 학자 갈홍(葛洪)이 쓴 『주후비급방(肘後備急方)』의 "청호 한 줌을 두 되 분량의 물에 담근 후 짜서 즙을 내어 마신다(青蒿一握, 以水二升漬, 絞取汁, 盡服之)"는 구절을 읽고 영감을 얻어 생각해 낸 것이라 한다. 그렇지만 이 말은 어디까지나 투유유의

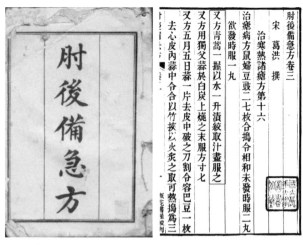

갈홍의 『주후비급방』(좌)과 개똥쑥 관련 구절(우)

성공을 미화하기 위한 것일 뿐, 그녀의 발견은 190여 차례의 시행착오
를 거쳐 얻어낸 노력의 산물이다.

　투유유를 포함해 중의학원의 연구원 세 명은 직접 독성 실험에 참
여해 안정성을 확인하였고, 이후 윈난 지역에서 나는 변종 개똥쑥을
이용해 더욱 효과 좋은 항말라리아제인 아르테미시닌을 얻을 수 있었
다. 계속되는 실험과 보완 끝에, 연구팀은 1977년 3월《과학통보(科學
通報)》에「신형 세스퀴테르펜 락톤 화합물──아스테미시닌(一種新型
的倍半萜內酯──青蒿素)」이라는 논문을 발표했으며, 이를 계기로 새로
운 항말라리아제의 발견이 국내외에 알려지게 되었다.

노벨상과 중국의 인연

아르테미시닌의 발견으로 말라리아 치료제 연구에 한 획을 그은 투유유는 2011년 '제약계의 노벨상'이라고 불리는 래스커상(Lasker- DeBakey Clinical Medical Research Award)을 중국인 최초로 수상하였다. 말라리아는 모기가 전염시키기 때문에 모기가 사라지지 않는 한 절대 근절되지 않는다. 역사적으로 가장 많은 인류를 죽게 만든 말라리아는 동양에서 '학질(虐疾)'이라고 불렸다. 우리나라에도 예로부터 '학(虐)을 떼다'라는 말이 전해오는데, '괴롭고 어려운 상황에서 벗어나느라 진이 빠지거나 질리게 되다'라는 뜻이 있는 이 관용어가 '죽을 뻔한 학질에서 벗어났다'는 데에서 유래했다는 것을 생각해보면 학질의 위력이 얼마나 대단했는지 짐작해볼 수 있다. 오래된 학질의 공포로부터 인류를 벗어나게 해 주었으니, 투유유의 공로가 얼마나 대단한 것인지 잘 알 수 있을 것이다. 아직은 대량 생산의 어려움과 높은 가격으로 인해 매년 수십만 명이 말라리아에 걸려 목숨을 잃고 있지만, 아르테미시닌 기반 요법은 2001년 이후 세계보건기구 WHO의 권고를 통해 가장 효과적인 말라리아 치료법이 되었으며, 수많은 생명을 구한 공로로 투유유는 2015년 노벨 생리의학상을 받았다.

사실 투유유 이전에 노벨상을 받은 중국인이 없지는 않았다. 『붉은 수수밭(紅高粱)』, 『개구리(靑蛙)』 등의 작품으로 2012년 노벨 문학상을 수상한 모옌(莫言), 중국의 인권 신장을 위한 오랜 투쟁의 공로로 2010년 노벨 평화상을 수상한 류샤오보(劉曉波) 등은 모두 중국에서 태어

나 중국에서 활동한 인물이다. 그렇
지만 자연과학 분야를 보면 상황이
그리 간단하지 않다. 비록 중국에서
태어났거나 부모나 조부모의 고향
이 중국이라도 중국 국적을 유지한
채 중국에서 생활하며 교육을 받고
성장해 노벨 과학상을 수상한 경우
는 없다고 할 수 있다.

　'반전성(反轉性) 보존 법칙이 위배
되는 가능성에 관한 연구'로 1957년
노벨 물리학상을 받은 양전닝(楊振

중국의 학질 예방 포스터 "학질을 예방해 노동
력을 보호하자"

寧)과 리정다오(李政道)는 중화민국(1912~1949) 때 태어나 미국 국적
을 획득했기 때문에 1949년 건립된 현재의 중화인민공화국과는 직접
적인 관계가 없다. '딩(丁)소립자'라고 일컬어지는 새로운 원자구성입
자를 발견한 공로로 1976년 물리학상을 받은 딩자오중(丁肇中), 화학
기본원소 반응의 동역학 과정 연구로 1986년 화학상을 받은 리위안저
(李遠哲), 레이저를 이용하여 원자를 냉각하고 가두는 연구로 1997년
물리학상을 받은 스티븐 추(朱棣文), 분수 양자 홀 효과를 발견해 1998
년 물리학상을 받은 대니얼 추이(崔琦), 녹색 형광 단백질 연구로 2008
년 화학상을 받은 로저 첸(錢永健), 광섬유 통신 연구로 2009년 물리학
상을 받은 찰스 가오(高琨) 등은 미국에서 출생해 미국 국적을 가지고
있거나 중국 본토에서 태어났지만 이른 시기 미국으로 이민을 떠나

	수상자	수상 연도	분야	수상 시 국적	비고
1	양전닝(1922~)	1957	물리학상	중화민국	1964년 미국 국적 획득, 2015년 중국 국적 회복
2	리정다오(1926~)	1957	물리학상	중화민국	1962년 미국 국적 획득
3	딩자오중(1936)	1976	물리학상	미국	
4	리위안저(1936~)	1986	화학상	미국	1994년 미국 국적 포기 후 타이완 국적 회복
5	스티븐 추(1948~)	1997	물리학상	미국	
6	대니얼 추이(1939)	1998	물리학상	미국	
7	가오싱젠(1940)	2000	문학상	프랑스	1997년 프랑스 국적 획득
8	로저 첸(1952~2016)	2008	화학상	미국	
9	찰스 가오(1933~2018)	2009	물리학상	미국	2018년 홍콩에서 사망
10	류샤오보(1955~2017)	2010	평화상	중국	투옥 중 간암 말기 판정을 받고 가석방된 후 병세가 악화하여 2017년 사망
11	모옌(1955~)	2012	문학상	중국	
12	투유유(1930~)	2015	생리의학상	중국	

역대 중국인 노벨상 수상자

미국 국적을 취득한 미국인이며, 이밖에 타이완 태생도 있다.

양전닝처럼 노벨상을 수상한 후에 중국 국적을 회복한 예도 있지만, 기본적으로 대다수 중국인 수상자들은 미국의 교육 문화 환경에서 성장했기 때문에 중국인이라는 혈연 공동체의식이 그다지 강하지 않다. 2008년 노벨 화학상을 받은 로저 첸의 일화는 이런 상황을 잘 설명해준다. 로저 첸은 '양탄일성'으로 유명한 첸쉐선의 조카이다. 그는 노벨상 시상식이 끝난 후 감격에 겨운 중국 본토 기자로부터 삼촌인 첸쉐선을 본받아 귀국할 생각은 없는지 질문을 받았다. 로저 첸은 기자를 한 번 쳐다본 후 이렇게 말했다.

"나는 미국에서 태어나 미국에서 자랐고 미국에서 교육을 받았으며 심지어 중국어도 할 줄 모른다. 나는 미국 과학자이지 중국 과학자가 아니다. 혈통이 사람의 미래를 결정짓는 게 아닌데 내가 왜 중국으로 돌아가겠는가?"

중국인의 피가 섞인 노벨 과학상 수상자가 8명이나 있음에도 그들을 '중국인 노벨상 수상자'라고 떳떳하게 내세우지 못하는 이유도 바로 이런 사정 때문이다.

자연과학 분야의 노벨상은 국제사회가 한 나라의 기초연구 분야의 수준이 어떠한지에 대해 객관적으로 평가하고 인정한 것이기 때문에 노벨상 수상자를 얼마나 배출했는지는 그 나라의 과학기술 수준을 가늠할 수 있는 중요한 지표라 할 수 있다. 2000년대 들어 중국의 경제가 급속하게 발전하면서 국제사회에서 그 위상이 크게 높아졌다. 특히 미국과 함께 세계 2강을 형성하면서 급기야 2006년경 G2라는 말까지 유행하기 시작했다. 그렇지만 미국과 중국의 노벨 과학상 수상자 수를 비교해 보면 G2라는 말은 그야말로 빛 좋은 개살구일 뿐인 것을 알 수 있다. 2022년까지 노벨상을 받은 미국인은 모두 404명이고 이 가운데 과학 분야 수상자는 293명이니 중국은 비교의 대상조차 되지 못한다. 이에 따라 중국에서는 한동안 "중국은 왜 노벨 과학상 수상자가 없을까?"라는 질문이 유행했었다.

한 편에서는 노벨상의 서구 중심주의와 정치적 편향 등을 이유로

공자평화상 메달(좌)과 푸틴을 대신해 트로피를 전달받는 러시아 유학생(우)

노벨상의 가치를 고의로 폄훼하는 여론도 있었다. 『이솝우화』의 '신포도 이론'이나 『아큐정전』의 '정신 승리법'으로 이해하고 넘어갈 만한 웃지 못할 상황도 심심치 않게 벌어졌다. 2010년 노벨상 위원회가 중국의 반체제 인사인 류샤오보를 그 해 노벨 평화상 수상자로 결정하자 이에 반발해 중국 국제평화 연구센터라는 단체는 '공자평화상〔孔子和平獎〕'을 제정하기도 했다. '짝퉁 노벨상'이라고 불리는 이 상은 "전쟁이나 폭력 행위를 중지시키거나 중재하고 핵무기 등 대량살상무기의 감축과 폐기에 탁월한 공헌을 한 세계 각국의 기관과 개인"을 선정해 상을 수여한다고 했지만 '공자평화상'은 제대로 운영되지 않았다.

급조된 '정체불명'의 상에 대부분 수상자들은 시상식에 참가하지 않거나 심지어 수락 의사조차 표시하지 않았다. 2010년부터 2017년 폐지되기까지 공자평화상 수상자 가운데 단 한 명만이 직접 시상식에 참여해 상패와 메달을 수령해 갔을 뿐이다. 또한 러시아 푸틴 총리나 짐바브웨의 독재자 무가베 대통령 등을 수상자로 선정한 것을 보면 세계평화나 인권 신장을 표방하는 상의 취지와 사뭇 거리가 멀다.

미스터 사이언스

중국은 왜 노벨과학상 수상자가 적을까?

노벨 과학상이 제1세계, 즉 미국이나 유럽 과학자들에게 관대하다는 중국의 비판은 같은 동양 국가인 일본의 경우를 보면 성립하기 어렵다. 일본은 지금까지 모두 29명이 노벨상을 받았으며, 과학 분야에서도 25명의 수상자를 배출했다. 이는 세계 5위에 해당하는 실적이다. 그렇다면 중국이 과학 분야에서 단 한 명의 수상자도 배출하지 못하는 동안 일본은 어째서 그렇게 많은 노벨상 수상자를 갖게 된 것일까?

일본은 메이지유신(明治維新)을 통해 동아시아 국가들 가운데 가장 먼저 근대화에 성공했다. 네덜란드 학문인 '난학(蘭學)'을 적극적으로 수용해 서구화에 박차를 가했으며, 19세기 말부터 유학생을 대거 서양에 보내 물리, 화학, 의학 등을 배워 오게 했다. 제국주의 시절, 그리고 2차 대전 패전 후에도 일본은 기초과학 육성을 최우선 순위에 두고 장기적 안목에서 일관되게 지원해 왔다. 이러한 기초과학 진흥책에 더해 대학의 원로 교수와 젊은 교수, 강사와 대학원생이 한 몸이 되어 도제식으로 연구를 진행한 것도 우수한 과학성과를 거두는 데 한몫했을 것이다. 노벨상은 하나의 연구에 대해 평균 20년 이상의 철저한 검증을 거쳐 주어지기 때문에 단기적인 성과에만 치중하는 연구 풍토에서 노벨상을 기대하는 것은 나무에 올라 물고기를 잡으려는 것과 마찬가지다.

중국학자들은 일본의 사례를 통해 중국에서 노벨 과학상 수상자가 나오지 못한 원인을 다방면으로 분석했다. 대학 입시에만 맞춰진 주입식 교육, 학술토론에서 제한된 의사 표현, 과학기술 수준의 낙후 및 과학성과 미흡, 불완전한 과학기술 지원 제도, 국제 협력 부족, 전통 경로 사상, 진부한 교육방식 등이 주요 원인으로 제시되었다. 이 외에 상형문자인 한자 사용으로 인한 논리적 사고의 부족, 변화와 안정을 추구하는 심리, 양적 사고보다 질적 사고를 중시하는 경향 등도 지적됐다. 종합해서 말하자면, 중국인은 선천적으로 창의성이 부족한 것이 아니라 교육방식과 과학기술 연구 체제, 정치·경제 제도, 학술정책 등이 유연하지 못하고 경직되어 있기 때문에 그 굴레를 깨지 않는 한 노벨상 수상자를 배출하기 힘들다는 것이다.

노벨상 수상의 조건

2015년, 노벨 생리의학상 공동 수상자로 투유유가 선정되었다. 마침내 오매불망 갈망하던 과학 분야 노벨상 수상자가 중국에서 나오게 된 것이다. 4년 전, 래스커상을 받은 이후 노벨상 수상이 조심스레 점쳐졌지만, 중국에서 교육받은 토종 여성 과학자라는 점이 대중들에게 알려지자, 중국인들의 기쁨은 이루 말할 수 없었다. 그렇지만, 래스커상 수상 때 제기되었던 문제가 노벨상 수상 후에도 논란을 일으켰다. 우선 그녀는 박사학위도 없고 해외 유학 경험도 없으며 중국 과학계 최고 연구자에게 주어지는 원사(院士) 지위도 얻지 못한 '3무(無)' 과학자였다. 그런 그녀가 래스커상과 노벨상을 연달아 수상하자 중국 과

투유유의 노벨상 수상을 보도한《인민일보》와 시상식 장면

학계는 당황할 수밖에 없었다. 과학계의 인재 평가 체계에 문제가 있는 것은 아니었을까? 그렇지 않다면 투유유가 국제적으로 인정받을 때까지 중국 과학계는 무엇을 하고 있었던 것일까?

중국 과학계로 비난의 화살이 향하는 것과 동시에 투유유를 비판하는 연구자들의 목소리도 터져 나왔다. 아르테미시닌의 개발은 문화대혁명 시기 국가 프로젝트인 '523 계획'의 성과인데, 투유유가 집단의 공로를 외면하고 자기의 기여도를 과장해 개인적 업적으로 포장한 결과, 세계적 상을 받았다는 것이다. 심지어 어떤 이는 투유유가 연구 개발 과정에서 중의연구원의 실험 재료를 집에 보관해 두고 다른 연구원에게는 공개하지 않았다고 폭로(?)하기도 했다.

일반적으로 래스커상이나 노벨 과학상은 단체가 아닌 개인에게 수여하는 것이 관습이다. 또한, 투유유가 전체 프로젝트를 총괄했고, 약물 독성 실험을 위해 자기의 몸을 제공하는 등 누구보다 연구에 희생적이었다는 것은 부인할 수 없다. 523팀으로 합류할 때 그녀가 '개똥쑥'을 가져왔다는 점도 사실이다. 이런 점들을 고려할 때, 주위의 비판은 지나친 면이 있으며, 따라서 그녀의 노벨싱 수상은 아무런 문제가 없어 보인다.

그렇지만, 중국 정부로서도 마냥 반길만한 일은 아니었다. 투유유의 실험이 절정에 달했을 1970년대는 중국 현대사의 암흑기라 불리는 문화대혁명이 한창 진행 중이던 때였다. 국가 재정과 연구 환경의 지원이 부실한 상황에서 평범한 약리학자였던 투유유가 개인의 의지와 역량만으로 뛰어난 결과를 산출해 노벨상을 받은 것은 잘 갖춰진 과학기술 제도와 체제하에서만 높은 수준의 성과를 낼 수 있다는 기존 관념과 정책 방향을 뒤집는 것이었다. 이는 개인 연구보다 집단연구를 장려하는 사회주의 체제의 과학 연구 방식에 타격을 주었다.

투유유의 노벨상 수상은 과학 영역에서 창의적 성과가 나오기 위해서 어떤 것들이 필요한지 생각해 보게 한다. 국가의 전폭적인 지원과 협력 연구는 과학기술이 발전하는 데 필수적인 요소이지만, 그것보다 더 중요한 것은 사상과 비판의 자유, 수정의 자유가 보장되고 과학자의 독립성과 독창성이 존중받는 사회적 분위기의 조성이다. 이에 더해 다른 사람의 관점을 존중하는 관용의 문화도 필요하다. 이러한 사회적, 정치적, 문화적 조건이야말로 과학이 발전할 수 있는 토대가 된다.

투유유는 우수 학자의 필수 조건이 된 SCI(Science Citation Index, 과학기술논문 인용색인) 학술지에 논문을 한 편도 싣지 않았음에도 노벨 과학상을 수상했다. 심지어 수상 당시 그녀의 나이는 85세였다. 노벨

상 위원회에서 중요하게 고려하는 것은 사
회적 명성이나 표준화·정량화된 실적보
다 인류 사회의 개선과 발전을 이루기 위해
이념과 체제에 상관없이 얼마나 꾸준히 노
력했느냐이다. 물론 이런 과학자가 있다고
하더라도 기존 통념을 고수하며 변화를 거
부하거나 학술 기득권에 안주하며 창의적
인재를 제대로 알아보지 못하는 사회라면
어떤 나라라도 노벨상 수상자를 배출하기
는 쉽지 않을 것이다.

《타임》지 선정 '올해의 여성 100명' 중
투유유

    2017년 1월 9일, 중화인민공화국 국무원은 투유유에게 중국 과학
계의 최고 영예인 '국가 최고과학기술상'을 수여했으며, 2019년 9월
17일, 시진핑 주석은 투유유에게 '공화국 훈장'을 수여했다. 2020년 3
월 투유유는《타임(Time)》에서 선정한 '올해의 여성 100명(100 Women
of the Year)'에 선정되었다.

5부

중국 특색의 과학기술혁명

21

중국의 맨해튼 프로젝트

> 무릇 武란 천하를 평정하는 공을 세우고 병기를 거두어들이는 것이다.
> 그러므로 止戈(창을 멈추는 것)가 武이다.
> — 허신(許愼), 『설문해자(說文解字)』

중화민국 국민정부의 첫 번째 맨해튼 프로젝트

2차 대전의 승패는 미국과 독일 가운데 누가 먼저 원자폭탄을 개발하느냐에 달려 있었다 해도 과언이 아니다. 1924년 '양자역학'이라는 말이 처음 등장해 우주와 물질계에 대한 기존의 이론에 충격을 준 이래, 막스 플랑크, 알베르트 아인슈타인, 닐스 보어, 베르너 하이젠베르크, 에르빈 슈뢰딩거 등이 연구를 거듭해 양자 이론을 발전시켰다. '양자(Quantum)'는 에너지나 물질과 같은 물리적 대상의 가장 작은 단위를 지칭하는 개념이며, 양자역학은 원자나 원자핵, 전자 등과 같이 미시세계의 물질과 에너지의 움직임을 설명하는 학문이다. 1938년, 독

"세계 권력 투쟁이 시작되다! 어느 나라가 주도권을 잡고 세계를 지배하는 초강대국이 될 것인가? 맨해튼 프로젝트는 당신을 더 크고 더 나은 폭탄을 만들기 위한 경쟁에서 위대한 국가의 핵무기 프로그램의 리더로 만들어 줄 것입니다. 폭탄 제조 기반 시설을 건설하거나, 이를 보호하기 위해 군대를 확장하거나, 상대국의 정보를 훔치기 위해 스파이를 보내는 등 여러 프로젝트에 참여하여 국가의 미래를 확보하세요!" – 미니언 보드게임 '맨해튼 프로젝트' 광고글

일 물리학자들은 양자 이론을 이용해 우라늄의 원자핵을 쪼개 엄청난 에너지를 만드는 데 성공했다. 이는 인류가 원자폭탄을 만드는 데 바짝 다가섰음을 의미한다. 원자폭탄의 개발은 기존의 무기체계뿐만 아니라 국제 권력질서를 뒤흔들 수 있는 가공할 폭발력을 지니고 있었기 때문에 미국은 영국, 캐나다 등과 힘을 합쳐 나치보다 먼저 원자폭탄을 만들기 위해 '맨해튼 프로젝트(Manhattan Project)'에 착수했다.

당시 독일과 일본 모두 원자폭탄 개발에 열을 올리고 있었다. 일본은 우라늄 조달이 여의찮아 개발이 지지부진했지만, 독일은 1939년, 2차 대전의 시작과 함께 '우란베라인(Uranverein)'이라 불리는 핵무기 프로그램을 꾸준히 진행해서 독자적인 핵무기 개발에 가까이 와 있었다. 독일에 기술적으로 한참 뒤처져 있던 미국이었지만, 나치의 유대인 박해 정책을 피해 해외에 머무르고 있던 알베르트 아인슈타인, 엔리코 페르미, 레오 실라르드 등 세계 최고 수준의 핵물리학자들을 미국 편에 서게 만듦으로써 미국의 핵무기 개발은 비약적으로 발전하게 되었다. 레슬리 그로브스(Leslie R. Groves

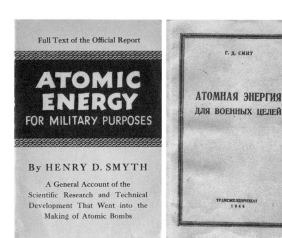

스미스 보고서 프린스턴대학판(좌)과 러시아어 번역판(우)

Jr.) 대령의 책임으로 1942년 8월 13일 시작된 맨해튼 프로젝트는 여러 차례의 시행착오를 거쳐 1945년 7월 16일, 사상 최초의 핵폭발 실험인 '트리니티 실험'에 성공하였다. 이를 기초로 원자폭탄을 만들어 일본 히로시마와 나가사키에 투하하였고 1945년 9월 2일, 일본이 전함 미주리에서 항복 조약에 서명함으로써 제2차 세계대전은 종결되었다.

원자폭탄 두 발로 인한 일본의 패망은 세계를 충격 속으로 몰아넣었다. 특히 미국이 어떤 무기를 사용했는지 알 수 없었던 중국 국민정부는 종전 한 달여쯤 후에 주(駐) 스웨덴 중국대사로부터 비밀 전보를 받고서야 미국이 원자폭탄을 만들어 일본에 투하했고 그 위력이 어마어마하다는 것을 알게 되었다. 미국은 프린스턴대학 물리학과 학과장인 헨리 D. 스미스에게 의뢰해 맨해튼 프로젝트에 관한 상세한 보고서를 작성하게 하였다. 이에 따라 1945년 8월 12일, 「미국 정부의 후원하에 군사 목적의 핵에너지를 사용하는 방법의 개발에 대한 일반 계정, 1940~1945」라는 제목의 보고서가 공개되었고, 바로 이어 프린스턴대학 출판부에서도 정식으로 출간되었다. 이 보고서는 출간 후 며칠 만에 베스트셀러가 되었으며, 40개 이상의 언어로 번역되기도 했다. 보고서에는 맨해튼 프로젝트의 기초가 되는 과학 이론과 원자폭탄 개발 과정, 핵물질의 처리에 관한 내용이 매우 상세하게 서술되어 있었기 때문에 핵무기에 관한 기밀 사항이 소련 등으로 넘어갈 것을 우려한 정치가들과 과학자들 사이에 격렬한 논쟁이 벌어지기도 했다.

> 우리나라의 정책에 대한 궁극적인 책임은 국민에게 있으며, 그들은 정보를 얻어야만 그러한 책임을 현명하게 이행할 수 있다. 일반 시민은 원자폭탄이 어떻게 만들어지고 어떻게 작동하는지 명확하게 이해할 것이라고 기대할 수 없지만, 이 나라에는 그러한 것들을 이해할 수 있고, 동료 시민들에게 원자폭탄의 잠재력을 설명할 수 있는 실질적인 기술자와 과학자들의 그룹이 있다. 본 보고서는 이 전문그룹을 위해 작성되었으며, 그러한 폭탄의 생산을 목적으로 한 1939년 이후 미국의 전반적인 작업에 관한 사항이다.
> ―〈스미스 보고서〉서문 중에서

일명 '스미스 보고서'라 불리는 이 문건은 당시 국민정부 주석이었던 장제스에게도 전달되었다. 이는 탄도학 전문가이자 중화민국 국민정부 병공서장(兵工署長)이었던 위다웨이(俞大維)가 연합군 중국지역

왼쪽부터 위다웨이, 우다요, 쩡자오룬, 화뤄겅

참모장이었던 미국인 웨더마이어를 통해 입수한 것이었다. 웨더마이어는 미국 정부에 중국공산당 세력을 제압하기 위해 국민정부를 지원해야 한다고 강력하게 권고했던 인물로 위다웨이에게 원자폭탄 제조 기술을 배우기 위해 미국에 유학생을 파견하라는 제안도 했다. 이 제안을 전해 들은 장제스는 곧바로 중국판 맨해튼 프로젝트를 추진하기로 결정하고 위다웨이에게 전권을 맡겼다.

위다웨이는 청말 양무운동을 주도했던 증국번(曾國藩)의 외손자로 하버드대학에서 철학 박사학위를 받은 뒤 독일 베를린대학에서 물리학과 탄도학을 전공한 수재이다. 그는 원자폭탄 개발 계획을 추진하기 위해 물리학자 우다요(吳大猷), 화학자 쩡샤오룬(曾昭掄), 수학자 화뤄겅(華羅庚) 등 세계적 수준의 저명 학자들과 접촉하여 프로젝트에 참여하도록 하였다. 장제스는 핵개발 연구에 필요한 경비를 지원하기로 약속하였으며, '종자 프로젝트(種子計劃)'도 시작했다. 종자 프로젝트란 경자배관(庚子賠款, 1900년 의화단 사건의 배상금) 반환금을 이용해 미국에 유학생을 파견해 원자폭탄 제작 기술을 배워오게 하는 유학 프로그램이다. 이때 추천을 받아 선발된 젊은 과학자로는 원자물리학 분야의 리정다오(李政道), 주광야(朱光亞), 수학 분야의 쑨번왕(孫本旺), 쉬셴슈(徐賢修), 화학 분야의 탕아오칭(唐敖慶), 왕뤼션(王瑞駪) 등이 있다.

　국민정부는 1946년 6월 극비리에 '원자능 연구 위원회(原子能研究委員會)'를 발족시킨 뒤 바로 유학생을 파견했다. 8월, 상하이에서 배에 올라 9월에 미국 샌프란시스코에 도착한 중국 유학생들은 미국에서 유학 중이던 양전닝(楊振寧, 훗날 노벨 물리학상을 받는다)의 안내를 받아 어렵지 않게 정착할 수 있었다. 그렇지만 예상과 달리 미국에서의 여정은 그리 순탄치 않았다. 미국 정부가 동맹국인 영국에게도 알려주지 않았던 원자폭탄 기술을 쉽게 넘겨줄 리 만무했고, 대학에서 배우는 이론만 가지고는 단기간에 원자폭탄을 만들어낼 수 없었다. 그나마 장학금이 풍족해 학비와 생활비 걱정이 없으니 미국에 남아 장기적으로 방법을 모색하기로 했다. 국민정부 측 상황도 녹록지 않았다. 국공내전의 재개로 원자폭탄 연구에 필요한 막대한 비용을 지원할 여력이 없었을 뿐만 아니라, 전황이 공산당에 유리하게 전개되면서 핵무기 개발 계획은 당분간 진행되기 힘들었다. 여기에 1949년 국민정부가 공산당에 패하여 타이완으로 물러남으로써 중국의 첫 번째 맨해튼 프로젝트는 물거품이 되고 말았다.

'양탄일성'과 중화인민공화국의 핵개발

타이완으로 간 장제스는 내전 패배에 따른 민심의 동요를 가라앉히는 것이 최우선 과제였다. 경제적으로도 여유가 없었고 미국이 허가해주지 않았기 때문에, 원자탄 만드는 일은 더는 진행할 수 없었다. 중화인민공화국 역시 타이완과 마찬가지로 원자폭탄을 만들 여력이 없었지만, 1950년대 중반에 있었던 '제1차 대만해협 위기'를 겪은 후 생각을 바꾸게 된다. '제1차 대만해협 위기'는 한국전쟁 이후 대만해협의 중립화를 위해 함대를 파견했던 미국이 정권이 바뀌고 반공주의자들이 득세하여 타이완에 자유를 주자는 주장이 힘을 얻자 함대를 철수시키면서 시작되었다. 미군이 대만해협에서 철수하고 나자, 타이완(중화민국)은 진먼(金門)과 마주(媽祖) 섬에 군대를 주둔시키고 요새화를 시작한다. 중공은 이를 빌미로 진먼에 포격을 가해 미국인 2명이 사망하는 일이 발생하였다. 중공의 거듭된 도발에 미국은 핵무기 사용을 고려하는데, 이를 알게 된 중공은 1955년 개최된 인도네시아 반둥 회의에서 평화공존 5원칙을 발표하고 이어서 제네바에서 미국과 타협함으로써 핵전쟁의 위기를 모면하게 되었다.

이런 사태를 겪은 후, 중화인민공화국 지도자 마오쩌둥은 미국을 제압하고 타이완을 해방시키려면 핵무기 개발이 필수적이라는 생각을 하게 된다. 그는 1956년 4월, 중앙정치국 확대회의에서 이렇게 말했다.

중국 최초 원자탄 폭발 실험 성공을 알리는《인민일보》호외(1964.10.16.)

"우리는 더 많은 비행기와 대포는 물론 원자폭탄도 있어야 합니다. 오늘날 세계에서 우리가 무시당하지 않으려면 반드시 이것들이 있어야 합니다."

마오의 강력한 핵개발 의지에 부응해 중국 정부는 소련으로부터 핵 기술 양도와 설비 지원을 약속받고 원자폭탄 개발에 뛰어들게 된다. 그렇지만 공산주의 사상과 이념 문제를 둘러싸고 중국과 소련의 갈등이 심화하자 1959년 6월, 소련은 중국과 맺었던 국방기술협정을 일방적으로 파기하고 기술진을 철수시키는 강수를 둔다. 소련의 이 같은 조치에 배신감을 느낀 중국은 1959년 6월의 굴욕을 잊지 말자는 의미

미스터 사이언스

에서 원자폭탄 개발 계획을 '596 프로젝트'라고 명명하고 모든 연구 역량을 끌어모아 독자적인 원자탄 개발에 박차를 가하였다. 그 결과 1964년 10월 16일 15시, 신장웨이우얼 자치구, 타클라마칸 사막 동쪽의 뤄부포(羅布泊, 위구르어로는 로프노르) 핵실험 기지에서 중국 최초의 핵실험을 성공적으로 실시하였고, 이로써 중화인민공화국은 세계에서 다섯 번째로 원자폭탄을 소유한 국가가 되었다.

매카시즘이 만들어 준 중국의 원자폭탄

중국이 핵개발에 성공한 시기는 마오쩌둥과 중국공산당이 서방세계를 따라잡겠다며 시작한 대약진 운동의 실패로 사상 최악의 기아 사망자가 발생하고 국가 경제가 파산 지경에 이르렀던 때이다. 이처럼 기술적으로나 경제적으로 낙후한 상황에서 중국의 핵개발은 어떻게 성공할 수 있었을까?

중국은 20세기 초부터 경자배관을 이용해 미국과 영국으로 유학생을 파견하고 있었다. 중일전쟁이 발발한 1938년에 나온 국민당 교육부 통계를 보면 당시 해외에서 유학하던 중국 학생 2,500명 가운데 미국과 영국에서 학위과정에 있던 수는 1,500명에 달한다. 특히 그들 가운데 70~80%가 이공계를 선택했는데, 그 이유는 공업입국(工業立國)으로 강대국이 된 미국과 영국의 상황을 직접 경험했기 때문이기도 하지만, '과학구국(과학기술로 나라를 구하자)'을 표방한 중화민국의 방

프린스턴대학 명예박사학위 수여식. 앞줄 왼쪽에서 두 번째가 우젠슝, 오른쪽 끝은 양전닝과 리정 다오다.

침 때문이기도 하다.

　장제스가 '종자 프로젝트'를 시작했을 당시에도 미국에 체류하던 중국인은 적지 않았다. 심지어 미국의 '맨해튼 프로젝트'에 깊이 관여하고 있던 중국인도 있었다. 대표적인 인물로 우젠슝(吳健雄, 1912~1997)을 들 수 있다. 그녀는 대학 졸업 2년 후인 1936년, 미국 유학길에 올라 캘리포니아대학에서 핵물리학 전공으로 박사학위를 받았다. 그녀의 지도교수는 '원자폭탄의 아버지'로 불리는 그 유명한 로버트 오펜하이머(R. Oppenheimer)이다. 1944년 컬럼비아대학에서 교편을 잡고 있던 그녀는 원자로 가동이 중단되는 현상을 해결하기 위한 적임자로 추천받아 맨해튼 프로젝트에 합류하였으며, 성공적으로 임무를 수행하며 원자폭탄 제작에 결정적으로 공헌한 것으로 평가받는다. 당시 노벨물리학상 수상이 점쳐지기도 했지만, 노벨위원회가 실수로 그녀의 이름을 명단에서 누락시키는 바람에 후보에 오르지 못했다는 일화가 있다. 그녀는 맨해튼 프로젝트와 핵물리학 분야에 공헌한 바를 인정받아 1975년 미국 최고 과학상인 국가 과학 훈장을 수상했으며, 이를 계기로 '핵물리학의 여왕', '중국의 퀴리 부인'이라는 칭호를 얻었다.

미국에서 공부하던 중국 유학생 모두가 이렇게 순탄한 길을 간 것은 아니다. 앞서 말했듯이 미국의 중국 유학생은 1937년부터 1945년 사이에 크게 증가하는데, 이들이 공부하거나 졸업할 시기인 1950년대 초는 매카시즘 광풍이 미국을 휩쓸던 때이다. 맨해튼 프로젝트의 주역이었던 '원자폭탄의 아버지' 오펜하이머도 매카시즘의 피해자였는데, 냉전으로 미중 관계가 얼어붙어 있던 상황에서 공산주의 국가에서 온 중국 학생과 학자를 바라보는 시선이 고울 리 없었다. 또한, 골드러시 때 미국에 건너온 중국인 노동자를 차별하기 위해 1882년 제정한 '중국인 배척법(Chinese Exclusion Act)'이 공식적으로 폐기된 것도 1943년으로 얼마 되지 않은 시점이었다. 따라서 날로 격렬해지는 반공주의 및 외국인 혐오 운동은 중국인 유학생들을 귀국과 체류라는 선택의 갈림길에 서게 했다.

설상가상으로 미국이 일본에 원자폭탄을 투하한 지 4년 만인 1949년, 소련이 핵실험에 성공하자 미국 내에서는 대대적인 간첩 색출 작

K. E. J. Fuchs

클라우스 푹스

전이 벌어진다. 특히 맨해튼 프로젝트에 영국 측 과학자로 참가했던 클라우스 푹스가 핵실험 관련 자료를 소련으로 넘겨 핵개발을 도운 스파이로 밝혀지자, 매카시즘은 절정으로 치닫는다. 불똥은 중국인에게까지 튀어 미국에서 유학하거나 일하고 있던 수천 명의 중국인이 간첩으로 의심받았으며, 불법적으로 소환되어 심문받거나 투옥되고 심지어 암살당하기까지 했다.

훗날 중국의 '양탄일성' 개발을 성공시킨 물리학자 첸쉐선도 미국에서 공산당 활동을 한 혐의로 FBI의 블랙리스트에 올랐다. 첸쉐선은 1938년부터 미국 유학 생활을 시작해 박사학위를 받은 후 캘리포니아 공과대학과 매사추세츠공과대학 교수를 역임하고 미 공군 과학고문, 해군 무기연구소 고문 등의 직책을 갖고 있었다. 그의 전문 분야는 제트 추진기와 미사일, 유도탄으로 세계적 과학자의 반열에 올라 있었다. 그렇지만 매카시즘 광풍으로 인해 전화가 도청되고 불법 검열을 당하는 등 수사 기관의 밀착 감시를 받았다. 이런 상황에서 첸쉐선은 더는 연구를 계속할 수 없었다.

그는 1950년 미국 생활을 접고 귀국하기로 결정하였다. 그렇지만 출발 직전 '공산당원 신분 은폐'와 '불법입국' 혐의로 FBI에 체포된다. 다행히 증거 불충분으로 투옥되진 않았지만, 이후 5년 동안 연금되어 수사 기관의 감시 아래 생활하게 된다. 그는 마오쩌둥과 저우언라이에

귀국 후 기자의 인터뷰에 응하는 첸쉐선(좌)

게 비밀서신을 보내 도움을 요청하였고, 편지를 근거로 중국은 미국과 협상을 벌여 중국에 억류되어 있던 미국 스파이와 교환하는 조건으로 첸쉐선의 귀국을 허가받게 된다. 사실 미국이 가장 우려했던 점은 미사일과 유도탄 등에 관한 군사기술이 공산 진영으로 유출되는 것이었다. 따라서 미국은 첸쉐선이 중국으로 돌아갈 때 그동안 그가 연구하고 메모한 일체의 자료와 개인용품까지 가져가지 못하게 했다. 첸쉐선은 1955년 6월, 몸에 아무것도 지니지 않은 채 20년간 생활했던 미국을 떠났다.

귀국 후, 첸쉐선은 중화인민공화국에서 미사일과 인공위성 제작의 총책임자가 된다. 그는 '미사일 기술 8개년(1965~1972) 발전 계획'을

성명	학부	최종학력	주요 연구분야
왕시지(王希季, 1921~)	西南聯合大學	[美]버지니아폴리테크닉 주립대학(1948)	회수식 위성
쑨자동(孫家棟, 1929~)	哈爾濱工業大學豫科	[蘇]주코프스키 공군공학아카데미(1958)	인공위성
런신민(任新民, 1915~2017)	國立中央大學	[美]미시간대학(1948)	통신위성
양자츠(楊嘉墀, 1919~2006)	上海交通大學	[美]하버드대학(1949)	우주과학
첸쉐선(錢學森, 1911~2009)	國立交通大學	[美]캘리포니아공과대학(1939)	유인우주선
투서우어(屠守鍔, 1917~2012)	西南聯合大學	[美]매사추세츠공과대학(1943)	미사일 및 유도탄
황웨이루(黃緯祿, 1916~2011)	國立中央大學	[英]런던대학(1947)	미사일 및 유도탄
자오주장(趙九章, 1907~1968)	淸華大學	[獨]베를린대학(1938)	인공위성
야오빈(姚桐斌, 1922~1968)	唐山交通大學	[英]버밍엄대학(1951)	항공우주재료
첸지(錢驥, 1917~1983)	國立中央大學	[中]국립중앙대학(1943)	인공위성
위민(于敏, 1926~2019)	北京大學	[中]베이징대학(1949)	핵물리학
주광야(朱光亞, 1924~2011)	西南聯合大學	[美]미시간대학(1950)	핵물리학
우즈량(吳自良, 1917~2008)	天津大學	[美]카네기멜런대학(1948)	재료과학
천넝콴(陳能寬, 1923~2016)	唐山交通大學	[美]예일대학(1950)	금속물리
저우광자오(周光召, 1929~)	淸華大學	[中]베이징대학(1954)	이론물리학
청카이자(程開甲,1918~2018)	동역학	[英]에든버러대학(1948)	핵폭발이론
펑환우(彭桓武, 1915~2007)	淸華大學	[英]에든버러대학(1945)	이론물리학
왕간창(王淦昌 , 1907~1998)	淸華大學	[獨]베를린대학(1934)	핵물리학
덩자셴(鄧稼先, 1924~1986)	西南聯合大學	[美]퍼듀대학(1950)	핵물리학
첸산창(錢三强, 1913~1992)	淸華大學	[佛]파리대학(1940)	핵물리학
왕다헝(王大珩, 1915~2011)	淸華大學	[英]임페리얼 칼리지 런던(1941)	광학
천방원(陳芳允, 1916~2000)	西南聯合大學	[中]西南聯合大學(1938)	위성측량 및 제어
궈용화이(郭永懷, 1909~1968)	北京大學	[美]캘리포니아공과대학(1945)	동역학

양탄일성 공로자 23인 학력 및 연구분야

WANG KAN-CHANG—Here is
the top scientist in China's bomb
project. He studied in Germany in
the Thirties and in 1959 was deputy
director of Russia's Dubna Institute.

China's 'Manhattan Project'
Or, How Mao Learned to Love—and Build—the Bomb
By CHALMERS JOHNSON

1964년 미국《뉴욕타임스》에 실린 '중국의 맨해튼 프로젝트' 관련 기사. 왼쪽은 기사에서 중국의 오펜하이머라고 지목한 왕간창

세우고 연구에 매진해 '양탄일성', 즉 원자폭탄(1964), 수소폭탄(1967), 인공위성(1970) 발사를 성공적으로 이루어 냈다. 1999년 9월 18일, 중화인민공화국 성립 50주년을 맞아 중국 정부는 '양탄일성' 제작에 공로가 큰 23명의 과학자를 선별해 '양탄일성 공로훈장(兩彈一星功勛獎章)'을 수여했다.

그런데 그들의 면면을 살펴보면 흥미로운 사실을 발견할 수 있다. 23명의 과학자 대부분은 핵물리학이나 항공 우주학, 탄도학 등을 전공했는데, 그들이 유학한 나라를 보면 미국과 영국의 비율이 절대적이다. 구체적으로는 미국 10명, 영국 5명, 독일 2명, 프랑스 1명 등이다. 그런데 미국에 체류하던 중국 과학자들이 귀국한 시점이 바로 매카시즘 광풍이 미국을 휩쓸던 때이다. 대부분 국민정부 시절 정부에서 파견한 중화민국 국비 장학생 출신이었지만, 중국이 공산화되면서 미국 정부의 사찰 대상이 되어 연구에 어려움을 겪어 미국을 떠나기로 결심한 것이다. 그렇지만 이들 가운데 대부분은 국민당의 타이완으로 가는 대신 공산당의 대륙을 선택했다. 게다가 매카시즘으로 인해 미국에서 쫓기듯 귀국한 과학자들에 의해 중국의 원자폭탄과 수소폭탄, 인공위성이 만들어졌으니 '중국의 원자탄은 미국이 만들어 줬다' 해도 과언이 아니다.

'양탄일성'에 공헌한 과학자들은 당시 세계 물리학 및 자연과학계에서 최고 수준의 이론 지식과 기술을 가지고 있는 사람들이었다. 1964년《뉴욕타임스》가 중국의 오펜하이머로 지목한 왕간창, 오펜하이머의 지도교수이자 양자역학의 토대를 세운 막스 보른에게 박사학위를 받고 슈레딩거의 이론물리 연구소에서 재직했던 펑환우, 『중국의 과학과 문명』을 쓴 조지프 니덤의 추천으로 막스 보른을 지도교수로 공부했던 청카이자, 퀴리 부인으로 잘 알려진 마리 퀴리의 딸 이렌 졸리오 퀴리를 지도교수로 정해 박사학위를 받은 첸산창(퀴리 모녀는 모두 노벨물리학상을 받았다). 게다가 '양탄일성'의 과학자 중 상당수는 미국의 맨해튼 프로젝트와 직간접적으로 연관이 되어 있었다. 역사에 가정이란 무의미하다지만, 만일 매카시즘이 일어나지 않았고 중국인 과학자들이 미국에 정착해 연구를 계속했더라면 중국이 그렇게 빨리 원자폭탄을 만들어 낼 수 있었을까?

과학구국과 국방과학의 그림자

중국의 과학 발전은 '과학구국'과 '국방과학'의 기조 속에서 국가 이념 및 정책과 궤를 같이해 발전해 왔다. 아편전쟁 패배 이후 서구 제국주의에 대항하기 위해서 무기를 근대화해야 한다는 생각에 양무운동을 벌였고, 기술뿐만이 아니라 제도와 사상까지 들여와야 한다는 공감대가 형성되면서 서구화 운동이 벌어졌다. 항일전쟁과 국공내전을 통해 무기를 현대화시켰고, 냉전이 시작되면서 미국에 대적하기 위해 핵무기 등 대량살상무기 개발에 사활을 걸었다. 2023년 기준, 전 세계 핵탄두 수는 9576기에 달한다. 예상대로 미국과 러시아가 대부분을 소유하고 있지만, 중국도 핵탄두 수량을 꾸준히 늘려왔다. 특히 중국은 시진핑 집권 후, 핵탄두 수를 급격하게 늘려 현재 410기를 보유하고 있는데, 이는 시진핑 집권 이전과 비교해 볼 때 40%나 늘어난 수치이다. 시진핑 정부는 미국에 견줄만한 군사력을 갖추기 위해 핵탄두뿐만 아니라 핵잠수함과 항공모함의 양산에 박차를 가하고 있다.

시진핑이 주창한 〈시진핑 신시대 중국특색사회주의사상(習近平新時代中國特色社會主義思想)〉에 보면 '인류 운명 공동체의 건설 추진'이라는 항목이 있다. 또한, 시진핑은 '인류 운명 공동체'를 건설하기 위해 중국의 우수한 전통문화와 사상의 발굴이 필요하다고 여러 차례 강조했다. 그렇다면 평화로운 '인류 운명 공동체'를 만드는 데 도움이 되는 우수한 전통 사상에는 어떤 것이 있을까? 역사적으로 중국은 여러 왕조가 세워졌다가 사라지는 과정에서 수없이 많은 전쟁을 치러야 했으며, 이에 따라 전쟁에 대한 다양한 사상과 이론이 등장했다. 『맹자(孟子)』에 보면 이런 대목이 나온다.

송경이 초나라로 유세하러 가는 길에 맹자를 만났다.

맹자가 물었다. "진나라와 초나라 간 전쟁을 막기 위해 애쓰시는데 경의를 표합니다. 한데 어떠한 내용으로 설득하시렵니까?"

"나는 그들이 서로 전쟁을 하는 것이 이롭지 않다는 점을 말할 생각입니다."

맹자는 송경에게 조언했다. "이익이 아니라 인의(仁義)를 내세우도록 하십시오. 신하가 이익을 생각해 임금을 섬기고 자식이 이익을 생각해 어버이를 섬기지 않습니다. 군신과 부자, 형제가 이익을 버리고 인의를 생각하면서 대하도록 해야 합니다. 이렇게 하고서도 왕 노릇을 하지 못하는 자는 일찍이 없었습니다."

—『맹자』「고자하(告子下)」

　　중국의 전통 철학(유교)에서 사상가들이 강조한 것은 '인의(仁義)'이다. 춘추전국시대 평화주의자 송경(宋牼)이 전쟁이 이롭지 않음을 앞세워 전쟁을 막겠다고 하자 맹자는 '이익'이 아닌 '인의'를 내세워야 한다고 강조했다. '인의'란 무엇인가? 그것은 경직되고 틀에 박힌 죽은 개념이 아니라 현실에서 직접 힘을 발휘할 수 있는 실천적 관념으로 한마디로 말하자면 '남을 살리는 것'이다. 이것을 동양 철학에서는 '생생(生生)'이라고 하며 그러한 마음을 '생물지심(生物之心)'이라고 한다. '남이 고통을 당하는 것을 참지 못하는 마음'이라는 뜻의 '불인지심(不忍之心)'도 같은 의미이다. 따라서 아무리 내가 '정의'와 '진리'의 수호자라 외쳐도 그것이 남을 해침으로써 지켜지는 것이라면 '생생'의 정신을 거스르는 것이다. '남을 살리는 것'이라는 알맹이가 없다면 정의'나 '진리', 심지어 '인의'라는 말이라도 허울 좋은 명분일 뿐이니 차라리 없는 것이 낫다.

　　철학이 없는 시대의 과학과 정치는 인류 세계를 그릇된 길로 이끌 수 있다. 오펜하이머가 원자폭탄을 만들었지만, 발사 버튼을 누른 것은 트루먼이다. 트루먼은 전임 대통령의 갑작스러운 사임으로 대통령 자리에 오르는 바람에 준비가 덜 된 상황에서 자기 손에 피를 묻히게 되었다고 변명했다. 오펜하이머는 자신이 발명한 원자폭탄으로 인해

미스터 사이언스

수많은 사람이 죽게 된 것을 알고 수소폭탄 만들기를 거부하다 정치적 박해를 받게 되었지만, 트루먼은 매카시즘을 이용해 정치적 이득을 취했다. 이런 사실을 통해 볼 때, 아무리 훌륭한 과학적 발견과 발명이라 하더라도 이를 이익의 잣대로 이용하

"난 죽음이자, 세상의 파괴자가 되었다."

오펜하이머 인터뷰 영상

는 정치가들을(때로는 자본가까지 포함해서) 인류 보편의 윤리적 테두리 속에서 적절하게 제어하지 못한다면 우리가 바라는 평화공존의 세계는 쉽게 오지 않을 것이다.

　세계열강이 세계평화와 정의를 외치며 전쟁 억제를 핑계로 핵무기를 소유하기 시작한 것이 80년 가까이 되었다. 그렇지만 핵개발이 이루어지는 동안 핵개발에 반대하거나 거부한 과학자는 소수에 불과했다. 중국도 마찬가지다. 원자폭탄 개발 과정에서 '남을 살리는 것'의 깊은 뜻을 강조한 학자나 정치가는 거의 없었다. 오펜하이머가 미국의 비이성적 이데올로기의 희생양이며, 중국이 핵무장을 하게 된 것이 공산주의와 중국인 배척의 결과였다고 미국을 비판하기에 앞서 맹자가 말한 '생물지심'의 의미를 다시 한번 곱씹어 볼 때이다.

22

중국의 실리콘밸리, 중관춘 추억

햄릿이 이 성에 살았다고 상상하자마자 성이 달라져 보이는 것이 이상하지 않습니까? 과학자로
서 우리는 저 성이 돌로만 구성되어 있다 믿으며 건축가가 그 돌들을 어떻게 쌓아 올렸는지에 대
해 감탄하지 않을 수 없습니다. 돌, 고색창연한 녹색 지붕, 교회의 나무조각이 성 전체를 구성하
고 있는데, 이들 가운데 어느 것도 햄릿이 여기에 살았다는 사실로 바뀌지는 않지만, 그것은 완전
히 변했습니다. 갑자기 성벽은 아주 색다른 언어를 구사합니다. 성의 안마당은 하나의 완전한 세
계가 됩니다. 어두운 모퉁이는 인간 영혼의 어두운 면을 상기시킵니다. 우리는 햄릿이 "사느냐 죽
느냐"라고 말하는 소리를 듣습니다. …… 크론베르크는 우리에게 완전히 다른 성이 되었습니다.
— 물리학자 보어와 하이젠베르크가 덴마크의 크론베르크 성을
방문했을 때 한 말. 이-푸 투안, 『공간과 장소』

중국어에서 '산채(山寨)'라는 단어는 원래 울타리 등 방어시설을 갖

춘 산장(山莊)을 의미했는데 …… 최근 몇 년 사이에 …… 원래 의미

의 경계가 무너져 짝퉁 제조, 권리 침해, 규범 위반, 농담, 못된 장

난 같은 …… (의미를 갖게) …… 되었다. …… 맨 처음 산채 휴대전화는

…… '노키르(Nokir)', '삼싱(Samsing)', '써니-에릭쑨(Suny-Ericssun)' 등

의 이름이 붙은 것인데 …… 정규 휴대전화를 모방하다보니 제품을

연구하고 개발하는 비용을 절약할 수 있어서 가격도 정품의 5분의

1밖에 되지 않았다. …… 그러면서도 기능은 더 다양하고 복잡해졌

고 외관도 더 참신하고 멋있어 빠른 속도로 중저가 소비시장을 장

악했다. …… 산채 휴대전화가 중국에 유행하게 된 뒤로 산채 디지

털사진기와 산채 MP3, 산채 게임기 등 온갖 해적판과 모조품이 우후죽순처럼 등장했다. 이어서 산채 브랜드는 신속하게 국수를 비롯한 음식과 음료, 우유, 약품, 세제, 운동화 등 다양한 분야로 확장되었다. …… (중략) …… 4년 전에 나는 내가 사는 건물 아래 있는 육교에서 해적판 『형제』(필자 위화의 장편소설)를 발견했다. 나의 책이 다른 해적판 서적과 함께 노점에서 팔리는 현장을 목격한 것이다. 책을 파는 노점상은 내가 앞에 서 있는 것을 보고는 『형제』 한 권을 건네주면서 친절하게 추천해주었다. 그 책을 받아 들고 몇 장 뒤적거려보니 금세 해적판임을 알 수 있었다.

내가 노점상에게 말했다. "이건 해적판이네요."

"해적판 아니에요." 노점상은 진지한 표정으로 말을 바로잡아 주었다. "산채판[5]이지요."

― 위화, 『사람의 목소리는 빛보다 멀리 간다』 중에서

798공장의 추억

중국 과학이 급속히 발전하게 된 계기 가운데 하나는 '모방'이다. 선진국의 기술적 성과를 모방하지 않고 이른 시간 안에 자국의 과학기술을 높은 수준까지 끌어올린 예는 드물며, 이는 6,70년대 일본의 기

---

5 '산채(山寨)'는 한국에서 일반적으로 '산짜이'라고 쓰지만, 이 글에서는 위화의 책에 따라 '산채'로 표기했다.

술 성과를 모방해 일본을 초월하는 수준까지 이른 한국도 예외가 아니다. 중요한 것은 모방에서 멈추는 것이 아니라 그것을 기초로 얼마나 빨리 기술 독립을 이루어 낼 수 있는지다. 중국 과학이 굴기하는 길목에도 '산채' 혹은 '짝퉁 제품'이 자리하고 있는데, 그 시작을 찾다 보면 중국 최고의 IT · 전자 상가로 이름을 날린 '중관춘(中關村)', 그리고 '중관춘'의 호황과 관련이 있는 798공장까지 거슬러 올라가게 된다.

"베이징을 방문한다면 만리장성, 자금성, 그리고 798은 반드시 봐야 한다."

지금은 베이징의 핫플레이스 '798예술구'로 더 잘 알려진 798공장은 원래 냉전의 산물이었다. 1950년대 초, 중국은 1차 5개년 계획 중 하나로 156개의 핵심 공업 기반을 건설하는 '156 프로젝트'를 시작했다. 소련과 동독의 원조를 받아 10년 동안 진행된 이 프로젝트를 통해 중국은 산업화를 위한 경제적 기틀을 마련할 수 있었다. 798공장은 156프로젝트 가운데 베이징에 할당된 임무를 수행하기 위해 세워진 군수공장 가운데 하나였다.

당시 중국 정부는 동독의 도움을 받아 베이징 차오양구(朝陽區) 주셴차오루(酒仙橋路) 일대에 '718연합공장'이라 불리는 '화베이 무선 전기 재료 연합공장(華北無線電器材聯合廠)'과 '국영 774공장'이라 불리는 '베이징진공관공장(北京電子管廠)'을 건설하였다. 774공장은 한국전쟁에 투입할 중국인민지원군의 전자통신문제를 해결하기 위해 세

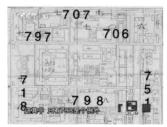

798공장과 주변 공장 배치도(좌)와 103컴퓨터(우)

798공장의 초기 모습

운 것인데, 이후 바로 옆에 706, 707, 718, 751, 797, 798공장이 들어서면서 이 일대는 신중국 최초의 전기 전자 부품 생산 및 조립 기지로 탄생하게 되었다.[6] 공장의 설계와 시공을 담당한 동독의 건축가들은 예술 표현과 기능성을 결합해 공장을 지으려 했는데, 이를 위해 간결한 형태와 구조가 특징인 '바우하우스(Bauhaus) 양식'을 적용해 공장을 건

---

6 당시에는 공장명을 숫자로 바꿔 불렀는데 '7로 시작하는 공장은 군수공장을 의미했다.

미스터 사이언스

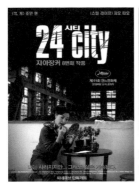

자장커 감독의 2008년 영화 〈24시티〉에서는 개혁개방 이후 군수공장이 해체되고 그 자리에 아파트가 들어서는 과정에서 공장 노동자들이 겪어야 했던 실직의 고통을 다큐멘터리와 극영화의 형식을 혼합해 담담하게 그려내고 있다.

설했다.

군수공장답게 1950년대 이곳에서는 역사에 남을 전기·전자 제품을 생산했다. 그 가운데 대표적인 것이 중국 최초의 컴퓨터인 '103기(機)'이다. 103기는 1950년대 말 중국과학원에서 소련 모스크바에 파견한 시찰단이 귀국할 때 가져온 자료를 기초로 중국과학원 컴퓨터 기술 연구소와 화베이 컴퓨터 기술 연구소, 항천(航天) 공업부와 베이징 유선 전기 공장의 기술자들이 공동으로 개발한 것이다. 진공관 컴퓨터 103기는 1958년 8월 1일, 베이징 유선전기공장(北京有線電廠) 738에서 탄생했다. 이후 개량을 거쳐 처리 속도가 기존 컴퓨터 대비 다섯 배나 빠른 119형으로 발전했는데, 이 컴퓨터는 중국이 원자폭탄과 수소폭탄, 인공위성을 만드는 데 필요한 복잡한 계산을 성공리에 수행했다. 이를 토대로 798공장에서는 원자폭탄과 인공위성의 부품을 안정적으로 생산할 수 있었다. 그렇지만 103컴퓨터는 소련의 소형 컴퓨터 M-3를 그대로 모방한 것이라 해도 과언이 아니다. "먼저 베끼고 나중에 개발하자(先倣制, 後創新)"는 당시의 구호는 중국 과학기술의 발전 맥락을 잘 보여준다.

냉전이 끝나고 1980년대에 중국이 개혁개방의 길로 들어서자 798을 비롯한 군수공장은 쇠락의 길을 걸을 수밖에 없었다. 대규모 국영공장들은 생산을 중단하거나 일부만 가동하게 되었으며, 일반인들의 선망 대상이었던 798공장 근로자의 수도 20,000명에서 4,000명 미만으로 감소했다. 공장에 유휴지가 늘면서 임대로 나온 공장 터가 많아졌고, 일자리를 잃게 된 노동자들은 컴퓨터 및 IT 분야의 새로운 거점으로 떠오른 '중관춘'으로 자리를 옮기게 되었다.

신중국 과학의 요람, 중관춘

베이징을 대표하는 또 하나의 지역인 중관춘은 전자·전기 제품 상가로 이름을 날리던 곳이다. 베이징의 서북쪽, 하이뎬구에 속한 중관춘은 이화원이나 원명원 등 황실의 별궁에 인접해 있어 원명(元明) 이래로 역대 제왕들이 수렵이나 피서를 떠날 때 반드시 거치던 곳이었다. 황족들이 머무는 황가원림(皇家園林)이 많이 들어서다 보니 자연히 황족의 시중을 들던 태감(太監, 즉 환관, 내시)도 왕래가 잦을 수밖에 없었다. 그들은 주로 중관관방(中官官房, 여기서 '중관'은 태감을 말한다)

중관춘 특별동(좌) 외관과 물리학자 첸산창이 사용하던 방의 내부(우)

에 거주했는데, 머물 일이 많아지다 보니 이곳에 자연히 태감들의 촌락이 생기게 되었다. '중관춘'이라는 지명은 아마도 '중관(中官)'들이 모여 사는 촌락이라는 뜻에서 유래했을 것이다.

근대에 들어선 후, 이 일대에는 미국의 경자배관 반환금으로 세운 칭화학당(淸華學堂, 훗날의 칭화대학)과 미국이 만든 교회학교인 옌징대학(燕京大學, 훗날의 베이징대학)이 들어섰다. 이후 칭화학당은 과학기술의 요람으로 발전했고, 옌징대학은 인문학의 성지가 되었다. 더불어 학교 부근에 학생과 교직원의 거주지가 조성되면서 대학 상호 간에 활발한 학술교류가 이루어졌으며, '과학'과 '민주'를 기치로 내건 1919년 5.4 신문화운동도 이런 분위기 속에서 시작되어 중관춘 일대는 학술 자유의 상징적 본거지가 되었다.

신중국 건립 후인 1951년, 황장(黃莊)과 청푸루(成府路) 일대 300헥타르에는 '중국과학원(中國科學院)'이 들어섰다. 칭화대, 베이징대의 전문 과학자와 고급 연구인력이 쉽게 교류할 수 있고 연구 시설과 장비를 교차 이용할 수 있다는 점 등이 중국과학원의 입지를 결정하는 데 큰 영향을 미쳤다. 국무원의 비준을 거친 후, 중국과학원 건축위원회의 계획에 따라 먼저 근대 물리연구소와 지구 물리연구소, 응용 불리연구소가 준공되었다. 이 가운데 '원자능 건물(原子能樓)'이라고도 불리는 근대 물리연구소는 '양탄일성' 제작에 크게 공헌한 과학자들을 대거 배출하며 중관춘 과학단지의 요충지가 되었다.

중국과학원이 들어서고 연구 인력이 상주하게 되자 그들과 가족의 주거 문제가 급히 해결해야 할 과제로 떠올랐다. 1954년, 베이징시 정부는 중관춘 동쪽 지역에 48가구가 생활할 수 있는 3층짜리 서양식 건물 세 동을 건설했다. '중관춘 특별동(中關村特樓)'이라는 별칭이 붙은 13, 14, 15동은 회색 벽돌과 검정 기와, 주홍색 창틀의 고급스러운 외관에 욕조를 겸비한 욕실과 화장실, 목장판 바닥 등 당시 베이징의 어떤 건물과 비교해봐도 손색이 없을 정도의 호화스러운 설비를 갖추고 있었다. 이 가운데 가장 먼저 지어진 14동은 방이 다섯 개에 거실이 하나로 서양에서 귀국한 과학자와 교수, 학자들에게 주로 배정되었다. 이곳에서는 매일 아침, 학자들이 귀국할 때 가지고 온 피아노, 진공청소기, TV 소리가 끊이지 않았다고 한다.

'중관춘 특별동'에 입주한 과학자로는 미국 캘리포니아공과대학 항공 및 수학 박사 첸쉐선, 프랑스 파리대학 라듐 연구소 박사 첸산창(錢三强), 독일 베를린대학 기상학 박사 자오주장(趙九章), 독일 베를린 공업대학 기술물리학 박사 허저후이(何澤慧), 음향학 박사 왕더자오(汪德昭), 미국 캘리포니아공과대학 공기역학 박사 궈용화이(郭永懷), 독일 튀빙겐 대학 세포학 박사 뻬이스장(貝時璋) 등이 있으며, 이들은 대부분 중국과학원의 초기 원사(院士)들이자 '양탄일성' 공훈 원로들이다. 이곳에 국가 기밀 사업과 특수 임무를 담당하는 고위급 과학자들 대다수가 모여 살았으니 중관춘이 신중국 과학의 요람 역할을 했다고 말해도 과언이 아닐 것이다.

산채, 중관춘, 실리콘밸리

1970년대 말, 중국이 개혁개방의 길로 들어서면서 중관춘은 중국에서 가장 전문화된 과학단지이자 활력이 넘치는 전기·전자 시장으로 변모했다. 쓰퉁(四通), 신퉁(信通), 징하이(京海), 커하이(科海) 등 IT 기업 40여 곳이 입주하면서 '중관춘 전자거리(中關村電子一條街)'가 형성되었고, 1988년 5월, 국무원이 중관춘 일대 100km²에 '첨단기술 산업개발시험구(新技術産業開發試驗區)'를 건설하기로 하면서 100여 곳의 첨단기술 기업과 중국과학원, 중국공정원(Chinese Academy of Engineering) 소속의 국가급 과학연구소 206곳, 국가 중점 실험실 67개, 국가기술연구센터 55개, 유학생 벤처기업 34곳 등이 둥지를 틀었다.

1999년 8월, 이 일대가 '중관춘과기원구(中關村科技園區)'로 지정되자 베이징시는 중관춘을 미국의 실리콘밸리에 버금가는 세계 일류 수준의 종합과학기술 개발단지로 만들겠다는 청사진을 제시했다. 이를 위해 우수 인재 확보와 벤처기업 및 스타트업 지원을 위한 100여 개의

90년대 말의 중관춘(좌) 풍경과 현재의 중관춘(우)

창업 인큐베이터 센터를 구축하였는데, 이런 분위기를 타고 중관춘에 들어선 첨단기술 기업은 4,000여 곳에 달했다. 여기에는 전국 최대 컴퓨터 생산기업인 렌샹(聯想, 즉 레노버〔Lenovo〕), 중국 최대 IT기업 팡정그룹(方正集團), 스통그룹(四通集團) 등이 포함되어 있었다. 1998년까지 이곳의 판매 총수입은 451억 위안(한화 약 5조 4천억 원)에 달했으며, 이 가운데 소프트웨어 판매 수입은 전국 총수입의 43%에 해당할 정도였다.

그렇지만 원천기술이 뒷받침되지 않은 상태에서 신생 기업들이 난립하게 되자 단기적 이익을 얻기 위한 출혈 경쟁이 시작되었다. 특히 2007년경 타이완에서 개발한 고집적 휴대전화 칩 기술에 중국의 저렴한 부품을 결합해 만든 저가 휴대폰이 인기를 끌자 중관춘의 수많은 제조업체는 폭발적으로 증가하는 스마트폰 수요에 대응하기 위해 교묘하게 편집된 세계 유명 기업의 상표를 붙인 '짝퉁(산채) 제품'을 대량 생산해 내게 된다. 원래 '짝퉁 현상'은 컴퓨터나 VCD가 생활 속으로 급속히 파고들면서 가성비 높은 전자 제품의 수요가 많아지자, 이를 겨냥한 저가 조립 PC나 VCD 플레이어 등을 중심으로 성행했는데, 스마트폰 시대가 되면서 모방과 복제가 스마트폰 영역으로 확장한 것이다. 저렴한 기술 원가와 우수한 산업 인프라는 중관춘의 수많은 제조업체가 '짝퉁 제품' 생산에 뛰어들도록 만들었다.

짝퉁 휴대폰이 시장에서 큰 성공을 거두자 점점 더 많은 전자 제품이 '짝퉁 시대'로 진입하였고 '짝퉁 제품'을 생산하여 이익을 얻는 회사도 기하급수적으로 늘어나게 되었다. 2009년 중관춘 전자 제품의 매출총액은 약 597억 위안(한화 약 10조 1500억 원)에 달했으며, 2㎡ 미만의 소규모 점포의 한 달 임대료는 1만 위안(한화 170만 원)을 웃돌았다. 그런데도 중관춘 입주를 기다리는 사람들이 넘쳐날 지경이었다.

짝퉁 제품이 정품을 생산하는 기업에 손해를 입히고 산업 전반에 부정적인 영향을 미치는 것은 분명한 사실이다. 그렇지만 짝퉁 제품에 대한 정부의 관리가 느슨했던 것은 짝퉁 제품으로 인해 정품 가격이 하락하고 품질과 서비스가 향상될 것이라는 막연한 기대 때문이었다. 다시 말하자면 짝퉁 제품은 장기적으로 업계에 자극을 주어 시장을 재편함으로써 소비자의 요구에도 부응하고 기업에도 긍정적인 영향을 미치리라는 것이다. 게다가 고가의 지식재산권을 감당할 수 없는 소규모 기업이 대부분인 중관춘에 대해 일률적으로 규제를 가하는 것도 능사가 아니었다.

그렇지만 2007년을 정점으로 중관춘은 몰락의 길을 걷게 된다. 하루아침에 일확천금을 벌어들인 회사가 속속 등장하자 자본력이 약한 기업들은 기술개발에 힘쓰기보다 유통업이나 물류 사업으로 업종을 전환했다. 또한, 짝퉁 제품의 범람은 필연적으로 품질의 저하를 가져와 '중관춘 전자 거리'라는 미명은 사라지고 '중관춘 사기꾼 거리'라는 말이 유행하기 시작했다. 속여 팔기와 무성의한 AS, 과도한 호객행위가 중관춘 전체의 신뢰도를 떨어뜨렸다. 시장 자율에 맡겨두겠다던 정부가 관리와 운영, 정비에 뛰어들었지만, 획일적이고 탁상공론식 행정은 도리어 중관춘의 활력을 빼앗아 버렸다. 사무실 조성과 유치, 규모의 확장에는 성공했을지 모르지만, 기존에 중관춘이 가지고 있던 독특한 문화적 특성과 자유로운 분위기는 사라져 버렸다. 여기에 더해 징둥(京東), 타오바오(淘寶) 등 온라인 쇼핑몰이 부상함에 따라 오프라인 판매를 위주로 하는 중관춘 기업의 쇠퇴는 가속화할 수밖에 없었다.

자본주의 인민공화국

798공장은 개혁개방을 거치며 쇠락의 길을 걸었다. 그렇지만 2002년 도쿄의 화랑이 입주해 '베이징 우키요에'라는 전시회를 개최하고, 사진 예술가 쉬용(徐勇)이 '시태공간(時態空間)'이라는 전시·작업 공간을 만들어 입주해 살면서 예술가들이 모여들자 자연스레 커뮤니티가 형성되었다. 이것이 '798예술구'(일명 따산쯔(大山子) 예술구)의 시

현대회화 4대 천왕이라 불리는 위에민쥔, 장샤오강, 왕광이, 팡리쥔(위에서 시계방향)의 대표작품들

작이다. 근처에 중앙미술학원(中央美術學院) 등 예술 전문학교가 모여 있다는 것, 거의 버려지다시피 한 군수공장이라 임대료가 저렴하고 넓은 작업 공간을 이용할 수 있다는 점이 가난한 예술가들을 불러 모았다. 왕광이(王廣義), 장샤오강(張曉剛), 웨민쥔(岳敏君), 팡리쥔(方力鈞) 등 중국을 대표하는 현대 예술가들도 이곳에서 그들의 대표작을 만들어 냈다.

그렇지만 2008년 베이징 올림픽 개최를 계기로 국내외 관광객들에게 베이징의 핫플레이스로 소개되면서 전 세계 유명 화랑과 전시관, 아틀리에는 물론 트렌디한 카페와 술집이 속속 들어서기 시작했다. 게다가 대형 개발업자들까지 개입하자 부동산 가격 및 임대료가 천정부지로 솟아오르면서 빈곤한 예술가들의 주거 공간이 상업지구로 변질되었다. 처음 이곳에 둥지를 틀었던 예술가와 원 거주민이 상업화로 인해 쫓겨나는 젠트리피케이션(gentrification)의 피해자가 된

798예술구의 서점(위)과 술집(아래)

것이다.

중관춘은 전통적인 전자 판매 단지로서의 면모를 완전히 잃었다. 중관춘의 전성기를 상징하는 딩하오 전자타운(鼎好電子城)은 원래 위치에서 북쪽으로 자리를 옮겼다. 이곳에 입주해 있던 매장과 기업은 커마오 전자타운(科貿電子城)으로 대거 이주했지만, 인기는 중관춘에 있을 때만 못했다. 2층부터 5층까지 잡화와 학습 기구를 파는 상점들이 입주해 있는 데다 그사이에 파묻히다 보니 존재감이 떨어질 수밖에 없었다. 2015년 기준, 중관춘의 도소매업체는 2009년에 비해 60%

미스터 사이언스

까지 감소했으며 유동 인구도 과거에 비해 엄청나게 줄었다. 중관춘은 재벌 기업과 고가 호텔들로 채워졌으며, 석양이 내릴 무렵 산책길에 우연히 만나게 되던 소박한 과학자들 대신 ID카드를 목에 두르고 바쁘게 길을 오가는 화이트칼라들이 이곳의 주인이 되었다.

"먼저 베끼고 나중에 개발하자"는 798 때의 구호가 중국을 과학기술 강국으로 이끌었고, '산채' 현상도 한때 중관춘의 영광스러운 날들을 만드는 데 중요한 역할을 했다. 그러나 "군대를 이긴 것은 예술, 냉전을 이긴 것은 개방이지만, 결국 예술과 개방을 이긴 것은 자본"이라는 씁쓸한 결론은 사회주의 중국의 아이러니가 아닐 수 없다.

23

IT 기업과 늑대 전사

중화민족의 용 토템은 초원 유목 민족의 늑대 토템에서 기원했다. 진(秦)나라 때 화하(華夏) 민족이 처음으로 중국을 통일할 수 있었던 것과 몽고족, 만주족이 원나라와 청나라 때 중국을 지배할 수 있었던 것은 초원민족의 늑대 본성과 늑대의 사냥 전략 전술을 실전에 응용했기 때문이다. 또한 청나라 만주족은 초원 유목의 정신으로 원나라 때의 영토를 회복하고 동북삼성(東北三省)을 복속했으며, 이리(伊犁)와 신장(新疆), 티벳 지역도 지켜냈다. 즉, 중화민족의 정신은 농경민족에 대한 초원민족의 끊임없는 수혈과 혼혈을 통해 형성된 것이다. 오늘날 세계를 주도하는 서양 강대국도 대부분 초원 유목 민족에서 비롯했기에 중국도 이러한 유목 정신을 본받아야 한다.

— 장룽(姜戎), 『늑대토템(狼圖騰)』 중에서

중국의 IT 굴기

중국의 IT산업은 21세기 초반, 인터넷 보급률 급상승과 모바일 기술 혁명으로 빠른 성장을 이루었다. 바이두, 알리바바, 텐센트, 샤오미 등 IT 신생 기업들이 선두 기업으로 부상한 것도 바로 이 시기이다. 특히 화웨이와 샤오미 등 중국을 대표하는 스마트폰 브랜드는 중국의 휴대전화 보급률을 크게 끌어올렸다. 2022년 기준, 중국의 휴대전화 보급률은 약 95%, 스마트폰 보급률은 75%에서 80%에 달한다. 이는 다른 나라와 비

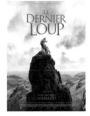

장룽의 소설 『늑대토템』과 장 자크 아노 감독이 영화로 만든 〈울프 토템〉

교해 봐도 상당히 높은 수치인데, 이런 성과를 거둘 수 있었던 것은 기술개발을 위한 꾸준한 투자와 가성비 좋은 휴대전화의 대량 생산이 밑바탕이 되었기 때문이다.

중국 IT산업이 굴기하는 데에는 60년대에 태어난 '류링호우(六零后)' 세대의 공헌이 컸다. 미국 기업의 파격적인 대우를 마다하고 중국에 돌아와 최고의 인터넷 검색기업 '바이두'를 세운 리옌훙(李彦宏, 1969년생), 13억 사용자를 가진 중국판 카톡 위챗과 위챗페이, 중국판 트위터 웨이보 등을 거느린 아시아 최대의 인터넷 기업 텐센트의 CEO 마화텅(馬化騰, 1971년생), 프로그래머로 시작했지만, 아이폰의 등장에 자극받아 샤오미를 창업한 후, 극강의 가성비와 디테일로 소비자를 공략해 세계적 기업으로 키워낸 레이쥔(雷軍, 1969년생), 2014년 뉴욕증권거래소의 상장으로 구글에 이어 세계에서 두 번째로 큰 인터넷 기업이 된 알리바바의 마윈(馬云, 1964년생) 등은 모두 류링호우 세대이다. 이들은 덩샤오핑이 개혁개방을 추진하던 시기에 사회에 나와 자신만의 힘과 노력으로 창업에 성공했으며, 꾸준한 혁신으로 중국 기업을 세계적 반열에 올려놓았다. 특히 알리바바의 마윈은 류링호우 세대를 대표하는 입지전적 인물로 중국의 IT 굴기를 선두에서 이끌었다고 해도 과언이 아니다.

마윈과 알리바바

마윈은 중국 항저우의 가난한 가정에서 태어났다. 부모님은 전통 민간 예술인 '평탄(評彈)'을 공연하던 배우였지만, 문화대혁명을 거치며 공연이 중단되면서 빈곤한 처지에 놓이게 되었다. 마윈은 학교 성적이 그다지 좋지 않았다. 특히 중고등학교 때에는 수학 시험에서 번번이 낙제해서 대학 진학과는 거리가 먼 것처럼 보였다. 그나마 영어 성적은 괜찮아서 삼수 끝에 그 해 미달이었던 항저우 사범대학 영어교육과에 입학했다. 졸업 후 항저우 전자 공업대학에서 6년간 강사로 재직했고, 이후에는 통번역 회사를 차려 생계를 이어갔다. 1995년, 미국에 방문할 기회가 있었는데, 미국에서 인터넷을 접한 뒤 발전 가능성이 크다고 생각해 국내에 돌아와서 홈페이지 제작 회사 '차이나 옐로페이지(中國黃頁)'를 창업했다. 성과가 변변치 못하자 회사를 접고 중국 대외경제무역 합작부에 들어갔는데, 이때 야후(Yahoo) 창업자 제리 양(Jarry Yang)의 관광가이드를 맡게 된 것이 일생일대의 중요한 전기가 되었다. 마윈은 자신의 사업구상을 제리 양에게 설명했고, 제리 양의 조언을 받아 1999년 작은 아파트에서 17명의 친구와 함께 알리바바(阿里巴巴, Alibaba)를 창업했다. 창업 초기에는 경험과 자금 부족으로 고전했지만, 제리 양의 소개로 일본 기업 소프트뱅크 대표 손정의 회장을 만나 2,000만 달러의 투자를 이끌어 내면서 알리바바를 세계 최대 온라인 쇼핑몰의 반열에 올려놓았다.

이후 마윈은 온라인 경매 사이트 타오바오(淘宝网), 온라인 간편결

Maria Sharapova ⊘
@MariaSharapova

An honor meeting Jack Ma at @AlibabaGroup #Double11 event today. Thank you for inviting me back to Shanghai!

上午12:26 · 2017年11月10日

마윈과 러시아 테니스 스타 마리아 샤라포바. 마윈의 외모는 전형적인 남방 특징을 갖고 있다. 넓은 이마, 짧고 넓적한 얼굴, 얇은 입술, 쌍꺼풀이지만 가느다란 눈, 왜소한 체형으로 인해 못생긴 얼굴의 대명사로 보기도 하지만, 오악(五岳)의 기운이 가운데 코로 모이는 형상이라는 관상가들의 평가도 있다.

제서비스 알리페이(支付寶, Alipay), 전자상거래 플랫폼 알리익스프레스와 테무(天猫, TEMU), 클리우드 서비스 업체 아리윈(阿里云, AliCloud), 중국 최대의 동영상 사이트 요우쿠(優酷, Youku) 등을 만들어 사업 영역을 확장했다. 그렇지만 잘 나가던 마윈과 알리바바에 제동이 걸렸다. 2020년 10월, 마윈은 상하이 금융 포럼에서 "중국은행이 전당포식 운영"을 하고 있으며, "핀테크 규제가 지나치게 보수적"이어서 혁신을 가로막고 있다고 연설했는데, 이것이 정부를 자극했다. 연설 직후, 알리바바는 반독점법 위반으로 조사를 받았으며, 182.28억 위안(3조 원)에 달하는 벌금을 부과받았다. 마윈은 당국에 미운털이 박혔고 대중 앞에 설 기회를 박탈당했다. 중국 당국은 알리바바가 마윈과 결별하도록 압박을 가하였으며, 마윈은 경영 일선을 떠나 자선활동에 치중하며 잠행을 지속하게 된다.

마윈 사태는 IT 기업의 급속한 성장과 문어발식 확장에 정부가 제동을 건 것이지만, 다른 한 편으로는 정부가 빅테크 업체들에 대한 지배력을 강화할 수 있는 빌미를 제공해 주었다. 기업들은 정부 정책에 반하거나 공산당의 심기를 건드릴 수 있는 콘텐츠는 자체 검열을 통

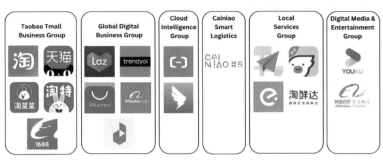

알리바바 그룹 계열사

해 걸러내야 했으며, 공산당은 자신들에게 우호적인 콘텐츠를 싣도록 통제할 힘을 얻게 되었다.

기술 집중의 화웨이

마윈의 알리바바가 중국 정부와의 마찰로 위기에 빠진 것과는 달리, 공산당과 중국인들의 전폭적인 지원과 지지를 받으며 애국 기업으로 불리는 회사가 있다. 바로 1987년 런정페이가 설립한 화웨이(華爲)다. 통신장비 제조업체로 시작한 화웨이는 1997년 홍콩 기업으로부터 해외 수주에 성공했고, 1999년에는 인도에 최초의 해외 R&D센터를 설립하면서 지속해서 사업 규모를 키워왔다.

창립자 런정페이(任正非)는 1944년에 태어나 1960년대에 충칭대학

화웨이 창립자 런정페이와 화웨이 난징 R&D 센터 전경

토목건축과를 졸업했다. 인민해방군 정보기술 부서에서 실무 경험을 쌓은 후, 2만 1천 위안(약 400만 원)의 투자금을 모아 1987년에 화웨이를 설립했다. 지식재산의 가치에 주목한 런정페이는 자력갱생의 원칙을 세우고 기술개발과 인재 양성에 주력했다. 2023년 기준, 화웨이의 직원수는 20만 명이 넘는다. 이는 알리바바(3만)와 바이두(5만), 텐센트(3만)를 모두 합한 것보다 많은 수이다. 여기에는 1만 명 이상의 박사와 러시아 및 외국인 과학자가 포함되어 있다. 화웨이는 연구 인력에 파격적인 대우를 하는 것으로도 유명하다. 연봉 100만 위안(약 1억 8천만 원) 이상의 연구자가 1만 명, 500만 위안(약 9억 원) 이상의 연구자도 1천 명이나 된다.

화웨이 성장의 비결은 기술 집중과 R&D(연구개발) 투자에 있다. 화웨이는 대다수 기업과는 달리 문어발식 확장을 지양하고 통신 설비라는 단일 분야에만 집중해 상당한 수준의 기술 역량을 확보했다. 화웨이는 직원의 85%가 대졸, 60% 이상이 석·박사학위 소지자이며, 전

미스터 사이언스

체 직원의 46%가 연구직이다. 이것만 봐도 화웨이가 얼마나 기술개발과 혁신을 중시하는지 알 수 있다. 또한 초기부터 매출액의 10% 이상을 연구 개발에 투자해 왔는데, 2023년에는 연구개발비로만 896억 위안(약 16조 3,700억 원)을 지출했다. 대규모 투자와 지속적인 혁신으로 화웨이는 통신 설비나 기술 분야에서 수많은 특허를 보유하게 되었으며, 중국 역사상 최초로 세계 100대 과학기술 기업에 드는 쾌거를 이루었다.

알리바바와 텐센트, 바이두가 아무리 많은 돈을 벌어들인다 해도 주식의 60~70%는 외국인 소유이다. 따라서 수익의 70%는 외국인 대주주가 가져간다. 이런 기업을 중국 기업이라 할 수 있을까? 이에 비해 화웨이는 직원 소유 지분이 전체 주식의 98.58%를 차지한다. 2000년 이후 화웨이가 해외에서 벌어들인 돈은 1조 4천억 위안(약 254조)이다. 증시에 상장하지 않았기 때문에 외국 자본의 입김에서도 자유롭다. 중국 정부에 납부하는 세금도 알리바바(109억 위안)와 바이두(22억 위안)보다 월등히 많은 337억 위안이나 되기 때문에 화웨이야말로 100% 순수한 중국 기업이라는 인식이 생길 수 있었다.

과학구국과 중체서용

화웨이가 중국인들에게 애국 기업으로 여겨지게 된 까닭은 중국 공산당이 규정한 기업의 사회적 역할에 충실하고 투철한 책임 의식과 국가관을 갖고 있기 때문이다. 근대 이래 중국은 과학기술의 활용에 대해서는 '과학구국(科學救國)'의 관점을, 과학기술의 수용하는 태도에 있어서는 '중체서용(中體西用)'의 입장을 견시해 왔다. '과학구국'은 '과학의 힘으로 나라를 부강하게 만들어야 한다'는 것이고, '중체서용'은 '중국의 고유 가치와 질서를 토대로 서양의 발전된 과학기술을 이용해야 한다'는 것이다. 서구 열강의 침략에 대응하는 과정에서 과학기술은 국가와 민족의 생존과 발전을 위해 봉사해야 했으며, 중국의 핵심적 가치를 침해하지 않는 선에서 과학기술을 받아들여야 했다.

원래 '중체서용'에서 '중'이 상징하는 것은 '중국'이고, '체'가 의미하는 것은 전통 윤리 강상이었다. 오늘날에는 그것이 '공산당'과 '공산당의 이념'으로 바뀌었다. 화웨이는 외자기업에 시장을 열어주는 대신, 기술을 전수받는 전략을 취했으며, 중국 특색의 사회주의 경제 체제하에서 서구식 주식회사 제도를 도입했다. 그렇지만, 가장 중요한 것은 '인민을 위해 복무(爲人民服務)'한다는 공산당의 이념을 핵심가치로 내세우고 있다는 점이다. 이는 자국 중심의 폐쇄적 기술 국수주의인 '테크노 내셔널리즘(Techno Nationalism)'을 표방하는 중국의 정책 방향에도 부합한다. 이 때문에, 화웨이가 중국 정부와 유착 관계에 있다는 의심을 사기도 한다. 런정페이의 군 복무 경력은 화웨이가 인민해방군과 모종의 관계가 있을 것이라는 추측을 하게 하며, 해외시장 진출 과정에서 정부로부터 지원받은 천문학적 액수의 '특별' 보조금은 이런 가정에 힘을 실어준다.

중국 정부는 '민군 겸용 기술' 개발에 지원을 아끼지 않고 있다. 반

中国制造2025

新一代信息技术
高档数控机床和机器人
航空航天装备
海洋工程装备及高技术船舶
先进轨道交通装备
农机装备
电力装备
新材料
节能与新能源汽车
生物医药及高性能医疗器械

'중국제조2025' 중점 지원 분야

도체, 양자 컴퓨팅, 정보기술, 로봇 공학, 신재생에너지, 바이오산업 분야 등은 민간이 개발을 주도하지만 얼마든지 군사용으로 전용될 수 있다. 경제 대국과 군사 대국이라는 두 마리 토끼를 잡으려는 중국 정부로서는 매우 중요한 기술 분야이다. 중국 정부는 '중국제조 2025'라는 이름으로 미래 사회를 이끌 10개 첨단 산업 분야를 지정해 전폭적으로 지원하고 있는데, 화웨이는 여기서 핵심적인 역할을 할 것으로 기대하고 있다.

늑대 전사, 중국이 한다!

'화웨이'는 '중화'을 뜻하는 '華'와 '하다'를 뜻하는 '爲'가 합쳐진 명칭으로 '중국이 한다!' 또는 '중국이 적극적으로 나서서 해야 할 일이 있다〔有所作爲〕'라는 의미를 담고 있다. '유소작위'는 2004년 후진타오 체제가 들어선 이후 중국 정부가 취하고 있는 대외정책기조이다. 덩샤오핑 때부터 이어져 오던 '도광양회'(韜光養晦, 조용히 때를 기다리며 힘을 키운다)의 정책 기조는 2000년대에 들어서서 '유소작위'로 바뀌었다. 힘이 약할 때는 나서지 않고 묵묵히 때가 올 때까지 기다려야 한다는 태도에서 국제사회에 적극적으로 관여하고 개입함으로써 중국의 역할을 강화해야 한다는 태도로 선회한 것이다. 이러한 국가 정책의 변화를 예상이나 한듯 화웨이는 국내외에서 중국의 과학기술 굴기를 상징하는 대표 기업으로 자리매김했다.

화웨이는 '늑대 문화'를 기업에 도입한 것으로 유명하다. 늑대의 습성에서 착안해 상명하복의 조직문화를 만들었다. 입사자는 의무적으로 군사훈련을 받아야 하며, 정기 평가를 통해 실적이 부진한 하위그룹은 해고된다. 야생 늑대처럼 극한의 상황에서도 생존할 수 있고 민첩하게 움직여 절대 목표물을 놓치지 않도록 직원을 교육했다. 이에 따라 속전속결과 불요불굴의 정신은 화웨이를 대표하는 기업문화가 되었다.

화웨이의 '늑대 문화'는 중국이 외교 영역에서 '전랑'(戰狼, 늑대 전사)의 정신을 강조하는 것과 궤를 같이한다. 중국은 조용한 외교를 지향하던 과거와는 달리, 2000년대 들어와서는 늑대처럼 힘을 과시하는 공세적 방식의 전랑 외교로 전략을 수정했다. 중국의 작가 장룽이 『늑대토템』(2004)이라는 장편소설을 발표해 중국 문명에 내재한 늑대 본능을 자극한 것도 바로 이즈음이다. 장룽은 1967년, 문화대혁명 때 네

늑대 정신과 애국주의를 결합한 내용의 주선율 영화들

이멍구(內蒙古) 대초원의 집단농장으로 보내져 11년간 생활했는데, 그 곳에 머무는 동안 농경문화와 유목문화의 충돌, 초원문화의 파괴 등을 경험하고 이를 바탕으로 소설을 완성했다. 장룽은 책에서 중화민족이 굴기하기 위해서는 초원 유목 민족의 늑대 정신을 농경민족이자 용 토템을 숭배하는 한족에게 불어넣어야 한다고 주장했다.

화웨이의 늑대 정신은 소극적이고 폐쇄적인 중국의 기업문화를 진 취적이고 개방적으로 바꾸어 놓았지만, 대내외적으로 여러 문제를 낳 았다. 경직된 조직문화로 인해 직원들 간의 자유로운 소통이 저해된 것은 그렇다 치더라도, 대외적으로는 기술 국수주의의 상징 기업이 되 어 여러 나라의 견제를 받게 되었다. 미국 등 서구 강대국들은 화웨이 가 네트워크에 악성 소프트웨어를 심어 두거나 백도어(backdoor)를 만 들어 자국의 기밀 데이터를 중국으로 유출한 것을 우려해 정부 기관에서 화웨이 제품을 구매하지 말도록 했으며, 심지어 2012년 미 하원에서는 화웨이를 국가 정보 유출 혐의로 기소하기도 했다.

미국 등 강대국들은 화웨이의 기술이 군사·외교적으로 사용되는 것에 대해 특별히 우려하고 있다. 실제로 화웨이는 아프리카나 중앙아시아, 남미 등 국가에 저렴하게 통신 설비를 제공하여 그 나라들이 국제무대에서 중국에 우호적인 입장을 취하도록 했으며, 이란이나 아프가니스탄 등 서구에 적대적인 국가들과도 기술 협력을 확대하고 있다. 서구 국가들은 글로벌 기술 주도권이 중국으로 넘어가는 것뿐만 아니라, 과학기술 굴기를 통해 중국이 '힘에 의한 현상 변경'을 시도할 것을 우려하고 있다.

그렇지만 화웨이의 기술적 도약은 멈추지 않고 있다. 미국이 중국에 대한 반도체 봉쇄를 실시한 지 4년 만인 2023년 8월, 화웨이는 자체 개발한 Kilin9000s 프로세서를 장착한 세계 최초 위성통신 스마트폰 Mate60 시리즈를 출시했다. 여기에는 엔비디아 A100과 성능이 동등한 반도체 생산 공정인 7나노 설계 공정이 적용된 것으로 알려졌는데, 이는 중국이 중국에서 생산하는 스마트폰의 반도체를 모두 중국산으로 바꿀 수 있다는 것을 의미한다. 샤오미 OPPO 등 대부분의 중국 스마트폰이 미국에서 생산된 낮은 성능의 수출용 프로세서를 장착하면서 매년 거액의 사용료를 지급하는 것과 달리, 화웨이는 미국의 견제를 뚫고 반도체 자립을 달성하게 된 것이다. 이는 '중국이 한다!'는 화웨이의 성과이자 늑대 전사 정신으로 무장한 중국의 굴기라 할 수 있다.

24

우주과학이 된 하늘 신화

밝은 달은 언제부터 있었을까? 술잔 들어 하늘에 물어보네.
하늘 위 궁궐에서는 모르겠구나, 오늘 밤이 어느 해인지.
바람 타고 그곳으로 돌아가고 싶지만,
옥으로 지은 궁이 높아서 추위를 이기지 못할까 두렵구나.
달빛 아래 그림자는 춤추며 노니, 인간 세계에 어찌 이런 곳 있으랴.
붉은 누각 돌아드니 비단 문 내렸구나. 비추는 달빛에 잠을 이룰 수 없네.
나와 맺은 원한도 없으련만, 이별할 때 달은 어이하여 둥근 것인가?
사람에게 슬픔과 기쁨, 만남과 헤어짐이 있듯이
달에는 밝고 어둡고 둥글고 이지러짐 있으니
이런 일은 예로부터 완전하기 어려워라.
다만 바라기는, 사람들 오래도록 변치 않아서
천 리 먼 곳에서도 달을 볼 수 있었으면.
—소식(蘇軾), 「수조가두(水調歌頭)」[7]

하늘에 묻는다

전국시대 초(楚)나라 시인 굴원(屈原). 간신의 모함을 받아 관직에서 쫓겨난 그는 세상을 떠돌다 후난성 멱라강 기슭에 이르러 그를 알아본 어부와 대화를 나눈다. "세상이 모두 탁한데 나 혼자 맑고 깨끗했으며 사람들이 모두 취해 있는데 나 혼자 깨어 있어서 추방되었소." 굴

---

7 「수조가두」는 수양제가 황하(黃河)와 회하(淮河)를 연결하는 운하를 개통하면서 지은 수조가(水調歌)에서 비롯하였다. 소식이 7년간 만나지 못한 동생 소철을 생각하며 지은 사(詞)로 인간 세상의 슬픔과 기쁨, 만남과 헤어짐의 정을 표현하고 가족에 대한 그리움과 축원을 노래하고 있다.

원은 「어부사(漁父辭)」에서 세상에 대한 울분과 회의, 절망과 탄식을 쏟아낸 뒤 하늘을 향해 물음을 던진다.

태고의 처음 시작을 누가 전해 알려준 것일까?

천지가 아직 형체도 갖추지 않았는데, 무슨 근거로 그것을 생각한 것일까?

주야도 나뉘지 않아 혼돈으로 어둡던 때에

누가 그런 상태를 볼 수 있었을까?

굴원은 「천문(天問)」에서 천지개벽과 우주 생성, 하늘과 땅의 형태, 자연 현상과 인생사에 관해 질문을 쏟아냈다. 가늠할 수도 없고 이해할 수도 없는 인간 세상과 달리 쉼 없이 힘써 갈 길을 가는 하늘의 도를 위안으로 삼고 싶었던 것일까?

달빛은 어떻게 얻어지며 이지러졌다가 또 자라나는가?

달의 무엇이 그리 좋길래 기웃거리는 토끼가 달 가운데 있는 건가?

자기 삶과 같은 어두운 길을 걷다가 하늘에 뜬 달을 올려다보며 그는 또 무슨 생각을 했을까?

달은 중국인의 문화와 깊은 관련이 있다. 불길하고 흉한 징조, 공포의 상징으로 여긴 서양과 달리, 동양 사람들은 달을 풍요의 상징이자 길한 대상으로 생각해서 달을 찬미하고 감상하는 풍조가 크게 유행했다. 백성들은 보름달 아래에 모여 소원을 빌었고, 문인 가객들은 달을 예술적 영감의 원천으로 삼았다. 『회남자(淮南子)』와 『태평어람(太平御覽)』 등 고대 문헌에는 "달에는 흰토끼가 약을 찧고 있다"거나 "달에는 계수나무가 있다"는 등 달을 묘사한 대목이 적지 않게 등장하며, 심지어 당나라 때 단성식(段成式)이 쓴 『유양잡조(酉陽雜俎)』에서는 달 표면의 형태까지 구체적으로 언급하고 있다.

> "어떤 이는, '달 속의 두꺼비와 계수나무는 땅의 그림자이며 빈 곳은 물의 그림자'라고 하는바, 이 말이 비교적 타당하다."

호수에 비친 달그림자를 보고 달을 잡으려 호수에 뛰어들어 빠져 죽은 시인 이백(李白). 그는 "어렸을 때는 달을 알지 못해 흰 옥쟁반이라 불렀다네"(「古朗月行」)라며 달을 노래했고, 불법(佛法)이 온 세상에 퍼지기를 바라는 사람들은 부처의 공덕을 달빛의 은혜로움에 빗대어 '월인천강(月印千江)'이라 칭송했다. 근대 시기 소설가 루쉰(魯迅)은 『고사신편』이라는 소설집에서 창어(嫦娥)가 달로 도망간 이야기를 각색해 「분월(奔月)」이라는 단편으로 완성해 달에 대한 전설과 추억, 향수를 현대에 되살려냈다.

달은 지구에서 유일하게 맨눈으로 표면을 볼 수 있는 천체이다. 동양에서는 일상과 농사일을 달이 차고 기우는 것에 맞춘 '음력(陰曆)'에 따라 계획했는데, 음력은 다른 말로 '월력(月曆)'이라고도 불렀다. 차고 기울기를 되풀이하는 달의 변화에 맞춰 생활하다 보니 달은 해보다 훨씬 친근하고 중요한 존재가 되었다. 동양에서 달은 이별과 사랑을 의미하고, 타향에서 생각하는 고향을 의미하고, 헤어진 후에 기다리는 재회를 의미하고, 닿지 못하는 사람에 대한 그리움을 의미한다.

달에 관해 가장 널리 알려진 전설로 '항아분월(嫦娥奔月)'이 있다. 항아[8]는 활쏘기 명수인 '예(羿)'의 아내다. 예는 하늘에 태양이 10개가 떠올라 백성들이 고통스러워하자 화살로 9개를 쏘아 떨어뜨린다. 백성들을 구한 공을 어여쁘게 생각한 서왕모(西王母)는 예에게 선단(仙丹)을 하사하였는데, 이 약은 둘이 먹으면 불로장생하고 혼자 먹으면 신선이 될 수 있는 것이었다. 항아는 원래 월궁(月宮)에서 살던 여신이 었는데 하늘로 돌아가지 못할 것을 걱정하다 홀로 선단을 먹고 하늘로 올라갔다. 그렇지만 항아는 차마 월궁으로는 가지 못하고 달 속으로 숨어 달의 여신이 되었다는 것이다.

항아가 달로 도망가 예와 이별한 이야기는 오랜 세월 사람들의 심

---

8 원래는 '항아(姮娥)'였지만 한(漢)나라 황제 문제(文帝)의 이름인 '항(恒)'자와 발음이 같아 피휘(避諱)하여 '상(嫦)'자로 쓰게 됐다. 중국어로는 '창어'로 발음한다.

만호비천(萬戶飛天)을 묘사한 그림

금을 울렸지만, 13세기 송나라에서는 실제로 달에 가보고 싶다는 염원을 가진 황제가 나오기도 했다. 황제는 달을 너무나 찬미한 나머지 달에 발을 디디는 최초의 인간이 되고 싶어 했다. 그는 신하들에게 명을 내려서 화약을 이용해 로켓을 만들게 했지만, 계획은 성공하지 못했다.[9] 중국 명나라의 만호(萬戶)라는 관리도 우주 비행의 꿈을 이루기 위해 연을 들고 47개의 로켓을 묶은 의자에 앉아 하늘로 솟아올랐지만, 로켓이 중간에 폭발하는 바람에 목숨을 잃었다고 한다.

중국에서 오랫동안 전설과 상상, 꿈과 염원으로만 존재하던 달나라 여행의 소원은 1970년에 와서 실현을 위한 첫발을 내딛게 된다. 1957년 10월 4일, 소련이 인류 최초의 인공위성 발사에 성공하고, 미국도 그 뒤를 따르자 중국은 위성 발사를 위한 로켓 개발에 착수했다. 그리

---

[9] 베르나르 베르베르, 『베르나르 베르베르의 상상력 사전2』, 별천지(열린책들), 2011, 51쪽.

고 1970년 4월 24일 21시 35분, 둥팡훙(東方紅) 1호 위성을 실은 창정 (長征) 1호 로켓이 하늘로 올라가 우주공간에 '둥팡훙' 음악을 송출하였다.

"동쪽 하늘에 붉은 태양이 뜬다. 중국에 마오쩌둥이 나타났다. 그는 인민의 행복을 생각한다. 그는 인민을 구할 커다란 별이다"라는 가사로 시작하는 '둥팡훙'은 문화대혁명 당시 중국의 국가였다. 중국은 최초의 인공위성 발사에 성공하고, 우주공간에 '둥팡훙'이 울려 퍼진 이날을 '중국 우주의 날(中國航天日)'로 지정하였다.

1980년대 후반, 개혁개방의 바람을 타고 중국은 본격적으로 우주 경쟁에 뛰어들었다. 1992년 9월 21일, 중국 정부는 '중국 유인 우주 프로젝트', 약칭 921 프로젝트의 추진을 승인했다. 선저우 계획(神舟工程)으로도 불리는 이 프로젝트는 신형 로켓인 창정 2F호를 수송 전용 로켓으로 개조하여 유인 우주선인 선저우 5호와 합체하는 것을 목표로 삼았다. 10여 년의 연구 끝에 2003년 10월 14일 오전 9시, 창정 2F 로켓에 실린 선저우 5호는 중국 최초의 우주비행사 양리웨이(楊利偉)를 태우고 우주 궤도에 올라 21시간 동안 지구를 14번 돌고 무사히 귀환했다.

중국의 우주 탐사는 달 탐사 프로젝트(探月工程)인 '창어(嫦娥)' 프로젝트가 순조롭게 진행되면서 본격적인 궤도에 올랐다. 2007년 10월 24일 발사한 첫 번째 달 탐사 위성 '창어 1호'는 달 주위를 3천여 바퀴나 돌며 인류 최초로 달의 남북극이 포함된 달 표면 촬영에 성공했다. 이어서 2010년에는 '창어 2호'가 199일 동안 달 주위를 돌면서 찍

창정 2F 로켓(좌)과 중국 최초의 우주비행사 양리웨이(우). 세계 세 번째로 우주에 올라갔다 귀환한 양리웨이에게 기자 한 명이 질문을 던졌다. "우주에서 만리장성을 보았습니까?" 이전까지 중국인들은 만리장성이 우주에서도 눈으로 볼 수 있는 지구의 위대한 건축물이라 생각했다. 그렇지만 양리웨이는 단호하고 즉각적으로 "아니요"라고 대답했다.

어 보낸 600여 장의 사진으로 달 표면의 3D 지도를 제작하기도 했다. 2013년 12월 14일에는 달 탐사선 '창어 3호'가 달에 착륙해 중국 최초의 월면차인 '위투(玉兔, 옥토끼) 1호'가 달에 발자국을 새겼다. 2019년 1월 3일, '창어 4호'는 인류 최초로 달의 뒷면에 착륙해 달 뒷면 탐사 여행을 시작해 달 뒷면 파노라마 사진을 완성했다. 이는 달 탐사 역사에서 대단히 획기적인 성과이다. 왜냐하면 지구에서는 달의 한쪽 면만 볼 수 있고, 지구와 달의 뒷면은 통신 연결이 어려워 7차례에 걸친 유인 달 탐사를 진행한 미국조차도 성공하지 못했었기 때문이다. 그렇지만 중국 과학자들은 달 뒷면과 지구 사이에 통신 중계 위성인 '오작교 호'를 띄운 뒤, 이를 매개로 신호를 전달함으로써 달 뒷면 탐사 정보를 지구로 보내는 데 성공한 것이다.

2020년 말 '폭풍의 바다(Oceanus Procellarum)' 서북부 지역에 착륙한 '창어 5호'는 달 표면에 1m 깊이의 구멍을 파 흙과 암석 표본을 채집해 귀환했으며, 2024년 6월에는 '창어 6호'가 세계 최초로 달 뒷면 암석 채취에 성공함으로써 본격적인 우주 탐사 시대의 서막을 열었다.

우주에 이름 붙이기

한국계 미국인 생태학자이자 진화생물학자인 캐럴 계숙 윤(Carol Kaesuk Yoon)은 '보이지 않던 세계가 보이기 시작할 때'라는 부제가 붙은 그의 저서 『자연에 이름 붙이기』에서 이렇게 말했다.

> "분류하고 명명하는 것은 별 생각 없이 하는 업무나 불가사의한 과학이 아니다. 그것은 우리를 둘러싼 세상이 무엇이며 그 세상 안에서 우리의 자리는 어디인지를 판단하고 선언하는 일이다."

중국 전통 철학에서는 "이름이란 속성일 뿐, 사물의 본질을 드러내는 진실한 것이 아니(名可名非常名)"(노자)라고 했지만, "이름이 바로 서지 않으면 말이 순리에 맞지 않고, 말이 순리에 맞지 않으면 일이 이루어지지 않는다(名不正, 則言不順. 言不順, 則事不成)"(공자)고도 했다. 전자는 본질이 아닌 이름에 지나치게 집착하는 세태를 비판했고, 후자는 모든 일의 시작은 이름을 바로 세우는 것(正名)부터임을 강조한 것인데, 어느 것이든 '이름'이나 '명칭'의 중요성을 보여준다는 점에서는 다르지 않다.

예로부터 사람들은 이름에 신성한 권위와 주술적 힘이 있다고 생각했다. 따라서 동양에서는 사람의 이름〔名〕 대신 자(字)나 호(號)를 지어 불렀으며, 황제의 이름자는 함부로 쓰지 않는 피휘(避諱)의 문화가 있었다. 또한 생소한 대상에 자신의 방식으로 이름을 붙이는 것은 그것을 '선점'하고 '소유'한다는 생각을 들게 해줄 뿐만 아니라, 정서적인 측면에서 안정감과 동질감을 느끼게 해 주었다.

1598년 로마에서 태어난 조반니 바티스타 리치올리(Giovanni Battista Riccioli)는 천문학자이자 예수회 신부이다. 그는 망원경으로 수년간 달을 관찰하고 특징을 기록해 『신알마게스트(Almagestum Novum, 새로운 우주 체계)』(1651)라는 책을 펴냈다. 책에는 달을 그린 지도 40장이 포함되어 있는데, 리치올리는 지형의 특징을 기초로 달 곳곳에 이름을 붙였다. 예를 들어, 달의 평원에는 날씨와 기후에서 딴 '고요의 바다'(1969년 아폴로 11호 착륙 장소), '비의 바다', '폭풍의 바다' 등을, 달의 분화구에는 저명 천문학자의 이름을 딴 '코페르니쿠스', '케플러', '티코' 등의 이름을 붙였다. 리치올리의 명명법은 1900년대 이후 국제천문연맹 IAU에 의해 채택되어 지금까지도 공식적인 명명법으로 사용되고 있다. 국제천문연맹은 천체의 이름을 공식 지정하는 국제기구이다.

달의 지명은 분화구, 산, 계곡, 평야 등 각각의 특징을 따서 붙인다.

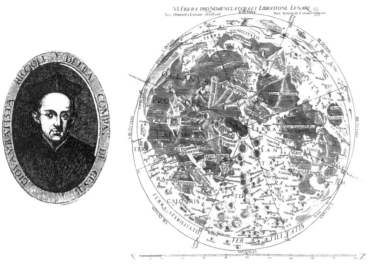

리치올리(좌)와 『신알마게스트』에 나오는 달 지도

그렇다면 달에 명명된 중국식 지명도 있을까? 2024년 현재, 달에는 착륙지 3개, 분화구 22개, 계곡 2개, 위성 분화구 5개, 산맥 3개 등 35곳에 중국식 지명이 붙어 있다.

22개의 분화구 가운데 14곳에는 과학자의 이름이, 일곱 곳에는 고대 신화와 관련된 명칭이 붙어 있다. 창어 1호와 2호가 촬영한 달 영상을 보고 분화구 세 곳에는 종이를 발명한 채륜(蔡倫), 활판 인쇄술을 발명한 필승(畢昇), 중국 근대 천문학자 장위저(張鈺哲)의 이름을 붙였으며, 창어 3호가 착륙한 장소에는 당(唐) 현종(玄宗)이 중추절에 월궁(月宮)으로 날아갔을 때 보았다는 달 속 신선이 사는 궁전인 광한궁이라는 이름이 붙었다. 또한 주위에 있는 작은 분화구 세 곳에 자미(紫微), 천시(天市), 태미(太微)라는 고대 별자리 이름을 붙였다. 2019년 1월, 창

지역	명칭
착륙지점	광한궁(廣寒宮, 창어 3호 착륙지점), 텐허(天河, 창어 4호 착륙지점), 텐촨(天船, 창어 5호 착륙지점)
크레이터 (분화구)	석신(石申, 전국시대 천문학자), 장형(張衡, 동한 시기 천문학자), 조충지(祖沖之, 남북조 시기 수학자), 곽수경(郭守敬, 원나라 과학자), 만호(萬戶, 명나라 우주인), 가오핑즈(高平子, 근대 천문학자), 창어(嫦娥, 신화 속 인물), 경덕(景德), 채륜(蔡倫, 동한 시기 발명가), 장위저(張鈺哲, 근대 천문학자), 필승(畢昇, 북송 시기 발명가), 태미(太微, 고대 별자리), 자미(紫微, 고대 별자리), 천시(天市, 고대 별자리), 하고(河鼓, 견우), 직녀(織女, 전설 속 인물), 텐진(天津, 은하수 나루), 배수(裴秀, 위진 시기 지리학자), 심괄(沈括, 북송 시기 과학자), 류휘(劉徽, 위진 시기 수학자), 송응성(宋應星, 명나라 과학자), 서광계(徐光啟, 명나라 과학자)
달 계곡	Wan Yu(婉玉), Sung-Me(松梅)
위성 분화구	石申P, 石申Q, 張衡C, 萬戶T, 祖沖之W
달 산맥	태산(泰山), 화산(華山), 형산(衡山)

* 우리말 명칭으로는 2024년 8월 14일에 국제천문연맹 최종심사를 통과해 달 뒷면에 붙은 '남병철 크레이터(Nam-Byeong-Cheol Crater)'가 유일하다. 남병철(1817~1863)은 조선시대 천문학자이다.

어 4호가 인류 최초로 착륙한 달 뒷면에도 중국식 이름이 붙여졌다. 착륙지에는 '견우와 직녀' 설화에서 따온 은하수라는 의미의 텐허(天河)가, 그 밖의 4개 지점에는 직녀(織女)와 견우(河鼓), 은하수 강가에 설치된 나루터인 텐진(天津), 중국의 5대 명산으로 꼽히는 태산(泰山) 등 중국식 이름이 붙여졌다. 이들 명칭은 대부분 중국이 명명하고 국제천문연맹이 승인한 것이지만, 중국이 본격적으로 달 탐사를 시작하기 전에도 국제천문연맹이 자체적으로 장형, 조충지, 곽수경 등 중국 과학자의 이름으로 달의 지명을 삼은 예도 있다.

과거에 우리가 고개를 들어 바라본 하늘은 옛사람들의 상상과 전설, 신화 이야기로 가득한 곳이었다. 그렇지만 이제는 실제로 '창어'가

'상아분월'과 '견우직녀' 이야기를 그린 중국 연환화

달로 가고, '오작교'가 하늘에 걸려 있고, '옥토끼'는 달에서 뛰어다니고 있다. 이름을 매개로 전통과 현대, 신화와 과학이 새롭게 이어진 것이다. 이제 선조들이 상상했던 우주의 모습은 과학의 힘을 빌려 현대의 하늘에 그대로 구현되었고, 이를 통해 중국은 새로운 전통을 만들어 가고 있다.

여러 하늘 이야기

2020년 7월 23일, 중국은 첫 번째 화성 탐사선인 톈원(天問) 1호를 화성으로 발사했다. 2022년 3월 24일, 화성 탐사 로봇 '축융호(祝融號)'는 화성 표면에서 306 화성일 동안 작업하여 여러 장의 화성 사진을 보내왔다. '축융'은 중국 신화 속의 불의 신이니 붉은 별 화성을 탐색하는 데 이보다 안성맞춤일 수는 없을 것이다.

루쉰(魯迅), 바진(巴金)과 함께 현대 중국의 3대 문호로 불리는 라오
서(老舍)는 1933년 발표한 소설『고양이 행성의 기록(猫城記)』에서 화
성에 불시착한 중국인이 고양이 얼굴을 한 묘인(猫人)들을 만나 겪었
던 일을 서술하고 있다. 묘인들은 아편과 비슷한 미혹나무 잎에 중독
되어 있으며, 묘국(猫國)의 정치나 경제, 교육은 엉망이다. "학교는 있
지만 교육은 없고, 정치인은 있지만 정치는 없으며, 인간은 있지만 인
격이 없고, 얼굴은 있지만 수치를 몰랐다." 분쟁과 소란이 끊임없이 일
어나도 해결할 능력이 없고, 서로를 물어 죽일 때까지 싸우다 결국 '난
쟁이 병사'들의 침략으로 멸망에 이르게 되었다. 다분히 비관적이고
암울한 디스토피아를 그린 이 소설은 화성이라는 행성과 묘인에게 당
시 중국과 중국인의 상황을 빗대어 중국의 각성을 촉구하고 있다.

> "국가가 멸망하는 것은 민족이 우둔해 생긴 결과다. 무슨 말로 한두
> 명을 위로하겠는가? 망국은 고뇌를 비극적으로 해소하는 것도 아
> 니며, 시인의 정의에 대한 비유도 아니다. 그것은 현실이며, 틀림없
> 는 역사다."

라오서 소설에서 중국에 빗대어 망국의 상징으로 등장했던 화성이
21세기 들어서서는 중국 우주굴기의 선봉이 되어 세계인들 앞에 비밀
스러운 모습을 드러냈다. 소련과 미국보다 한참 뒤에 우주로 나섰지
만, 이제는 태양 탐사 위성인 희화호(羲和號)를 쏘아 올리고 우주정거
장 톈궁(天宮)을 성공적으로 건설했다. 또한 2027년까지 달에 무인 연

중국 최초의 화성 탐사 로봇 '축융'이 2021년 5월 22일 착륙선에서 내려와 찍은 사진. 착륙선의 플랫폼과 화성 표면의 모습이 보인다. (사진: 중국국가항천국)

구 기지를 건설하고, 2030년까지 중국의 첫 유인 우주선을 달에 착륙시킬 계획도 세웠다. 2022년 12월 31일 현재, 지구 궤도에는 6,718개의 위성이 있는데, 그중 4,529개가 미국, 590개는 중국, 174개는 러시아 소유이며 그 수를 계속해서 늘려가고 있다.

중국이 우주 개발에 박차를 가하는 이유는 우주산업 분야를 선점하기 위해서이다. 중력의 영향으로 실험할 수 없거나 개발이 어려운 바이오, 의학, 반도체 등 분야의 첨단기술을 우주 환경에서는 더 쉽고 더 경제적으로 연구할 수 있기 때문이다. 아울러 문명고국(文明古國)의 이미지에 더해 과학 중국의 새로운 정체성을 정립하는 데에도 도움이 된다. 오랜 시간 중국인들이 품었던 하늘에 올라 소요(逍遙)하고자 하는 염원과 동경을 실현해 줌으로써 중국인으로서의 자긍심과 세계시민으로서의 자신감을 높이고 초강대국 미국과 어깨를 나란히 한다고 자부하게 되었다.

　　"땅 위의 사람은 모두 천상인(天上人)이니 우리는 모두 하늘 위의 존재이다. 사람은 하늘을 모르기 때문에 자신이 하늘의 사람[天人]이라는 것을 모른다. 그러므로 사람마다 모두 하늘을 알아야 하는데 그런 다음에야 비로소 하늘의 사람이 될 수 있다. 지구가 하늘에 있는 하나의 별이라는 것을 알아야 우리가 천상인이라는 것을 알 수 있다. … 하늘의 사람으로 태어나 모든 하늘의 만물이 나에게 갖추어져 있으니 천하의 즐거움이 이보다 큰 것이 없다. 예로부터 어리석은 자는 하늘을 알지 못하면서 가정만을 아니 이를 두고 집안의 사람[家人]이라 하겠다. 어떤 이는 자기 마을과 친족만을 알고 하늘을 모르니 마을의 사람[鄕人]이라 하겠다. 군읍(郡邑)이 있는 것만 알고 하늘을 알지 못하니 도시의 사람[邑人]이라 하겠다. 더 나아가 나라만을 알고 하늘을 모르니 나라의 사람[國人]이라 하겠다. 근래에 세상이 교통하게 되어 지구를 유람하고 오대주를 자기 집처럼 여기는 자가 부지기수인데, 이들 또한 하늘을 모른다면 땅의 사람[地人]이라 하겠다."

　　중국의 근대 사상가 캉유웨이는 중국 전통 하늘관과 서양 천문학 지식을 기초로 쓴 『제천강(諸天講)』(여러 하늘 이야기)이라는 저작에서 사람이 하늘을 알아야 하는 이유는 우리가 모두 하늘 위의 존재이기 때문이라고 했다. 세상의 모든 존재가 하늘 위의 존재로 태어나 본질적으로 평등하니 차별과 차이, 반목과 갈등은 편협한 생각일 뿐이라는 것이다.

중국식 우주관의 복원이 중국식 세계관과 친하관의 재건으로 이어져 우주 패권을 둘러싼 갈등이 또 다른 충돌의 불씨를 만들어 내지 않기를 바랄 뿐이다.

25

언더 더 돔

> 차이징: 진짜 별을 본 적이 있니?
> 왕후이칭: 아니요.
> 차이징: 그럼, 푸른 하늘은 본 적이 있니?
> 왕후이칭: 조금 푸르스름한 하늘은 본 적 있어요.
> 차이징: 흰 구름은 본 적 있니?
> 왕후이칭: 아니요.
> ― 다큐멘터리 〈돔 아래에서(穹頂之下)〉 중에서

돔 아래에서

2015년 3월, 중국 국영방송 CCTV 전 간판앵커 차이징(柴静)은 중국 포털 사이트에 〈돔 아래에서(穹頂之下, Under the Dome)〉라는 제목의 다큐멘터리 동영상을 공개했다. Under The Dome이라는 제목은 2013년 6월 영국 CBS에서 방송한 SF 미스터리 드라마에서 가져왔다. 드라마는 미지의 힘이 메인주의 작은 마을을 돔처럼 뒤덮어 불가사의한 일들이 벌어지면서 혼란에 빠지는 사람들의 모습을 그리고 있는데, 차이징은 스모그에 갇힌 중국의 모습을 돔 안에 갇힌 메인주에 빗대어 중국의 대기오염 실태를 고발하고 있다.

차이징의 〈돔 아래에서〉(좌)와 인터뷰 속의 왕후이칭(우)

그녀가 다큐멘터리를 제작하기로 마음먹은 것은 우연한 계기에서 비롯되었다. 2013년 초, 임신 중이었던 차이징은 배 속의 아이가 양성 뇌종양이라는 판정을 받는다. 막 출산한 아기를 전신마취 시킨 후 대수술을 통해 간신히 생명은 건졌지만, 종양의 원인은 밝혀지지 않았다. 그녀는 몇 년째 베이징을 뒤덮고 있던 스모그가 원인일지도 모른다는 생각에 스모그로 악명 높은 베이징과 허베이, 산시 지역을 조사해 영상으로 기록하기 시작했다. 그곳의 주민과 기업, 공장 사람들을 인터뷰하는 과정에서 그녀는 스모그가 단순한 안개가 아니라 인체에 치명적인 유해 물질인 것을 알게 되었다. 스모그 안에는 주변 공장과 발전소, 자동차에서 배출하는 미세먼지가 섞여 있는데, 여기에 오랜 시간 노출되면 DNA가 파괴되고 치매 등 뇌 질환에 걸릴 수 있다는 것이다. 차이징은 조사를 통해 실제로 매년 스모그로 인해 중국에서 50만 명씩 사망하고 있으며, 지난 30년 동안 중국의 폐암 사망률이 465%나 치솟았다는 것과 시노펙SINOPEC(中國石化)과 페트로 차이

〈돔 아래에서〉 차이징(좌)과 〈불편한 진실〉 앨 고어(우)

나CNPC(中國石油) 등 거대 에너지 기업들이 정부의 방임하에 대기오염 물질을 지속해서 방출해 왔다는 사실을 알게 되었다. 이를 감독해야 할 공무원도 기업과의 오랜 유착관계로 인해 진실을 은폐하고 책임회피에 급급했는데, 이런 현실은 그녀를 더욱 분노하게 했다.

전액 자비(약 1억 8천만 원)로 제작한 다큐멘터리는 런닝 타임이 103분으로 '스모그란 무엇인가?', '스모그는 어디서 오는가?', '우리는 어떻게 할 것인가?'의 세 부분으로 나누어져 있으며, 기업과 공무원, 국내외 환경전문가와 학자들의 인터뷰 영상을 공신력 있는 통계 자료와 함께 제시해 완성도를 높였다. 특히 차이징이 기조 강연자로 등장해 위성사진과 함께 지역별 심각한 대기오염 상황을 보여주며 설명하는 장면은 2006년 미국 부통령 앨 고어가 출연한 환경 다큐 〈불편한 진실(An Inconvenient Truth)〉과 매우 흡사하다.

영상은 2015년 2월 28일, 공산당 매체인 런민왕(人民網)과 요우쿠왕(優酷網, Youku) 등에 공개되었으며, 공개 48시간 만에 조회수 2억을 돌파할 정도로 엄청난 반향을 불러왔다. 정부의 반응도 나쁘지 않았다. 칭화대 총장을 역임하고 환경보호부 부장으로 갓 취임한 환경전문가 천지닝(陳吉寧)은 차이징의 다큐가 "환경 보호에 대한 세계인의 인식을 뒤바꾼 레이첼 카슨의 명저『침묵의 봄』에 비견할 만하다"면서 그녀가 환경에 대한 대중의 관심을 환기해 준 것에 대해 찬사를 보냈다.

그렇지만, 며칠 지나지 않아 분위기가 급변했다. 3월 1일, 중국 관영 매체인 신화왕(新華網)은 다큐 관련 기사를 삭제했으며, 요우쿠왕도 댓글 기능을 정지시켰다. 3월 3일에는 중국공산당 중앙선전부가 중국 내 사이트에 올려진 영상 접속을 전면 차단했으며, 관련 논평과 뉴스 기사도 전부 사라졌다. 3월 7일, 천지닝은 기자회견에서 환경 보호를 위한 중국 정부의 성과와 업적은 강조했지만, 다큐에 관해서는 한마디도 언급하지 않았다. 3월 15일, 중국 제12기 전국인민대표대회(전인대) 제3차 회의에 참여한 리커창(李克强) 총리도 중국의 환경정책에 관해 외국 기자의 질문을 받았을 때 원론적인 수준에서 대답했을 뿐, 차이징의 다큐나 기업의 사회적 책임 등에 대해서는 한마디도 하지 않았다.

이에 호응이라도 하듯 국영 에너지 기업들도 목소리를 내기 시작했다. 자신들은 환경오염 방지를 위해 노력해 왔으며 청정에너지 개발에 힘써 왔다는 것이다. 신문에서도 다큐가 중국의 특수한 경제 발전 상황을 도외시한 채, 환경 요소를 지나치게 부각해 정부의 환경정책을 부정적으로 묘사했다며 차이징을 비판했다. 언론들은 중국의 대기오염 실태나 정부와 에너지 기업 간에 존재하는 유착 의혹 등은 도외시한 채, 다큐에 사용된 자료의 신뢰도와 제작비의 출처를 문제 삼았으며, 원정 출산 의혹 등 차이징의 개인사를 집요하게 파고들었다. 대중의 말초적 호기심에 기대어 자극적인 보도 경쟁과 여론몰이에 열을 올리는 사이 환경문제는 점차 뒷전으로 밀려나게 되었다.

'언더 더 돔'을 둘러싸고 벌어진 일련의 사태는 환경을 희생해 가면서까지 산업 발전을 최우선시하는 '중국 모델'의 문제점과 정부와 기업의 오랜 유착관계, 국가 정책 홍보를 위해 기업의 불법을 묵인하는 언론의 민낯을 그대로 보여주었다.

차이징은 2017년 스페인 바르셀로나로 이주했다.

중국 환경정책 현황

차이징의 다큐멘터리가 중국 내에서 상영 금지되기는 했지만, 중국인들에게 환경오염에 대한 경각심을 불러일으킨 것만은 분명한 사실이다. 그동안 남의 일로만 생각해 무심히 넘겼던 것들이 내 주위에서 매일 발생하고 있었으며, 자신뿐만 아니라 가족과 공동체에 지속해서 피해를 주고 있었다는 사실은 환경오염에 대한 막연한 불안을 공포로 바꾸기에 충분했다. 정부 정책에 대한 불신과 언론 보도에 대한 비판적 시선이 커짐에 따라 환경 보호의 필요성에 대해 목소리를 높이는 사람도 늘어나기 시작했다.

사실 중국 정부가 대기오염의 심각성을 깨닫고 대책을 마련하기 시

중국 허베이성 철강 공장지대 　　　　　　　　　　　　　　　　　© flickr.com

작한 것은 차이징의 다큐멘터리가 공개되기 몇 년 전으로 거슬러 올라간다. 베이징, 허베이, 산둥 지역의 2011년도 석탄 소비량이 유럽연합 전체의 소비량을 합한 것보다 많고, 중국 동부 지역(전 세계 면적의 0.6%)의 석탄 소비량은 무려 전 세계 석탄 소비량의 21%를 차지한다는 조사 결과가 나오자, 중국 정부는 2012년 '대기오염 방지 행동 계획(Clean Air Action Plan)'을 발표했다. 대기오염을 막기 위해 경제체제 개선, 청정에너지 확대, 오염 유발 규제 등의 장기적 정책과 함께 철강 및 시멘트 산업 생산량을 제한하는 극약처방을 내린 것이다. 이에 따라 단기적으로 석탄 소비량이 감소하고 대기질이 개선되는 등의 성과를 거두었다. 2017년에는 베이징과 톈진 주변 도시의 초미세먼지 농도가 전년 대비 30% 이상 감소했다는 기사가 나오기도 했다.

중국 정부는 2020년 9월 '쌍탄(雙炭)' 전략을 발표했다. 2030년을 전환점으로 삼아 탄소 배출 정점을 찍고(炭達峰) 2060년에 탄소중립을 실현한다(炭中和)는 계획이다. 그렇지만 산업용 전기 수요 증가와 폭염과 가뭄 등 이상기후로 인한 전력 부족은 중국의 발목을 잡고 있다. 중국이 급격한 기후변화와 재생에너지를 위주로 한 세계 산업계의 재편 추세에 민감하게 반응해 태양광 에너지 생산에 사활을 걸고 있지만, 다른 한편으로는 지금도 화력 발전소 건설에 열을 올리고 있으며, 여전히 세계에서 탄소 배출량이 가장 많은 국가이다. 환경문제 해결과 기술 패권 장악, 에너지 안보 실현 등의 여러 마리 토끼를 잡아야 하는 상황에서 기후 위기 대응의 우선순위가 계속해서 뒤로 밀리고 있으며, 차이징이 다큐에서 지적한 근본적이고 복합적인 문제도 해결이 요원하다.

서양 근대 과학은 현대 환경오염의 주범인가?

일반적으로 환경문제를 바라보는 관점은 경제론자와 환경론자의 입장으로 나뉜다. 현재의 환경 상황을 위기로 보지 않는 전자가 자연의 회복력과 인류의 적응력을 믿고, 기술의 진보를 통한 인류의 경제적 번영을 추구하는 데 비해, 환경오염을 심각한 위기로 인식하는 후자는 자연에 대한 인간의 파괴력을 강조하며, 산업주의에 따른 경제 개발을 억제하여 자연을 보전할 것을 주장한다. 중국은 한 편으로는 환경에 대한 배려를 강조하지만, 경제 발전을 위한 부득이한 개발까지 제한해서는 안 된다고 소리를 높인다. 오늘날 서양 강대국의 부강이 과거에 자연환경을 이용하거나 파괴해 얻은 막대한 이익에 기반하고 있으므로 중국 등 개발도상국의 산업화 정책을 죄악시하거나 환경보호를 강요하는 것은 형평성에 문제가 있는 것이다. 현재 세계적으로 논의되고 있는 환경정책도 각 나라의 특수한 상황을 고려하지 않고 서구 선진국들이 주도하고 있으므로 중국으로서는 받아들이기 쉽지 않다. 즉, 오늘날 환경 위기의 근원이 근대 과학을 앞세워 자연을 파괴한 서구 사회에 있는데, 그 책임을 중국 등 동아시아 국가로 돌리는 것은 적반하장이라는 것이다.

많은 사람들은 환경파괴의 원인을 논할 때 기독교적 세계관과 서양 근대 과학기술을 주범으로 꼽는다. 인간이 자연을 다스리고 개척할 수 있는 권리를 신으로부터 위임받았다는 성경 구절과 자연을 대상으로 한 수많은 조작과 실험에 기댄 근대 과학기술이 환경파괴를 초래했다는 것이다.

그렇지만 환경 위기의 역사적 근원이 기독교의 '정복적 자연관'에 있다는 생각은 1967년 린 화이트(Lynn White, Jr.)가 발표한 논문 「환경적 위기의 역사적 근원」에서 비롯한 것으로 역사적 근거가 취약하다. 기독교가 지배한 중세에도 인간이 자연을 지배하고 능가하려는 시도는 용납되지 않았으며, 자연을 '신의 가르침'을 담고 있는 고귀한 피조물이나 신이 정점에 있는 '존재의 대연쇄'로 인식했다는 점이 이를 증명한다. 아울러 근대 과학기술을 환경파괴의 주범으로 보는 것도 자칫

과학 전체에 대한 혐오나 반과학으로 흐를 위험이 있다. 환경문제와 관련이 있는 것은 응용과학과 기술이지 기초과학은 아니다. 또한 기술적 효용성에 관한 가치판단 주체인 기업가와 정치가들이 과학이나 과학기술자보다 환경에 훨씬 더 큰 영향을 끼쳐왔다는 점도 간과하기 쉬운 부분이다.

단편적인 사실만으로 서구 문명을 환경 파괴적이라고 규정짓는 것과 마찬가지로 늘 자연 가까이 생활했고, 자연을 노래했으며, 자연을 거스르지 않고 살아가는 것을 최선의 삶으로 여겼다 해서 동양 문명을 환경친화적이라고 말하는 것도 무리가 있다. 물론 고대 문헌에 나오는 인간과 자연의 조화와 균형에 관한 여러 언급은 동양 문명이 서구 문명에 비해 공존과 공생을 중시하고 있다는 것을 느끼게 해준다. 예를 들면, "만물은 같이 자라며 서로 상처 입히지 않고, 도(道)는 같이 가며 서로 어긋나지 않는다"는 『중용』의 구절이나 '하늘(자연)과 인간은 상호 연결되고 상호 의존적이며 같은 원리와 법칙 속에서 하나로 연결되어 있다'는 '천인합일(天人合一)'의 관념은 대표적인 예이다. 또한 "산림(山林)의 때가 아니면 도끼나 낫을 들고 오르지 않게 함으로써 초목의 성장을 도와주어야 한다"(『예기(禮記)』「월령(月令)」)와 같은 '시금(時禁)'의 규정도 이를 뒷받침해 준다.

그렇지만 특정 사례만을 들어 중국이 서양에 비해 자연 친화적이었다거나 환경 보호에 적극적이었다고 말하기는 힘들다. 서양은 자연을 정복과 개척의 대상으로 바라본 데 반해, 동양은 자연과 조화를 추구했다는 이분법적 생각은 서양에 대한 편견과 동양에 대한 근거 없는

마크 엘빈, 『코끼리의 후퇴』

자만심이 만들어 낸 옥시덴탈리즘적 생각일 가능성이 크다. 역대 중국인들도 그 어떤 유럽인들보다도 자연을 이용하고 개간하려 노력했으며, 그에 따른 행위가 동아시아의 자연환경을 완전히 뒤바꿔 버렸다는 점은 수많은 역사 문헌과 고고학적 발굴이 증명해 준다.

영국의 중국사학자인 마크 엘빈(Mark Elvin)은 중국의 기후 환경 변화를 다룬 저서 『코끼리의 후퇴(The Retreat of the Elephants: An Environmental History of China)』(2004)에서 역사상 중국에서 벌어진 자연 생태 변화는 기후 변화로 인한 것이라기보다 경작지를 조성하기 위해 인위적으로 삼림을 개간하고 토양을 파괴했기 때문이라고 주장했다. 지금으로부터 약 4천 년 전에는 중국 대부분 지역에 코끼리가 살았었는데, 중국인들이 거주지를 확대하면서 온화하고 습한 서식지가 척박한 환경으로 변했고, 코끼리를 포획해 식용으로 사용했기 때문에 더 이상 코끼리들이 살 수 없게 되었다는 것이다. 즉 인간의 정착과 무분별한 개간, 포획이 야생동물 개체수가 줄어드는 데 결정적인 영향을 미친 것이다.

동양 전통 사상에 친환경적 요소와 사상이 내재해 있다는 점은 부정할 수 없다. 그렇지만 그것이 현대의 생태주의나 환경 보호 운동과 직접 연결된다고 보는 것은 무리가 있다. 그렇다면 동양 전통 사상 속

미스터 사이언스

의 생태적 요소가 현대 사회에서 효용을 갖기 위해서는 어떻게 해야 할까?

첫째, 과학기술과 전통 사상의 융합에 주목해야 한다. 소로(Henry D. Thoreau)의 환경 보전 사상이나 레오폴드(Aldo Leopold)의 '토지윤리', 네스(Arne Naess)의 '심층생태론', 싱어(Peter Singer)의 '동물해방론' 등 현대 서구 생태주의 사상은 모두 직간접적으로 동양 사상과 관련이 있다. 그렇지만, 오염된 환경을 치유하기 위해서는 서양의 과학적 성과나 기술적 처리의 도움이 필요하다. 서구의 현대 생태주의와 동양 전통 환경 사상 사이에 통하는 점이 있다고 하더라도 서구의 현대 생태주의는 과학기술의 세례를 거쳐서 나온 것으로 동양에서 말하는 복고주의적 환경 사상과는 상당한 차이가 있다.

둘째, 시적(詩的)−은유적 자연관과 물리적 자연관을 구분해야 한다. 동양에서는 전통적으로 자연과 인간이 법칙과 원리를 공유하며 대우주와 소우주의 관계로 맺어져 있어 서로 감응(感應)할 수 있다고 생각했다. 주역(周易)적 사고나 천인감응론, 풍수지리 학설 등이 대표적 예로, 이런 생각이 '유비적(類比的) 자연관'을 형성했다. 동양 전통 사상에서 다루는 자연은 대부분 스스로〔自〕 그러한〔然〕 순수한 본성으로서의 '자연(natural)'이거나 은유적 대상을 말하는 것이지 물리적이거나 객관적 대상으로서의 '자연(nature)'과는 거리가 멀다.

셋째, 원생적(原生的) 자연이 아닌 역사적 자연을 중시해야 한다. 우리가 오늘날 다루는 환경은 역사적 요소가 배제된 '원시적 자연상태'(혹은 원생적 자연)가 아니라―이런 자연은 인간의 의식 속에만 존재한다―역사와 맞물려 있는 환경이다. 원생적 자연을 과도하게 강조하면, 우(禹)왕의 치수(治水)나 개미가 제방을 무너뜨린 것도 자연 파괴가 될 수 있으므로 환경 개발과 그 개발에 따른 사연의 변형을 어디서부터 환경 악화라 해야 하며, 어디까지를 환경 보존이라 해야 할지 모호해진다. 따라서 환경문제를 다룰 때 반드시 시기나 지역, 문화나 경제 발전 정도를 고려해야 하며, 환경문제의 대상이 되는 자연을 어떻게 규정할 것인지에 대해서도 엄밀하게 논의해야 한다.

침묵의 봄과 삼체문명

레이첼 카슨의 『침묵의 봄』은 환경 사상사 및 환경 운동사에 길이 남을 기념비적인 저작이다. 1962년에 출간된 이 책은 농약과 살충제의 남용이 곤충과 새들의 서식지를 파괴하는 데에서 그치지 않고, 생태계 전체의 생존을 위협하여 봄이 와도 새들이 노래하지 않는 침묵의 계절을 만들어 냈다고 주장했다. 이 책은 이익과 편의를 우선시하는 인간의 활동이 생태계 전반에 어떤 악영향을 미치는지 보여줌으로써 환경문제에 대한 대중의 인식을 높이고 환경문제의 범위를 단일 종(種)의 문제가 아닌 지구를 구성하는 모든 존재(무기물까지 포함해서)로 확장시켰다는 점에서 높은 평가를 받는다. 미국에서 환경보호법이 제정되고 농약 및 화학물질 사용의 규제 방안이 마련되어 현대 환경 보호 운동의 발판이 마련된 것도 이 책의 공헌이다.

레이첼 카슨과 『침묵의 봄』

　1973년, 노르웨이 철학자 네스는 인간 중심의 관점에서 환경문제를 해결하려는 입장을 표층생태론(shallow ecology)이라고 비판하며, 생태계 위기를 근본적으로 해결하기 위해서는 개인적, 사회적 관행을 바꾸는 정도로는 부족하고 생태 중심적 세계관으로 전환되어야 한다고 주장했다. 심층생태론(deep ecology 혹은 근본생태론)이라고 불리는 이 사상은 모든 가치를 인간적 측면에서 평가하고, 자연을 인간의 욕망을 충족시키기 위한 자원으로 파악하는 인간 중심적 세계관이 생태계 위기의 근본 원인이라고 지적했다. 네스에 따르면, 지구상에 존재하는 모든 생명체의 번성은 본래의 가치를 지니기 때문에, 인간은 생명을 유지하는 데 필수적인 것을 제외하고 생명의 풍요로움과 다양성을 감소시킬 권리가 없다. 인간은 자연과 분리될 수 없으므로 인간의 행위가 생태계에 미치는 영향을 평가할 때도 인간의 이해관계에 어

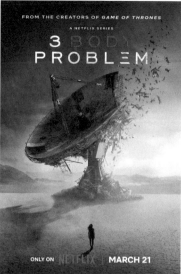

『삼체』 한국어판 초판본(좌)과 넷플릭스 드라마 포스터(우) 천체물리학자 예원제는 우주공간에 전파를 발사해 외계 문명을 탐사하는 '홍안(紅眼) 프로젝트'의 수행을 위해 비밀기지로 차출된다. 그녀는 자신만의 방식으로 삼체 문명과 교신에 성공하고, 상부에 보고도 하지 않은 채 삼체인들에게 지구의 좌표를 알려준다. 인류의 힘으로 멸망의 위기에 처한 지구를 구하는 것은 불가능하므로 인류보다 훨씬 발전된 문명을 만들어 낸 삼체인들의 힘을 빌리고자 한 것이다. 그렇지만 세 개의 태양이 불규칙하게 운동하며 100여 차례의 멸망과 환생을 거듭해 오던 삼체인들은 지구를 침공해 인류를 말살하고 삼체 문명을 이어가려는 생각에 함대를 이끌고 지구를 향해 출발한다. 외계 함대가 지구에 도착하기까지는 400년. 삼체인들은 그들이 도착하기 전에 먼저 지자(智子)를 보내 지구를 감시하고 인류의 과학을 무용지물로 만들어 버리려 시도한다. 지구방위조직은 인류보다 뛰어난 외계 문명에 맞서 지구를 지켜낼 수 있을 것인가?

떤 영향을 미치는가에 국한하지 않고, 자연 전체에 어떤 결과를 가져올지를 놓고 평가해야 한다는 것이다. 심층생태론은 환경파괴의 현상이 아닌 본질에 주목해 생태주의 패러다임의 전환을 끌어냈다는 점에서 현대 환경론자들에게 높은 평가를 받고 있다. 그렇지만 환경파괴의 근본 원인이 인류에게만 있다는 생각은 인간 혐오주의와 에코파시즘(ecofascism)으로 흐를 가능성도 크기 때문에 환경 위기의 책임소재에

미스터 사이언스

대한 극단적 해석이나 진단보다 합리적인 비판과 대안을 제시할 필요가 있다.

과학기술의 사용과 생태 환경의 보존에 있어서 인간의 역할이 절대적인 것은 분명하다. 2015년, 아시아 작가로는 최초로 SF계의 노벨상으로 불리는 휴고상을 수상한 중국 작가 류츠신(劉慈欣)은 수상작『삼체(三體)』에서 인류에게 다음과 같은 물음을 던지고 있다.

> "만약 외계 문명이 존재한다면 우주에는 공동의 도덕 원칙이 있을까?"
> "인류가 발전시킨 과학은 우주 전체에 보편타당한 것인가?"
> "인간이 우주 환경의 조화와 안정을 해치는 절대악이라면 외계 존재의 힘을 빌려 인간을 멸종시키는 것은 용납될 것인가?"

소설은 전쟁과 정치적 동란, 환경파괴 등 돌이킬 수 없는 위기에 빠진 지구를 구하기 위해 주인공이 외계의 삼체 문명과 교신하면서 벌어지는 일을 다루고 있다. 문화대혁명으로 산골 오지의 노동 개조소로 하방된 주인공이『침묵의 봄』을 몰래 탐독하는 장면이나 삼체문명이 지자(智子, 양성자의 일종)를 보내 인류의 물리학을 무용지물로 만들어 버리는 장면, 인류의 생존을 위해서 우주공간에 연속적으로 핵폭발을 일으키는 내용 등은 과학의 유용성과 보편성, 우주에서 인류와 도덕의 위상, 생태계의 범위 등에 대해 생각할 거리를 던져주고 있다.

이제 환경문제는 지구를 넘어 우주적 차원으로 확대되고 있다. 이런 상황에서 인간과 동식물을 구분하고, 유기물과 무기물을 나누며, 나라와 나라, 동양과 서양을 나누는 것은 큰 의미가 없다. 인류의 멸종만이 우주 한경의 조화와 균형을 유지할 수 있는 유일한 해결채이라는 비관적 결론이 더 많은 사람들의 호응을 받기 전에 우주와 자연, 과학과 인간에 대한 새로운 관점 수립과 우주에서의 인류의 운명과 삶의 의미에 대한 진지한 성찰이 필요하다.

참고자료

· 王爾敏,『上海格致書院誌略』, 香港: 中文大學出版社, 1980.

· 上海圖書館編,『格致書院課藝』, 上海: 上海科學技術文獻出版社, 2016.

· 容宏,『西學東漸記』, 長沙: 湖南人民出版社, 1981.

· 舒新城,『近代中國留學史』, 上海: 上海中華書局, 1927.

· 盛和煜 · 張建偉,『走向共和』, 北京: 民族出版社, 2003.

· 吳友如,『點石齋畫報』, 北京: 中國文史出版社, 2019.

· 羅繼祖,『王國維之死』, 廣州: 廣東教育出版社, 1999.

· 任鴻雋,『科學救國之夢』, 上海: 上海科技教育出版社, 2002.

· 楊念群,『再造"病人":中西醫沖突下的空間政治: 1832-1985』, 北京: 中國人民大學出版社, 2019.

· 探索 · 發現欄目編,『世界遺産之中國檔案(上)』, 北京: 中國青年出版社, 2004.

· 童光壁,『二十世紀中國科學』, 北京: 北京大學出版社, 2007.

· 屠呦呦,『青蒿素及青蒿素类药物』, 北京: 化學工業出版社, 2015.

· 張建芳,『遲到的報告』, 成都: 四川人民出版社, 2018.

· 李喜所,『近代中國的留學生』, 北京: 人民出版社, 1987.

· 科學時報社編,『中國科學家與"兩彈一星"』, 廣州: 暨南大學出版社, 1999.

· 蔡恒勝 外,『中關村回憶』, 上海: 上海交通大學出版社, 2011.

· 黃銳,『北京798 : 再創造的工廠』, 成都: 四川美術出版社, 2008.

· 寧肯,『中關村筆記』, 北京: 北京十月文藝出版社, 2017.

· 傅蘭雅(John Fryer),『治心免病法』, 廣州: 南方日報出版社, 2018

· Sigrid Schmalzer, *The People's Peking Man*, The University of Chicago Press, 2008.

· David Strand, *Rickshaw Beijing*, University of California Press, 1993.

· Henry D. Smyth, *A general account of the development of methods of using atomic energy for military purposes under the auspices of the United States government*, 1940-1945, US GPO, 1945.

· 쩌우전환,『번역과 중국의 근대』, 파주: 궁리, 2021.

· 방호,『중서교통사』, 고양: 학고방, 2019.

· 쩌우전환,『지리학의 창으로 보는 중국의 근대』, 서울: 푸른역사, 2013.

· 류강,『고지도의 비밀』, 파주: 글항아리, 2011.

· 미야자키 이치다사,『과거, 중국의 시험지옥』, 고양: 역사비평사, 2016.

· 조너선 D. 스펜스,『마테오 리치, 기억의 궁전』, 서울: 이산, 1999.

· 첸 강 · 후징초,『유미유동』, 서울: 시니북스, 2004.

· 루이스 멈퍼드,『유토피아 이야기』, 서울: 텍스트, 2010.

· 마거릿 애트우드,『나는 왜 SF를 쓰는가』, 서울: 민음사, 2021.

· 수산 벅모스,『꿈의 세계와 파국』, 부산: 경성대출판부, 2008.

· 크리스토퍼 델,『오컬트, 마술과 마법』, 서울: 시공아트, 2017.

· 로버트 단턴,『혁명 전야의 최면술사』, 서울: 알마, 2016.

· 에드거 앨런 포,『에드거 앨런 포 소설 전집2』, 서울: 코너스톤, 2015.

· 담사동,『인학』, 부산: 산지니, 2016.

· 천두슈 외,『과학과 인생관』, 부산: 산지니, 2016.

· 리어우판,『상하이 모던』, 서울: 고려대학교출판부, 2007.

· 장징,『근대 중국과 연애의 발견』, 서울: 소나무, 2007.

· 조지프 니덤,『중국의 과학과 문명1』, 서울: 을유문화사, 1989

· 사이먼 윈체스터,『중국을 사랑한 남자-조지프 니덤 평전』, 서울: 사이언스북스, 2019.

· 김영식,『중국 전통문화와 과학』, 서울: 창비, 1986.

· 이영아,『육체의 탄생』, 서울: 민음사, 2008.

· 김희정,『몸 · 국가 · 우주 하나를 꿈꾸다』, 파주: 궁리, 2008.

· 박정자,『시선은 권력이다』, 서울: 기파랑, 2008.

· 자오훙쥔,『근대 중국 동서의학 논쟁사』, 서울: 집문당, 2020.

· 최인훈,『광장』, 서울: 문학과지성사, 2014.

· 웨난, 리밍셩,『주구점의 북경인1 · 2』, 서울: 일빛, 2001.

· 로렌 그레이엄,『리센코의 망령』, 서울: 동아시아, 2021.

· 세드릭 그리무,『진화론 300년 탐험』, 서울: 다른세상, 2004.

· 칼 포퍼,『열린사회와 그 적들1』, 서울: 민음사, 2006.

· 꿍위즈 외,『마오의 독서생활』, 파주: 글항아리, 2011.

· 에드워드 O. 윌슨,『통섭』, 서울: 사이언스북스, 2005.

· 배리 마셜,『배리 마셜 교수와 함께하는 노벨상으로의 시간 여행』, 서울: 라임, 2019.

· 샘 킨,『원자 스파이』, 서울: 해나무, 2023.

· 마크 엘빈,『코끼리의 후퇴』, 파주: 사계절, 2004.

미스터 사이언스

· 장룽,『늑대토템』, 파주: 김영사, 2008.
· 레이첼 카슨,『침묵의 봄』, 서울: 에코리브르, 2011.
· 캐럴 계숙 윤,『자연에 이름 붙이기』, 파주: 윌북, 2023.
· 라오서,『고양이 행성의 기록』, 서울: 돛과 닻, 2021.
· 베르나르 베르베르,『만화 베르나르 베르베르의 상상력 사전』, 파주: 열린책들, 2011

———

· 문지호,「대중과학 '실험실': 20세기 중국의 과학과 대중」, 한국과학사학회지 제35권 제3
  호, 2013.
· 장호준,「현대성의 공간적 재현 : 중국 중관춘의 역사와 상징의 재구성」, 한국문화인류학
  제44권 제2호, 2011.
· 한성구,「중국 근대 "格致學"의 變遷과 中西 格致學 비교」, 한국철학논집 제18집, 2006.
· 허성도 서울대학교 중어중문학과 교수 강연 녹취록, 한국엔지니어클럽, 2010.

———

· 張石川, 영화〈勞工之愛情〉(明星影片股份有限公司, 1922)
· CCTV 다큐멘터리,『故宮100』(CCTV, 2003)
· 周兵, 臺北故宮(다큐멘터리, 2009)
· 柴静, 穹頂之下(다큐멘터리, 2015)

찾아보기

미스터 사이언스

미스터 사이언스

미스터 사이언스

미스터 사이언스

미스터 사이언스

미스터 사이언스

1판 1쇄 찍음 2024년 12월 17일
1판 1쇄 펴냄 2024년 12월 27일

지은이 한성구

주간 김현숙 | **편집** 김주희, 이나연
디자인 이현정
마케팅 백국현(제작), 문윤기 | **관리** 오유나

펴낸곳 궁리출판 | **펴낸이** 이갑수

등록 1999년 3월 29일 제300-2004-162호
주소 10881 경기도 파주시 회동길 325-12
전화 031-955-9818 | **팩스** 031-955-9848
홈페이지 www.kungree.com
전자우편 kungree@kungree.com
페이스북 /kungreepress | **트위터** @kungreepress
인스타그램 /kungree_press

ⓒ 한성구, 2024.

ISBN 978-89-5820-903-4   93300